Na **Linha de Frente:**
enfrentando o **Desconhecido**

Aprendizados sobre liderança e gestão de pessoas vivenciados pelo
Einstein durante a maior crise sanitária do século

coragem
estima
contribuir
alegria
medo
propósito
respeito
aprendizado
excelência
orgulho
desafio
sorriso
histórias
segurança
luta
equipe
gratidão
sucesso
esperança
ansiedade
vida
Einstein
preocupação
amor

Na **Linha de Frente:** enfrentando o **Desconhecido**

Aprendizados sobre liderança e gestão de pessoas vivenciados pelo Einstein durante a maior crise sanitária do século

coragem
estima
contribuir
alegria
medo
propósito
aprendizado
respeito
excelência
orgulho
desafio
histórias
sorriso
segurança
luta equipe
sucesso
gratidão
esperança
ansiedade
vida Einstein
preocupação
amor

Miriam Branco
Simone Azevedo

Na linha de frente: enfrentando o desconhecido – aprendizados sobre liderança e gestão de pessoas vivenciados pelo Einstein durante a maior crise sanitária do século

Organizadoras: Miriam Branco, Simone Azevedo.

Revisão: Rodrigo Fagundes	© 2022 Editora dos Editores
Diagramação: PUB Editorial	Todos os direitos reservados. Nenhuma parte deste livro poderá ser reproduzida, sejam quais forem os meios empregados, sem a permissão, por escrito, das editoras. Aos infratores aplicam-se as sanções previstas nos artigos 102, 104, 106 e 107 da Lei nº 9.610, de 19 de fevereiro de 1998.
	ISBN: 978-65-86098-78-5
	Editora dos Editores **São Paulo:** Rua Marquês de Itu, 408 - sala 104 – Centro. (11) 2538-3117 **Rio de Janeiro:** Rua Visconde de Pirajá, 547 - sala 1121 – Ipanema. www.editoradoseditores.com.br
Impresso no Brasil *Printed in Brazil* 1ª impressão – 2022	

Este livro foi criteriosamente selecionado e aprovado por um Editor científico da área em que se inclui. A Editora dos Editores assume o compromisso de delegar a decisão da publicação de seus livros a professores e formadores de opinião com notório saber em suas respectivas áreas de atuação profissional e acadêmica, sem a interferência de seus controladores e gestores, cujo objetivo é lhe entregar o melhor conteúdo para sua formação e atualização profissional.

Desejamos-lhe uma boa leitura!

Dados Internacionais de Catalogação na Publicação (CIP)
(Câmara Brasileira do Livro, SP, Brasil)

Na linha de frente : enfrentando o desconhecido : aprendizados sobre liderança e gestão de pessoas vivenciados pelo Einstein durante a maior crise sanitária do século / [organizadoras] Miriam Branco, Simone Azevedo. -- 1. ed. - São Paulo, SP : Editora dos Editores Eireli, 2022.

Vários colaboradores.
Bibliografia.
ISBN 978-65-86098-78-5

1. Administração de pessoal 2. Bem-estar social 3. COVID-19 - Pandemia (Medicina) 4. Liderança 5. Planejamento estratégico 6. Promoção da saúde 7. Recursos humanos - Gerenciamento 8. Saúde pública 9. Sociedade Beneficente Israelita Brasileira Albert Einstein (SBIBAE) I. Branco, Miriam. II. Azevedo, Simone.

22-110463   CDD-362.1068

Índices para catálogo sistemático:

1. Pandemia : Prevenção e controle : Sociedade Beneficente Israelita Brasileira Albert Einstein : Administração hospitalar e da saúde 362.1068

Eliete Marques da Silva - Bibliotecária - CRB-8/9380

Sobre as organizadoras

Miriam Branco

Mestre em Administração de Empresas. Pós-graduada em Administração de Recursos Humanos. Graduada em Matemática com complementação em Pedagogia. Extensão internacional em Barcelona. Cursos internacionais em *Harvard* e Insead. Executiva com mais de 30 anos de experiência, *Head* de Recursos Humanos na Sociedade Beneficente Israelita Brasileira Hospital Albert Einstein (SBIBAE). Coordenadora e docente em cursos de pós-graduação relacionados à Gestão de Pessoas e Lideranças. Docente convidada em *MBA* de Gestão de Saúde e Recursos Humanos. Coautora dos livros "Cultura Organizacional de Resultados – Casos Brasileiros" e "Mentores e suas Histórias Inspiradoras". Conselheira Consultiva e Mentora.

Simone Azevedo

Mestranda em Ensino em Saúde. *MBA* em Recursos Humanos. Extensão internacional em Gestão de Saúde em Barcelona. Pós-graduada em Consultoria Interna de Recursos Humanos. Graduada em Psicologia. Formação e certificação em *Coaching*, Liderança Facilitadora, *Agile* RH e *Praticcioner* em PNL. Mais de 25 anos de experiência em Recursos Humanos. Diretora de Desenvolvimento e Educação Corporativa na Sociedade Beneficente Israelita Brasileira Hospital Albert Einstein (SBIBAE). Coordenadora, docente, autora e tutora em cursos de pós-graduação e cursos de curta duração em Liderança e Gestão de Pessoas nas áreas da saúde, Educação Corporativa e Aprendizagem Organizacional. Atuação em projetos de Consultoria e Ensino em Saúde. Membro do Grupo de Líderes de RH da ABRH-SP desde 2013. Coautora do livro "Psicologia e Humanização: Assistência aos Pacientes Graves". Mentora em programas de desenvolvimento e carreira para líderes, jovens e ações afirmativas em D&I.

Sobre os colaboradores

Andrea Matos

MBA Executivo em Recursos Humanos. Pós-graduada em Psicologia Organizacional e graduada em Administração. Possui formação e certificação internacional em *Coaching* Integrado pelo *Integrated Coaching Institute* (ICI). Possui 20 anos de experiência em Recursos Humanos, sendo a maior trajetória no Hospital Albert Einstein, onde atuou nas diversas área de RH. Atualmente é Gerente de RH na Sociedade Beneficente Israelita Brasileira Hospital Albert Einstein (SBIBAE). Possui experiência em docência em cursos de pós-graduação, técnicos e de formação em Recursos Humanos.

Andreia Barros

MBA em Gestão Estratégica de Negócios (FGV). Pós-graduada em Modelos de Gestão Estratégica de Pessoas pela FIA *Business School* (USP). Graduada em Administração com ênfase em Recursos Humanos. Certificada na metodologia *Six Sigma* como *Green Belt* na liderança de projetos da área de Desenvolvimento Organizacional. Possui qualificação em MBTI – Tipos Psicológicos pela Consultoria Felipelli. Formada em Liderança Realizadora (Lumo), Design Organizacional (Ornellas) e Métodos Ágeis (K21). Possui mais de 15 anos de experiência em Recursos Humanos, com atuação nas áreas de Administração de Pessoal, Benefícios, Treinamento, Desenvolvimento, Educação Corporativa e na Consultoria Interna de RH como *Business Partner*. Possui experiência em docência como professora convidada nos cursos de mestrado, pós-graduação, tutoria EaD, cursos técnicos e atuação como instrutora no Centro de Simulação Realística. Trabalhou no Hospital Geral/SPDM, Hospital do Campo Limpo (Fernando Mauro Pires Rocha) e atuou, anteriormente, na área comercial, no segmento de varejo e *e-commerce*. Atualmente é Coordenadora de Desenvolvimento e Ensino Corporativo na Sociedade Beneficente Israelita Brasileira Albert Einstein (SBIBAE).

Bruna Cardoso Braghine Debiaze

Pós-graduada em Jogos Cooperativos e Psicodramáticos na Gestão de Pessoas e Modelos de Gestão Estratégica de Pessoas na Fundação Instituto de Administração – FIA (USP). Graduada em Psicologia pelo Centro Universitário FMU. Qualificação em MBTI - Tipos Psicológicos (Consultoria Felipelli), Gestão da Educação Corporativa, Práticas e Tendências na Gestão e Avaliação de Desempenho (FIA) e Entrevista por Competências (Instituto Pieron). Experiência em Recursos Humanos com vivência nas áreas de Atração e Seleção e Desenvolvimento e, atualmente, como Coordenadora de Desenvolvimento e Ensino Corporativo com foco no Programa de Desenvolvimento de Líderes da Sociedade Beneficente Israelita Brasileira Albert Einstein (SBIBAE). Atuação como docente em cursos de pós-graduação. Instrutora no Centro de Simulação Realística e autora em cursos de EaD no Hospital Albert Einstein.

Camila Faria da Rocha

Psicóloga, graduada pela Universidade de Santo Amaro (USA). Pós-graduada em Gestão Estratégica de Pessoas pela Fundação Instituto de Administração – FIA (USP). Formada em Liderança em Tempos Complexos; Consultores e Lideres Facilitadores e *Green Belt* - Lean *Six Sigma*. Experiência de 20 anos na área de Recursos Humanos, atuando nos diversos subsistemas de RH: Recrutamento e Seleção; Treinamento e Desenvolvimento; Comunicação Interna; Remuneração; *Business Partner* e, mais recentemente, na gestão de Hospital Público e na Consultoria do Setor de Saúde Pública da Sociedade

Beneficente Israelita Brasileira Albert Einstein (SBIBAE). Foi *Key User* de sistema integrado de RH (SAP) e atuou em programas institucionais como a implantação de Ouvidoria Interna (SAC-RH) e o Programa de Competências.

Caroline Arrozio

Atua no Hospital Albert Einstein na área de Recursos Humanos e Ensino Corporativo, principalmente no Programa de Desenvolvimento de Lideranças, com projetos nos setores privado e público. Bacharel em Psicologia. Qualificada em Estilos Pessoais MBTI - *Step* II, Palográfico. Pós-graduada em Gestão Estratégica de Pessoas. Docente nos cursos de pós-graduação. Professora autora e tutora nos cursos de EaD. Instrutora do Centro de Simulação no Hospital Albert Einstein em Cenários Comportamentais.

Caroline Dalla Costa Teles Valegio

MBA Executivo em Recursos Humanos pela Fundação Instituto de Administração – FIA (USP). Pós-graduada em Administração de Recursos Humanos pela Fundação Armando Alvares Penteado (FAAP). Bacharel em Administração de Empresas com ênfase em Análise de Sistemas pela Faculdades Associadas de São Paulo (FASP). Possui formação e certificação internacional em *Personal and Executive Coach* pelo *Integrated Coaching Institute* (ICI) e em Consultores e Líderes Facilitadores pela Adigo Lumo. Atua há 16 anos em Recursos Humanos em empresas do ramo financeiro e da saúde como Banco Votorantim, Banco Itaú BBA e, atualmente, como Gerente de Recursos Humanos (Consultoria Interna de RH) na Sociedade Beneficente Israelita Brasileira Albert Einstein (SBIBAE). Possui experiência em docência em cursos de pós-graduação, técnicos e de formação em Recursos Humanos.

Claudia Regina Laselva

Enfermeira e mestre em Nefrologia – Ciências Básicas pela Universidade Federal de São Paulo (UNIFESP). *MBA* Executivo em Gestão de Saúde pelo

Instituto de Ensino e Pesquisa (INSPER), com extensão internacional na *TUFTS University* (Boston, EUA). Diretora de Operações e de Práticas Assistenciais da Sociedade Beneficente Israelita Brasileira Albert Einstein (SBIBAE).

Daniela da Silva Mendes

Cursa *MBA* em *Business Intelligence & Analytics* pela Faculdade de Informática e Administração Paulista (FIAP) e *Certificate* em Finanças pela *Saint Paul* Escola de Negócios. Graduada em Administração de Empresas pela Faculdades Metropolitanas Unidas (FMU). Atualmente é Coordenadora de Planejamento e *Analytics* na área de Desenvolvimento e Ensino Corporativo (*Talent & Development*).

Débora Schettini Alves

Enfermeira e especialista do Hospital Albert Einstein. Especialista e mestre em Educação em Saúde pela Universidade Federal de São Paulo (UNIFESP). *MBA* em Gestão do conhecimento, inovação e tecnologia pela Fundação Instituto de Administração – FIA (USP), com módulo internacional na Universidade de Bentley (Boston, EUA).

Denise Tiemi Noguchi Maki

Médica, formada pela Faculdade de Ciências Médicas da Santa Casa de São Paulo. Atualmente é médica integrativa da saúde populacional do Hospital Israelita Albert Einstein e coordenadora da pós-graduação em Bases de Saúde Integrativa e Bem-Estar do Instituto Israelita de Ensino e Pesquisa do Einstein.

Dulce Pereira de Brito

Coordenadora Médica da Saúde Corporativa do Hospital Israelita Albert Einstein. Coordenadora do Curso de Práticas de Promoção da Saúde da Faculdade de Medicina da Universidade de São Paulo (USP) e Coordenadora do Núcleo de Educação em Saúde HCFM-USP. Atua como professora de Clínica Médica do Hospital das Clínicas da Faculdade de Medicina da USP e como professora de Promoção de Saúde no curso de pós-graduação de Medicina do Trabalho da Faculdade de Ciências Médicas da Santa Casa de São Paulo.

Eletéa Tasso

Especialista em Ensino Digital da Sociedade Beneficente Israelita Brasileira Albert Einstein (SBIBAE). Mestranda profissional em Ensino em Saúde pela Faculdade Israelita de Ciências da Saúde Albert Einstein. Especialização em Planejamento, Gestão e Implementação do EaD pela Universidade Federal Fluminense (2016). *MBA* em Gestão de Projetos pela FGV (2012). Especialização em Gestão da Educação à Distância pela Universidade Federal de Juiz de Fora (2003). Biomédica graduada pela Universidade Federal de São Paulo (UNIFESP).

Eliézer Silva

Médico, Livre-docente pela Universidade de São Paulo (USP), com formação em gestão de saúde pelo Instituto de Ensino e Pesquisa (INSPER), Fundação Dom Cabral e *Harvard Business School*. *MBA* em Gestão de Saúde pelo Instituto de Ensino e Pesquisa (INSPER). Atualmente, é o diretor responsável pelas áreas de Medicina Diagnóstica, Saúde Corporativa, Saúde populacional, Rede de Atenção Primária, Transformação Digital e Telemedicina. Atua como conselheiro em empresas de medicina diagnóstica e de tecnologia.

Euma Ferreira de Sousa

Coordenadora do Ensino Corporativo do Hospital Israelita Albert Einstein. Formada em Enfermagem pela Faculdade de Enfermagem do Hospital Albert Einstein (FEHIAE). Especialista em Nefrologia pela Universidade Federal de São Paulo (UNIFESP). Pós-graduada em Gerenciamento de Serviços de enfermagem – FEHIAE e *MBA* – Gestão de Clinicas e Hospital pela Fundação Getúlio Vargas (FGV). Coordenou e liderou a implantação do Programa de Trilhas de Aprendizagem do Hospital Albert Einstein. Coordenadora do

Curso de pós-graduação em Educação Corporativa em Saúde do Hospital Albert Einstein.

Fernanda Prado

Graduada em Psicologia pela Universidade de Santo Amaro (UNISA). Pós-graduada em Gestão Estratégica de Pessoas pela Universidade Mackenzie. *MBA* em Recursos Humanos na Fundação Instituto de Administração – FIA (USP). Possui formação em *Coaching* pelo *Instituto Coaching Internacional* (ICI) e como Consultor Interno pela Adigo. Atualmente, é Gerente de Recursos Humanos do Hospital Órion. Atuou nas áreas de consultoria interna de RH, planejamento, remuneração e informações.

Guilherme Schettino

Médico graduado pela Universidade Federal do Rio de Janeiro. Doutor em Medicina pela Faculdade de Medicina da USP. Diretor de Responsabilidade Social da Sociedade Beneficente Israelita Brasileira Albert Einstein (SBIBAE).

Henrique Sutton de Souza Neves

Formado em Direito pela PUC-RJ e no *Advanced Management Program* (AMP) da *Harvard Business School*.

Joyce Barreto

Fisioterapeuta graduada pela Escola Baiana de Medicina e Saúde Pública (EBMSP). Especialista em Fisioterapia Respiratória pela Universidade Federal de São Paulo (UNIFESP). Certificada em Gestão em Saúde pelo Instituto de Ensino e Pesquisa (INSPER). Mestranda pelo Instituto Israelita de Ensino e Pesquisa Albert Einstein. Coordenadora do Centro de Simulação Realística Albert Einstein.

Leonel de Ramos

MBA em *Health Tech* pela Faculdade de Informática e Administração Paulista (FIAP). *MBA* em Gestão de Pessoas - RH pela Fundação Instituto de Administração – FIA (USP). Especialização em Gestão de Treinamento e Desenvolvimento (PUC-PR). Graduação em Enfermagem pelo Centro de Ensino superior dos Campos Gerais.

Letícia Simões

Psicóloga graduada pela Universidade Paulista. *MBA* em Gestão de Recursos Humanos pela Universidade Anhambi Morumbi. Atua há mais de 12 anos em Recursos humanos, com vivências nas áreas de Treinamento e desenvolvimento. Atualmente Coordenadora de Recursos Humanos na Sociedade Beneficente Israelita Brasileira Albert Einstein (SBIBAE), com os temas de Clima, Engajamento, Experiência do colaborador e *Onboarding*. Docente, tutora e monitora dos cursos de pós-graduação e disciplinas relacionadas à Liderança e Gestão de Pessoas do Ensino Einstein. Cursa a pós-graduação de Gestão das emoções nas organizações – *Cultivating Emocional Balance*. Possui *Scrum Master Certified* pela *Scrum Study* com formação pela Secretaria de Educação Profissional e Tecnológica (SETEC). *Professional and Self Coaching* e Analista Comportamental DISC.

Luciana Raineri Munaro

Graduada em Psicologia. Pós-graduada em Administração de RH pela Fundação Armando Álvares Penteado (FAAP). Possui Formação como *Personal* e *Professional Coaching* pela Sociedade Brasileira de *Coaching* e como Consultor Interno e Líder Facilitador pela Adigo. Qualificação em Tipos Psicológicos - MBTI. Experiência de 25 anos em Recursos Humanos com vivência nas áreas de Consultoria Interna de RH, Treinamento e Desenvolvimento, Recrutamento e Seleção, Comunicação Interna, Qualidade e Programas de Diversidade e Inclusão em empresas como Bosch, Siemens, Hausgerate,

Continental Eletrodomésticos LTDA , Rotary Club – Formação de Jovens Aprendizes e, atualmente, como Gerente de Consultoria Interna na Sociedade Beneficente Israelita Brasileira Albert Einstein (SBIBAE).

Marcos Vinícius Miranda

Executivo de Recursos Humanos. *MBA* Executivo com extensão internacional em Saúde. Pós-graduado em Recursos Humanos. Bacharelado em Administração de Empresas. Possui 20 anos de experiência em Recursos Humanos, com atuação nas áreas de Consultoria, Planejamento de Mão de Obra, Sistemas de RH, Programas de Remuneração Estratégica e *Analytics*. Atualmente é Gerente Recursos Humanos - Planejamento, *Analytics* e Remuneração da Sociedade Beneficente Israelita Brasileira Albert Einstein (SBIBAE). Possui experiência em docência em cursos de pós-graduação, cursos técnicos e de formação em Recursos Humanos.

Miguel Cendoroglo Neto

Graduado em Medicina pela Universidade Federal de São Paulo. Mestre em Medicina (Nefrologia) pela Universidade Federal de São Paulo. Doutor em Medicina (Nefrologia) pela Universidade Federal de São Paulo. Fez seu pós-doutorado no *New England Medical Center*, Universidade de Tufts, em Boston. Defendeu livre-docência pelo Departamento de Medicina, Disciplina de Nefrologia da UNIFESP. Fez o curso *Advanced Management Program* pela *Harvard Business School*. Atualmente é professor associado, livre-docente da Universidade Federal de São Paulo, em licença não-remunerada. Também tem posição na *Tufts Univeristy School of Medicine* como *Adjunct Assistant Professor of Medicine*. Foi diretor de Prática Médica do Hospital Israelita Albert Einstein. É Diretor Superintendente e Diretor Técnico do Hospital Israelita Albert Einstein. Professor do curso de *MBA* em Gestão de Saúde do Hospital Israelita Albert Einstein. Participou de diversas atividades associativas, particularmente nas Sociedades Brasileira e Paulista de Nefrologia. Tem como interesses acadêmicos a pesquisa em Insuficiência Renal, Diálise, Uremia, Administração Hospitalar, Qualidade em Serviços de Saúde, Georreferenciamento na Saúde, Economia da Saúde e Gestão de Corpo Clínico.

Milene Vidal da Silva Barbosa

Enfermeira graduada pela Universidade Federal de São Paulo (UNIFESP). Aprimoramento em Cardiologia pelo Instituto do Coração (INCOR/HCF-MUSP). Especialização em Gerenciamento em Serviços de Enfermagem pela UNIFESP; Docência para Ensino Superior pela Uninove; Especialização em Educação Continuada e Permanente pela FICSAE; Gestão em Educação Corporativa pela Fundação Instituto de Administração – FIA (USP); *MBA* em Gestão de Pessoas pela USP/ESALQ.

Priscila Aparecida Surita Sampaio

Mestre em Comportamento do Consumidor pela ESPM. Pós-graduada em Modelo de Gestão Estratégica de Pessoas pela Fundação Instituto de Administração – FIA (USP). Graduada em Psicologia pelo Centro Universitário FMU. Possui qualificação em Tipos Psicológicos - MBTI pela Consultoria Felipelli e experiência em Recursos Humanos, com atuação nas áreas de Atração e Seleção, Desenvolvimento e Diversidade e Inclusão. Possui experiência em docência em cursos de pós-graduação, graduação e cursos técnicos. Trabalhou no Hospital 09 de Julho e na Suano Papel e Celulose. Atualmente, é Gerente área de Atração, Seleção e Diversidade na Sociedade Beneficente Israelita Brasileira Albert Einstein (SBIBAE).

Raquel Conceição

Médica, com formação em Gestão e Economia da Saúde pela Universidade Federal de São Paulo (UNIFESP). *Fellowship* em Saúde Populacional pelo *Institute for Healthcare Improvement*. Atualmente, é Gerente de Saúde

Populacional e Saúde Corporativa, e desenvolve estratégias e programas de saúde para diferentes organizações.

Sandra Oyafuso Kina

Graduada em Ciências Biológicas Modalidade Médica, pela UNIFESP-EPM; Mestre em Informática Médica pela UNIFESP-EPM; *MBA* Executivo em Gestão em Saúde pelo Instituto de Ensino e Pesquisa (INSPER). Experiência profissional na área de ensino digital (EaD) e tecnologias educacionais na área da saúde. Responsável pelo credenciamento da pós-graduação EaD *lato sensu* junto ao MEC. Responsável pela ideação, implantação e gestão do Modelo de Trilhas de Aprendizagem por Competência para o treinamento dos colaboradores da SBIBAE. Responsável pela gestão da produção, operação e tutoria do EaD Einstein. Responsável pela implantação de plataformas LMS (2000 *KRP Promon*; 2004 sistema próprio; 2013 *Taleo Oracle* e 2017 *Canvas Instructure*). Destaque para competências de liderança, gestão de pessoas e gestão de projetos. Como coordenadora, foi responsável pelos canais de comunicação institucionais (portais internet, intranet e *medicalsuite*), canal de TV interno (TV Einstein) e programas de Educação do Paciente e Família (Espaço Saúde).

Selma Tavares Valério

Consultora de Treinamento da Sociedade Beneficente Israelita Brasileira Albert Einstein (SBIBAE). Mestranda do Programa Mestrado Profissional em Ensino em Saúde pela Faculdade Israelita de Ciências da Saúde Albert Einstein – FICSAE. Especialização em Prevenção e Controle de Infecção pela UNIFESP e Enfermagem em Geriatria e Gerontologia (FICSAE). Enfermeira graduada pela FICSAE.

Sidney Klajner

Sidney Klajner é Cirurgião do Aparelho Digestivo e Mestre em Cirurgia pela Faculdade de Medicina da Universidade de São Paulo (FMUSP). Presidente da

Sociedade Beneficente Israelita Brasileira Albert Einstein (SBIBAE). Membro do Conselho de Administração do Instituto Coalizão Saúde e do Conselho Superior de Gestão em Saúde - gestão do Secretário Estadual de Saúde de São Paulo. Professor do *MBA* Executivo em Gestão de Saúde do Einstein, na disciplina "O Mercado de Saúde no Brasil e no Mundo: Estrutura e estratégias". É coautor do livro "A Revolução Digital na Saúde" (Editora dos Editores, 2019).

Taise Miranda

Graduada em Psicologia pela Universidade Braz Cubas. Pós-graduada em Gestão Estratégica de Pessoas pela FIA (USP). Habilitada em Avaliação dos Tipos Psicológicos -MBTI pela Consultoria Felipelli. Professora de pós-graduação do Ensino Einstein.

Thiago de Souza Silva

Profissional com mais de 15 anos de experiência em Comunicação Corporativa. Atualmente, é responsável pela Comunicação Interna do Einstein. É formado em Jornalismo e em Marketing pela Universidade Metodista de São Paulo. Possui especialização em Comunicação Corporativa pela Fundação Instituto de Administração – FIA (USP) e cursa especialização em Recursos Humanos, também na FIA.

Agradecimentos

A todos os Fundadores, membros do Conselho, Diretoria Eleita e Presidência do Einstein pelo legado e oportunidade em fazermos deste propósito "Entregar vidas mais saudáveis, levando uma gota de Einstein para cada ser humano".

Aos pacientes e seus familiares, aos alunos e a todos aqueles que confiam ao Einstein o seu cuidado, atendimento e exercício da missão com a vida e a saúde das pessoas.

A todos os líderes do Einstein, que acreditam e se dedicam ao constante aprendizado e desenvolvimento na liderança e gestão de pessoas.

A todos os colaboradores do Einstein, que incansavelmente desbravam a missão de cuidar e/ou cuidar de quem cuida.

A todos os profissionais que colaboraram com essa obra como coautores e que puderam compartilhar as boas práticas, expertises e impacto do compromisso de suas ações.

Aos nossos colegas da área de Recursos Humanos das empresas de diferentes segmentos que, gentilmente, contribuíram com ideias e dedicação de horas como voluntários para atuação nos processos seletivos, palestras aos nossos líderes e na inspiração em temas e práticas compartilhadas.

Aos nossos familiares e aos familiares de todos os colaboradores do Einstein, pelo apoio, pela compreensão nas horas ausentes, mas principalmente pela manifestação do orgulho frente à nossa escolha de atuar e de fazer parte de uma causa maior, o "Propósito".

Escaneie o *QR Code* abaixo para prestigiar o poema de Bráulio Bessa:

Prefácio

No dia 01/04/2020, tive a honra de participar de um *webinar* da Revista Exame – *Exame Talks*. Embora o tema abordado falasse sobre Gestão de Pessoas, nesta data em especial foi inédito e, por que não, histórico? Estávamos há menos de um mês do início da pandemia, decretada em 11/03/2020 pela OMS (Organização Mundial da Saúde).

Nesse evento, tratamos sobre "Gestão de Crise X Gestão de Pessoas" e, com muita emoção, falamos sobre Gestão de Recursos Humanos em tempos de crise. Como interlocutora, Miriam Branco, Diretora Executiva de Recursos Humanos, representava um grande time de Recursos Humanos e uma instituição de excelência, a Sociedade Beneficente Israelita Albert Einstein.

O Einstein sempre foi um orgulho para o nosso país e prestigiado pelo mundo afora, sendo reconhecido como um dos principais centros de referência do mundo nas áreas hospitalar, de pesquisa e de educação. O que me faz escolher a instituição para cuidar de mim e da minha família não é apenas a excelência médica, mas também a humanização no atendimento, essencial na hora em que estamos fragilizados e com medo.

Enquanto participava da conversa, relembrava minha trajetória na gestão de pessoas e refletia o impacto deste cenário na gestão de Recursos Humanos de todos os outros segmentos para além da Saúde. Os desafios nesse contexto tão incerto... Perdemos os indicadores que nos guiavam, tivemos que gerenciar nossas decisões como líderes, sobre negócios e pessoas, sem termos a certeza de que estávamos no caminho certo. Mas tínhamos que seguir em frente sem *waze*. Os desafios com a pandemia estão sendo enormes, mas os aprendizados e conquistas também.

No cenário pandêmico, uma infinidade de possibilidades foi descoberta, experimentada, revisitada e desafiada nas organizações.

Finalmente conseguimos deixar para trás a fase do "comando e controle" que herdamos das estruturas militares, e ganhou espaço um mundo do trabalho mais autônomo e colaborativo. Os profissionais passaram a valorizar empresas que foram ágeis em cuidar de suas pessoas e clientes. O papel dos líderes também teve uma mudança significativa, com estes substituindo a figura de super-heróis que também falham, sentem medo, ansiedade e pressão. Eles passaram a não ter mais todas as respostas, a fazer boas perguntas e a contar com a competência e engajamento de seus times para, juntos, seguirem adiante.

Este livro funciona como registro de um marco histórico, uma narrativa de aprendizados e possibilidades aplicáveis nos tempos atuais e futuros. Atual, para saudar e reconhecer todos os profissionais de Recursos Humanos que desbravaram este contexto e que, de certa forma, se identificam com o trabalho significativo e associado ao propósito que marcou a humanidade, e também atemporal, para inspirar as próximas gerações na manutenção da relevância e posicionamento da gestão de pessoas nas organizações.

Esse processo é relatado de forma preciosa nesse livro denominado *Na linha de frente: enfrentando o desconhecido – Aprendizados sobre liderança e gestão de pessoas vivenciados pelo Einstein durante a maior crise sanitária do século*, cuidadosamente organizado por Míriam Branco e por Simone Azevedo e pelos coautores que atuaram diretamente e com suas equipes em cada frente desta batalha.

Fica aqui registrada a minha enorme admiração pelo Einstein, pelas organizadoras, as quais lideraram as iniciativas que serão descritas aqui, e também a todo o exército de profissionais do Einstein, que não esmoreceu nem fugiu da luta, mesmo vivendo a mesma tormenta que todos nós. Profissionais da saúde, vocês foram e são heróis todos os dias!

Que possamos nos orgulhar, nos emocionar e nos inspirar com essa obra.

Sofia Esteves
Founder e Presidente do Conselho Grupo Cia de Talentos (Bettha.com), Influencer
e LinkedIn Top Voice, colunista da Exame, da Você S/A e do Valor Econômico
Membro do Comitê Estratégico de Gestão de Pessoas do Einstein

Apresentação

O "V" da vida

"Em suas longas viagens, os gansos voam em grupo, em uma formação em 'V', muito próximos uns dos outros. O que voa à frente cria um vácuo para a ave que vem atrás, exigindo que essa gaste menos energia batendo as asas, pois diminui a resistência oferecida pelo vento. Ao longo do trajeto, há um revezamento. Quando a ave líder se cansa, outra assume a dianteira."

Com essa frase, iniciei a minha mensagem a todos os colaboradores, no dia 06 de setembro de 2021, em um momento importante sobre o início do ano novo judaico, mas que me sensibilizava sobretudo ao que vivemos nestes anos de pandemia.

Exercemos nossa missão de entregar o melhor na saúde pública e privada para enfrentar a pandemia. Esses anos permitiram que colocássemos à prova toda a nossa trajetória de inovação e disrupção, a capacidade de transformar, a experiência no apoio à gestão pública da saúde e a nossa obsessão em fazer sempre mais e melhor. Além disso, pela reputação e experiência do Einstein em saúde pública, muitos se sentiram confortáveis tendo a instituição como executora das iniciativas. A discussão em relação à ciência foi um tema muito presente no Brasil, com relevante contribuição do Einstein nesse debate.

A dedicação dos nossos profissionais, por terem feito tanto e com valores tão alinhados com os do Einstein, foi imensa. Eles se afastaram das suas famílias e das suas vidas pessoais para se dedicar ao enfrentamento da pandemia e fizeram pulsar, ainda mais forte, a paixão em servir, o compromisso com a segurança e a atenção aos detalhes. O corpo clínico abraçou nossas decisões, mesmo quando precisamos suspender o atendimento nos consultórios e quando oferecemos espaços em outras unidades ou até mesmo a telemedicina para que eles não deixassem seus pacientes sem atendimento. Esses exemplos mostram como é forte a confiança depositada em nossa Instituição.

O papel da liderança, a atitude e o primor a cada decisão e adaptação ao cenário em constante transformação foram inteiras, presentes e genuínas. Não posso deixar de relatar sobre os meus desafios e aprendizados como líder dessa Instituição, com a firmeza para seguirmos no enfrentamento, ponderando as questões práticas frente ao cenário, a responsabilidade e a expectativa em pauta no Brasil e no Mundo, mas também na sensibilidade do quão era importante cuidar das minhas próprias emoções, saúde física e mental e, por que não, da vulnerabilidade.

O autoconhecimento, tão projetado como tendência nas competências futuras dos líderes, aplicou-se como uma "prova prática" nesse período. Pude acompanhar as iniciativas conduzidas aos nossos colaboradores para o suporte nas questões de Saúde Física, Mental, Segurança e Acolhimento, e também aprender e me permitir, como líder, ao meu autocuidado, autoconhecimento, adoção de estratégias de equilíbrio e bem-estar, como conhecerão muitas delas neste livro.

No judaísmo, temos um conceito inspirador, o *Tikun Olam*, que diz respeito ao papel de cada um de contribuir para aprimorar a obra de *D'us* (do hebraico אלוהים) e ajudar a transformar o mundo em algo melhor. Tenho absoluta certeza de que aportamos milhares de tijolos à nossa obra de transformação do mundo da saúde.

Foram tantos os aprendizados vivenciados que, a todo momento, a "bússola" reafirmava a missão do Einstein em oferecer excelência de qualidade no âmbito da saúde, da geração do conhecimento e da responsabilidade social como forma de evidenciar a contribuição da comunidade judaica à sociedade brasileira.

No sentido da nossa missão, escrevemos essa e outras histórias, que nos permitem gerar conhecimento e consolidar aprendizados para nosso aprimoramento e evolução contínua, como também a inspirar outras Instituições e profissionais que percorrem a mesma jornada.

Por este motivo, sinto-me orgulhoso, honrado e emocionado em apresentar o livro *Na linha de frente: enfrentando o desconhecido – Aprendizados sobre liderança e gestão de pessoas vivenciados pelo Einstein durante a maior crise sanitária do século*, obra que tive o prazer de acompanhar, vivenciar cada instante e que já é parte da minha história.

Sidney Klajner
Presidente da Sociedade Beneficente Israelita Brasileira Albert Einstein
Cirurgião do Aparelho Digestivo e Coloproctologista

Sumário

Capítulo 1

A BÚSSOLA NA ORIENTAÇÃO DO SENTIDO
E DO PROPÓSITO PARA OS COLABORADORES:

como a cultura e os valores impulsionaram
o foco para o alcance dos melhores resultados 33

Capítulo 2

O PLANO DE *COMBATE*:

como a equipe de Recursos Humanos se preparou
para definir todos os possíveis alvos de atuação
no cenário dinâmico e incerto – RH ÁGIL na prática 55

Capítulo 3

MAPEAMENTO TERRITORIAL:

a gestão das informações para o dimensionamento calculado
dos possíveis planos e atalhos 91

Capítulo 4

O EXÉRCITO NECESSÁRIO
PARA O ENFRENTAMENTO AO DESCONHECIDO:

a estratégia utilizada para a resposta rápida
na composição das equipes da Saúde Privada à Pública 107

Capítulo 5

APRENDER EM TEMPO REAL:

a capacitação das equipes na velocidade da transformação do contexto e da necessidade de incorporação de novos conhecimentos, competências e habilidades 135

Capítulo 6

O CAMPO DA BATALHA:

a liderança como agente motriz na gestão e no redesenho de medidas frente aos riscos emergentes 175

Capítulo 7

DIRECIONAMENTO E CLAREZA:

as ações de comunicação e engajamento centradas n a experiência dos colaboradores e o papel da liderança durante o enfrentamento ao desconhecido 197

Capítulo 8

O CUIDADO PARA A BLINDAGEM DAS EQUIPES:

como priorizar a Segurança, a Saúde e o Bem-Estar dos colaboradores nas diferentes frentes da batalha (presencial e *Home Office*) 251

Capítulo 9

O OBJETIVO COMUM:

entendimento das necessidades das áreas e o design das soluções 305

Capítulo 10

A FORÇA DE UMA NAÇÃO:

humanização, colaboração e todos movidos
pela essência humanitária 327

Epílogo

ENQUANTO ISSO... 349

REFERÊNCIAS 363

CAPÍTULO 1

A bússola na orientação do sentido e do propósito para os colaboradores:

como a cultura e os valores impulsionaram o foco para o alcance dos melhores resultados

Míriam Branco

Compartilhar um desejo, vincular as pessoas de forma que ofereçam o seu melhor para um bem comum. Foi assim que, em 1955, a Sociedade Beneficente Israelita Brasileira Hospital Albert Einstein foi fundada e, 65 anos depois, protagonizou no Brasil o enfrentamento à Covid-19, pandemia que colocou a saúde como prioridade máxima em todas as agendas do mundo.

Sempre admirei a preocupação do Einstein em manter viva a chama que impulsionou seus fundadores – um grupo de médicos da comunidade judaica – a criarem um hospital para exercer sua vocação e retribuir à sociedade brasileira o acolhimento recebido pela comunidade judaica, um sonho apoiado por doadores, voluntários e milhares de colaboradores que acreditaram e construíram a sua história.

Atualmente, o Einstein encontra-se posicionado como uma das principais organizações latino-americanas de assistência à saúde, com instalações modernas, recursos de ponta e profissionais altamente qualificados, sendo considerado, em 2020, pela décima segunda vez consecutiva, o melhor hospital da América Latina pela revista *AméricaEconomia Intelligence,* e posicionado entre os 50 melhores hospitais do mundo pela revista *Newsweek.*

Figura 1: Top 50 – Revista *Newsweek.*

Fonte: Arquivo SBIBAE.

Suas inúmeras conquistas nunca foram suficientes. Novos desafios sempre foram almejados, como uma verdadeira obsessão pela excelência. Traços trazidos da cultura judaica foram fortalecidos por lideranças sucessivas que traduziram e engajaram outros profissionais. Essa constatação é parte de um diagnóstico realizado entre 2011 e 2012, liderado pela Profa. Dra. Carmen Migueles, consultora nas áreas de Cultura, Diversidade Cultural, Antropologia do Consumo, Gestão Estratégica de Pessoas e Gestão Integrada de Ativos Intangíveis, o qual descreve a cultura e sua importância para as decisões institucionais.

A cultura como leme e símbolo de responsabilidade e prudência nas decisões de crescimento

Em 2011, com um plano de crescimento institucional audacioso, a questão *Cultura* foi trazida como importante norteadora das decisões de expansão e limites de atuação. Foi, então, contratado um diagnóstico com o objetivo de compreender a cultura e a sua relação com os outros ativos intangíveis (valor de marca, confiança, inovação, qualidade e capacidade de gerir conhecimento).

Dentre os achados, conclui-se que o Einstein apresenta uma cultura organizacional forte, com capacidade de formar pessoas na resiliência, orientada para o paciente/cliente e capaz de promover o aprimoramento contínuo alinhado aos valores da organização.

Outras características como confiança e alta confiabilidade estão relacionadas não só às ações históricas alinhadas a valores, como com a forma com que os protocolos médicos e de enfermagem foram produzidos e implantados. A confiança é causada pela clara adesão das lideranças a valores os quais orientam o processo decisório na organização e a confiabilidade à existência de mecanismos concretos de intervenção e correção em todos os níveis, comenta o estudo. Foi constatado, na época, pela concordância nas entrevistas em todos os níveis da organização que, entre qualidade (no tratamento ao paciente) e qualquer outra escolha (inclusive aquelas com impacto financeiro), opta-se pela primeira com grande tranquilidade.

Em outro nível de profundidade, foram apresentados três elementos estruturantes na cultura organizacional que formam a competência essencial da organização:

1. A ausência do fatalismo, característica tão marcante das culturas latina e da brasileira.

2. A presença inquestionável de um movimento de busca contínua. A procura pela melhor solução, pelo melhor tratamento, foi reconhecida por todos como forte na organização.

3. Menor distância de poder e personalismo do que na cultura brasileira em geral. Distância de poder é um indicador utilizado para comparar culturas. Mede até onde uma sociedade tolera o autoritarismo e aceita a desigualdade. Esse indicador constata a cultura brasileira como fortemente autoritária e com grande aceitação da desigualdade.

Segundo consta no relatório da Profa. Dra. Carmen Migueles, responsável pela condução do projeto de Diagnóstico de Cultura, o personalismo, que é a capacidade de se beneficiar de maneira desigual dos recursos do sistema graças à qualidade da relação pessoal com aqueles que detêm o poder, é muito menor no Einstein do que nas organizações já observadas até aquele momento no Brasil. É ressaltado no estudo que, no caso brasileiro, onde há alta distância de poder, foco nas tarefas e no curto prazo, baixa confiança e propensão ao comando e controle, há barreiras consideráveis à gestão do conhecimento, ao aprimoramento contínuo e ao foco nos valores. No caso Einstein, o estudo apresentou o rompimento desse círculo vicioso que gera desconfiança, desmotivação e comportamento oportunista, demonstrando um círculo virtuoso onde há confiança, predisposição para cooperar, contexto propício para a inovação e gestão do conhecimento e foco na entrega de valor ao cliente final, o que cria valor de marca e reputação, aumentando a rentabilidade e a sustentabilidade.

Em um dos trechos do seu relatório, a Profa. Dra. Carmen Migueles destaca uma característica muito particular da instituição:

> *A cultura judaica, tal como foi observada no Einstein, trouxe uma contribuição de fundamental relevância: provou-se que é possível combater a mentalidade de submissão e dependência decorrente do nosso processo de colonização e criar formas de gestão que não estejam baseadas no tradicional modelo "casa grande e senzala" ou no famoso "manda quem pode, obedece quem tem juízo". Nesse sentido, a nossa equipe não tem dúvidas de que o Caso Einstein é uma enorme contribuição ao pensamento organizacional brasileiro e latino-americano...*

Recebido o diagnóstico, havia um grande desafio: o de perpetuação dessa cultura frente ao crescimento planejado, onde o distanciamento geográfico, novos colaboradores, gerações mais individualistas e uma liderança mais focada no curto prazo poderiam enfraquecer o vínculo dos indivíduos com a organização e dificultar a adesão aos valores que demandam maior dedicação e esforço dos indivíduos.

Os quatro pontos cardeais na estratégia de Recursos Humanos

O assunto não é novo, mas aparece mais forte depois da pandemia. *As organizações que sabem por que existem e para quem estão direcionadas estão em uma posição singular para navegar por um cenário de mudanças frequentes e abruptas*, reflete a pesquisa *Global Marketing Trends 2021*, realizada pela Deloitte. Defender o RH como articulador e modelador de mentalidades e comportamentos individuais desejados nos momentos importantes da cultura da empresa, traduzindo o propósito em um conjunto de normas e comportamentos de liderança e de funcionários, é pauta do artigo *O novo possível: Como o RH pode ajudar a construir a organização do futuro*, publicado pela *Mckinsey* em março de 2021.

Desde 2012, alavancar a cultura e o propósito do Einstein passou a ser uma das diretrizes do planejamento estratégico de Recursos Humanos e, fazendo uma alusão aos quatro pontos cardeais, resumo as macroações norteadoras dos últimos dez anos.

1. Disseminação dos valores a toda a sociedade (voluntários, corpo clínico e funcionários), incorporando nos colaboradores o orgulho de pertencer

Desde o processo de governança, na preparação e escolha de seus conselheiros até a contratação e *onboarding*, percorrendo as diferentes etapas das comunicações internas, nos processos de desenvolvimento das lideranças e nas celebrações e encontros, o nosso propósito é repetido: *entregar vidas mais saudáveis, levando uma gota do Einstein para cada ser humano*. Um propósito de fácil entendimento e vinculação à missão, à visão e aos valores que norteiam as ações e as decisões dos colaboradores.

Propósito

Entregar vidas mais saudáveis, levando uma gota de Einstein para cada ser humano.

Missão

Oferecer excelência de qualidade no âmbito da saúde, da geração do conhecimento e da responsabilidade social como forma de evidenciar a contribuição da comunidade judaica à sociedade brasileira.

Visão

Ser líder e inovadora na assistência à saúde, referência na gestão de conhecimento e pelo comprometimento com a responsabilidade social.

Valores

Mitzvá, *Refuá*, *Chinuch* e *Tsedaká*, ou seja, Boas Ações, Saúde, Educação e Justiça Social são os preceitos judaicos que motivaram médicos da comunidade judaica a fundar a Sociedade Beneficente Israelita Brasileira Albert Einstein há mais de 60 anos. Somados aos valores organizacionais (Honestidade, Verdade, Integridade, Diligência, Justiça, Altruísmo, Autonomia, Profissionalismo e Trabalho em Equipe).

A boa reputação e a marca forte no mercado são fatores muito atrativos aos profissionais da saúde, que sonham em trabalhar no Einstein não apenas para usufruírem dos recursos oferecidos pela instituição, como também para tornarem seus currículos mais atrativos e, consequentemente, fortalecerem suas trajetórias profissionais, frente a tudo que a Instituição representa e ao propósito da sua existência. Daí o permanente aprimoramento no processo seletivo da organização, para avaliar de maneira aprofundada os propósitos de cada profissional que almeje trabalhar no Einstein. Este é o questionamento recorrente em qualquer seleção atual: qual é o seu propósito em trabalhar aqui?

O crescimento exige também a atração para áreas ascendentes nos diversos ramos de atividades como Inovação, Big Data, Segurança de Informações e Inteligência Artificial. Almejam-se profissionais que reconheçam na marca empregadora do Einstein o mesmo valor atribuído à sua excelência técnica.

A busca se fixa no perfil colaborativo, na aptidão ao trabalho em equipe, na bagagem de vivências de cada aspirante e na profundidade com que busca alcançar seu propósito. O candidato deve compreender a natureza filantrópica da organização e os desafios decorrentes dessa característica. Deve questionar-se o tempo todo se aquela entrega é a melhor que pode ser feita e – acima de tudo – ansiar por desenvolver o "modo Einstein" de fazer excelência na Saúde. Nesse contexto do "coletivo em primeiro lugar", não há espaço para os profissionais que buscam apenas resultados financeiros.

A partir da identidade Einstein, com sua missão, valores e preceitos judaicos, a gestão de Recursos Humanos tem buscado revisar suas políticas em busca da perpetuação da cultura organizacional. Os processos de remuneração foram repensados no sentido de atribuir valor à equipe, distribuindo os novos recursos de forma mais igualitária e evitando aumentar as diferenças. É justo que desempenhos diferenciados sejam reconhecidos, porém sempre considerando a coletividade dentro do desenvolvimento das políticas de remuneração.

2. Perenidade por meio da liderança

A liderança é a principal responsável pela manutenção dos valores presentes em atitudes e decisões. De acordo com Katzenbach, os verdadeiros líderes da mudança estão nos níveis médios das organizações e são eles quem têm a capacidade de fazer a mudança acontecer.

Investir no desenvolvimento da gestão passou a ser uma premissa para o Einstein, visando garantir a manutenção da cultura organizacional. A preferência por desenvolver lideranças suporta as expansões e gera oportunidades de crescimento para seus profissionais.

Para a identificação de potenciais líderes, é realizado um processo de mapeamento e validação em colegiado. Todas as oportunidades são divulgadas e qualquer pessoa pode se candidatar e participar dos processos.

O programa de desenvolvimento de lideranças é permanentemente revisado, alinhado à cultura, aos desafios, à segmentação das áreas de atividades e às tendências organizacionais.

São também desenvolvidos planos de desenvolvimento individual focados nos profissionais de alto potencial e planos de ação para aqueles com baixo desempenho ou sob baixa satisfação dos liderados, como forma de criar um ciclo virtuoso onde todos, sem exceção, têm oportunidades e devem almejar o aprimoramento contínuo, vertentes presentes na Cultura.

Os processos externos não foram abandonados. Ao contrário, foram mantidos e utilizados tanto para validar os recursos internos como para suprir *gaps* em novas áreas de conhecimento. Estes processos, porém, passaram a considerar o alinhamento das expectativas dos candidatos à cultura e à imagem de futuro que o Einstein quer construir. Um bom exemplo, retirado também do diagnóstico de cultura foi: *o Einstein é uma obra em constante construção e pessoas que procurem usufruir da força da sua marca, sem entender que farão parte de uma construção, dificilmente terão uma carreira de sucesso internamente.*

3. Propósito como mola propulsora para conexões de expectativas dos diversos grupos e dos novos profissionais

As instituições de saúde são consideradas complexas devido ao alto volume de processos e de variáveis envolvidas nos atendimentos. Ao observarmos o grupo de profissionais do Einstein, percebemos diversas categorias, variadas formações específicas, conselhos e regimentos distintos, além de diversas origens sociais e expectativas distintas.

No universo Einstein de Colaboradores (Figura 2), podemos observar que quase 56% do seu quadro é formado por profissionais de nível técnico e operacional. Tratam-se de profissões que não exigem formação superior, mas que são fundamentais no cuidado e necessitam de capacitação.

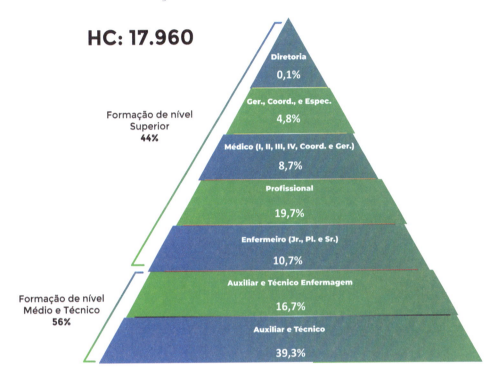

Figura 2: Universo Einstein de Colaboradores.

Fonte: Arquivo SBIBAE. Dados de Dezembro de 2021.

Um propósito de fácil entendimento e de valores universais estimula o orgulho de pertencer a partir do significado e da importância do trabalho de cada um para o resultado do grupo.

O Einstein acredita que o ser humano, com educação e disciplina, pode atingir o máximo de suas potencialidades, numa busca permanente pela superação de seus limites. Esse é o tom de sua cultura organizacional, que contribui de modo permanente para consolidar a instituição como uma referência em excelência e qualidade.

Todo profissional admitido no Einstein passa por um conjunto de iniciativas que visam promover a melhor ambientação e socialização à instituição, o que podemos associar à continuidade de processo de *onboarding*, sendo este conjunto uma integração institucional que tem por objetivo estabelecer a melhor relação com a instituição, facilitando sua adaptação à cultura local e eliminando a ansiedade natural frente aos novos desafios. A questão cultural também compõe um programa de capacitação e treinamento específico destinado às lideranças, facilitando o aproveitamento interno de colaboradores nos processos seletivos para novos líderes.

As conexões com os novos profissionais passam pela história da criação da Instituição, dos desafios enfrentados para fazê-lo crescer e dos que ainda há pela frente para aumentar o peso do sentido e do significado.

A filosofia da melhoria contínua permeia todos os processos da organização, numa construção coletiva em busca da excelência, com forte investimento nas competências essenciais e identificação de profissionais com potencial de contribuir com a visão de futuro estabelecida pela organização. Por isso, a formação profissional dentro da instituição já é uma realidade em muitas posições, desde as áreas operacionais, a exemplo dos profissionais da higiene capacitados para ocupar cargos de copeiros, destes para cargos técnicos e assistenciais.

Assegurar que os profissionais assistenciais são efetiva e eficazmente treinados comportamental e tecnicamente para o exercício dos seus cargos também é uma conduta presente e compõe trilhas específicas por cargos e setores.

Fazer parte de um time de sucesso, incentivando, reconhecendo e valorizando os profissionais e as equipes, com a possibilitação de crescimento e de oportunidades de carreira em atuações híbridas, nas diferentes frentes de atuação do Einstein reforça a natureza filantrópica da organização e faz com que os colaboradores se vejam como parte de uma comunidade de excelência na busca contínua por uma missão desafiadora.

4. Ambiente de trabalho propício ao desenvolvimento e livre de preconceitos, mantendo presente a baixa distância do poder

A pessoa no centro do cuidado é uma premissa que serve tanto para o paciente/cliente quanto para o colaborador. Para isso, desenvolver mecanismos mais eficientes com foco na experiência, na participação e na manifestação dos colaboradores é fundamental. Pesquisas de satisfação, avaliação das lideranças, cafés com as diretorias e canais confiáveis para denúncias – incluindo assédio moral e sexual – fazem parte do incentivo a uma comunicação eficiente e bilateral.

Mais do que o manifesto das intenções, uma boa gestão de consequência e o reconhecimento dos casos de sucesso consolidam o discurso e a prática.

O tema *diversidade e inclusão* foi trazido como reflexão da história e missão institucional, com ações que incentivam o respeito, a valorização das diferenças, a equidade interna e a inclusão social.

Revisitar esse diagnóstico e seu desdobramento em meio à pandemia traz à tona a ponta de um iceberg que se desenvolveu nos últimos anos. Algumas características ressaltadas na cultura foram fundamentais para as tomadas de decisão no enfrentamento da pandemia:

1. Prontidão para a mudança de rota, compreendida como constante e inevitável.

2. Capacidade de enfrentar situações difíceis, buscando alternativas para reorientá las de acordo com a missão.

3. Capacidade de enfrentar riscos e acreditar que a ação orientada por valores produzirá os resultados sustentáveis desejados.

4. Capacidade de influenciar as pessoas e a resolver conflitos usando os valores como pontos comuns.

5. Busca do equilíbrio entre reconhecimento da excelência individual e cobrança pela humildade necessária à atitude de servir.

Prontidão para a mudança de rota – a ponta do iceberg

É fato que uma cultura sólida motiva os colaboradores a crescerem com a organização, por meio de comportamentos compatíveis com os valores em vigor, gerando bons resultados e satisfação dos clientes. A pandemia pôs à prova essa solidez, testando as características definidas como fundamentais aos colaboradores, diariamente encorajados a manterem um ambiente de trabalho harmonioso e propício ao alcance das metas.

Entre as principais capacidades desses profissionais está a resiliência, compreendida como a habilidade de lidar com vários tipos de problemas, de superar obstáculos e de resistir à pressão. Trata-se de enfrentar diariamente situações muito comuns numa área de atuação marcada pelos mais diversos cenários de dor e sofrimento, diagnósticos inesperados, espera aflita por transplantes, entre outras possibilidades.

Em Recursos Humanos, *a busca incessante pelo melhor* também é marca presente. Incentivando o desenvolvimento da equipe com cursos, formações, participação em eventos e congressos nacionais e internacionais, possuímos o conceito e a organização ideal para colocá-lo em prática.

Em 2018, iniciamos a construção de um novo modelo de atuação, inspirados por uma imagem que incluía também o pilar da tecnologia como aliado das melhorias que seriam necessárias (Figura 3).

Figura 3: Modelo de atuação do RH – Adaptação do Modelo TOTVS.

Fonte: Arquivo SBIBAE.

O compromisso do Recursos Humanos em manter cultura, princípios e valores como base, utilizando a tecnologia como aliada na melhor experiência do colaborador e como suporte para as melhores soluções em gestão de pessoas é o que permite um alinhamento estratégico para uma operação tão complexa e dependente de pessoas como é a área da Saúde.

A formatação dessa imagem, somada a temas que fizeram parte de grupos de estudo, monografias, dissertações e cursos realizados por membros da equipe, trouxe para a prática temas inovadores para a área da saúde como, por exemplo *Home Office*, *design thinking*, *mindset* ágil, *employee experience*, mentoria, transformação digital, entre outros.

No dia 11 de março de 2020, um dia antes de deflagrada a pandemia, o Einstein já possuía um Gabinete de Crise montado e vários grupos definidos para atuar conforme os principais impactos observados na China e na Itália. Falta de leitos, falta de respiradores, falta de máscaras e, o mais preocupante, falta de profissionais, além de muitos depoimentos tristes de médicos e enfermeiros adoecendo e morrendo na frente de batalha.

Considerando as evidências e os números apresentados no mundo, foram estimados, em um primeiro momento, 1.426 profissionais da área da saúde para reforçar o combate ao Coronavírus. O tempo seria decisivo: 14 dias projetados. Esse foi o primeiro desafio de vários que se seguiram.

O plano e seus resultados

Várias demandas apareceram e os nossos processos e estruturas não eram suficientes. O tempo não podia ser desperdiçado e iniciávamos um novo dia com ainda mais demandas. Tínhamos que focar no que realmente era importante e, em uma das reuniões da área de Recursos Humanos, definimos quais seriam as nossas premissas:

1. As pessoas (candidatos, colaboradores, voluntários) serão o centro das decisões e trabalharíamos para que tivessem uma boa experiência.

2. Dedicaremos o melhor de cada um de nós.

3. Sentiremos orgulho e prazer em fazer parte dessa história.

As estruturas precisaram ser quebradas e organizadas em *squads* – havíamos treinado todo o RH em Metodologia Ágil três meses antes da pandemia – que atenderiam não os processos, mas as soluções necessárias.

Para exemplificar as demandas e os desafios, além das contratações necessárias, precisávamos afastar da linha de frente todos os profissionais que possuíam riscos de agravamento caso fossem acometidos pela doença – lembrando que, nesse momento, havia muito mais perguntas do que respostas sobre como a doença era transmitida e como se agravava. Encontrávamos médicos com mais de 60 anos que não queriam se afastar da linha de frente, assim como profissionais que tinham medo de adoecer ou de levar a doença para casa. A máscara não era obrigatória e havia o receio de faltar materiais de proteção individual para quem estava na linha de frente.

O *Home Office* discutido e implantado desde 2015 passou a ser estratégico. Sabíamos quais eram os complicadores e rapidamente os atacamos. Passamos de 361 profissionais que faziam *Home Office* uma vez por semana para 2.200 em tempo integral.

O número de voluntários que nos procuraram espontaneamente foi algo que despertou admiração. Foram ex-funcionários em diferentes regiões do Brasil e do mundo (Alemanha, EUA, Canadá) nos ajudando em processos seletivos, alunos da faculdade e até mesmo de outras organizações oferecendo sua área de Recrutamento e Seleção para nos apoiar nos processos. Aqui, aproveito para agradecer a todos que apoiaram o RH nesta missão, em especial à Sofia Esteves, *Founder* e Presidente do Conselho do Grupo Cia de Talentos/Bettha, e à Mariana Guerra, VP de Recursos Humanos | América Latina da ADP, que destinaram suas equipes *pro bono*.

Os planos passaram a ser definidos e redefinidos a cada momento. Medidas provisórias, cancelamentos de férias, adiantamentos de 13º salário, rodízio municipal, *fake news,* enfim, tudo caía no RH. Como equipe, descobrimos que a distância poderia ser diminuída pelas reuniões virtuais e passamos a nos falar com maior frequência. Além de ajustar o rumo a cada instante, era o momento de troca sobre a experiência que estávamos vivendo. A figura 4 traz algumas frases retiradas destas conversas:

Figura 4: Frases de colaboradores e alunos.

Fonte: Arquivo SBIBAE.

As lideranças principais da instituição como o Presidente, o Diretor Geral e o Comitê Executivo mantiveram frequência de comunicação com todos os colaboradores por meio de lives, o que também permitiu que as pessoas fizessem perguntas e participassem ativamente das decisões. Como não tínhamos todas as respostas, a vulnerabilidade foi fundamental para reforçar a conexão com o humano e as decisões tomadas conforme a missão da instituição. Os valores foram usados como pontos comuns e reforçaram a crença que as ações orientadas por valores produzem os melhores resultados.

Algumas das decisões tomadas foram símbolos importantes para essa conexão:

- A creche, que atende crianças de 0 a 3 anos, manteve-se aberta para permitir a continuidade do trabalho de quem precisasse fazê-lo presencialmente.

- Antes de decretada a obrigatoriedade do uso de máscaras, passamos a distribuir gratuitamente máscaras cirúrgicas aos colaboradores, aos pacientes e aos visitantes.

- Um minimercado foi instalado dentro do Einstein, como forma de resposta à insegurança de escassearem os alimentos nas gôndolas, como noticiado pela mídia.

- Um hotel foi disponibilizado para hospedar os funcionários que morassem distante da unidade de trabalho ou com familiares em grupos de risco.

- Uma parceria com um colégio da região permitiu o atendimento aos filhos de funcionários, de 3 a 14 anos, como forma de acolher e possibilitar o trabalho na linha de frente sem a preocupação de filhos em casa sem escola.

- A saúde dos colaboradores passou a ser vista de uma forma mais holística, considerando as dimensões financeira, emocional e, principalmente, social. Nos deparamos, por exemplo, com dificuldades em encontrar moradias para entregar cestas básicas e de higiene para os primeiros casos de COVID, devido a regiões periféricas e mal sinalizadas.

- A decisão mais corajosa e valiosa: internalização de casos que exigissem UTI para os funcionários e seus dependentes. Sem qualquer referência da ocupação dos leitos hospitalares, assumiu-se esse compromisso com os funcionários e o resultado foi zero mortes de colaboradores Einstein.

Na perspectiva da Cultura e do papel da liderança em uma organização, estas vertentes foram imprescindíveis para o posicionamento da estratégia de gestão de pessoas.

Os arquétipos da Cultura relacionados aos valores e ao propósito estiveram presentes em cada decisão e orientação desta jornada, através de rituais constantes de reuniões e da análise detalhada de cada tema. Destaco uma conversa que tive com Marcelo Perlman, membro da diretoria eleita do Einstein e *chairman* do Comitê de Pessoas, onde definíamos a pauta da reunião do dia 04 de agosto de 2020. Sua proposta era instigante e inspiradora. Quero, aqui, trazer a óptica da Cultura e dos Valores do Einstein relacionados à inquietação, à melhoria e ao aprendizado contínuo. A pauta era:

- Como tirar, da história da pandemia, a "técnica" na condução da área de Recursos Humanos?
- O que aconteceu, como agimos e qual o caminho escolhido para as decisões?

Figura 5, 5.1 e 5.2: Apresentação Comitê de Pessoas – Agosto 2020.

Pandemia redefine tendências
O que aconteceu, como agimos e qual o caminho escolhido para as decisões?

Como tirar da história da Pandemia a "técnica" na condução dos recursos humanos.

Marcelo Perlman

Fonte: Arquivo SBIBAE.

Na ocasião da reunião, estávamos próximos aos quatro meses da declaração da pandemia pela OMS (Organização Mundial da Saúde). Como time de Recursos Humanos, verificamos que já estávamos atuando em ciclos curtos e que sim, era possível identificar a "fórmula" que foi sendo construída e experimentada até aquele momento, e foi surpreendente ver o protagonismo neste trajeto: *pessoas, gestão para as pessoas e com as pessoas.*

A crise exigiu que lidássemos com paradoxos: protocolos X incertezas, retorno X retomada, funcionários longe e perto do risco, o medo e a coragem,

A BÚSSOLA NA ORIENTAÇÃO DO SENTIDO E DO PROPÓSITO | 53

a preocupação e a segurança, mas também nos trouxe algumas certezas: as ações devem centrar-se nas pessoas. A vulnerabilidade de uma instituição conecta as pessoas quando se sentem reconhecidas, pertencentes e representadas pela liderança. Valores comuns e propósito engajam e orgulham as pessoas por meio do pertencimento.

Enquanto escrevo esse capítulo, a pandemia ainda não terminou. Há muitas perdas, muito sofrimento e cansaço físico e emocional dos profissionais da saúde e, por que não dizer, de toda a humanidade. Nosso barco segue navegando em um mar turbulento, mas a nossa bússola continua intacta. O resultado será parte da história e os aprendizados devem ser eternizados no seu compartilhamento e no sentido daquilo que vivenciamos e levamos para as nossas vidas como um filme de cada momento.

A idealização desse livro iniciou no primeiro mês da pandemia. Diante do primeiro caso da Covid-19 no Brasil, o Einstein estava na linha de frente em todos os pilares de atividades: Assistência, Pesquisa, Responsabilidade Social e Ensino, atuando de forma ordenada em prol da Saúde no país. Naquele momento, além do plano interno para atendimento à Instituição, se posicionava na referência para muitas outras Instituições e com protagonismo colaborativo à saúde brasileira.

Na atividade de Recursos Humanos não foi diferente. Enquanto nos reinventávamos para suportar os pilares do Einstein e as necessidades dos nossos líderes e colaboradores, passamos a participar de encontros, *benchmarkings* e reuniões virtuais para compartilharmos nossa experiência e lições aprendidas, de forma a contribuir com outras instituições. No dia 01/04/2020, a convite de Sofia Esteves, *Founder* e Presidente do Conselho Grupo Cia de Talentos/Bettha e membro do Comitê de Pessoas do Einstein, e de André Portilho, na época *Head* da Exame *Academy*, participei de um *webinar* da Revista Exame – *Exame Talks*. Ao final, André Portilho fez uma instigante provocação:

"Míriam, vou te fazer uma provocação aqui... a gente não tem muito o hábito de escrever sobre as coisas no Brasil. Nos EUA, escrevem sobre tudo, publicam um livro. Vocês estão documentando muita coisa, já fica aqui a provocação para escreverem sobre todos os aprendizados... Vocês estão na linha de frente total".

Escaneie o *QR Code* abaixo para acompanhar matéria do portal Exame sobre a operação de guerra do RH do Einstein para lidar com o coronavírus:

Como traço forte da cultura do Einstein e dos seus profissionais, a inquietude frente aos desafios e a oportunidade de compartilhar nossos aprendizados motivaram a mim, Miriam Branco, e à Simone Azevedo, organizarmos esse livro, proposta para a qual contamos com o apoio incondicional dos líderes do Einstein, além da atuação na linha de frente dos autores de cada capítulo.

CAPÍTULO 2

O plano de combate:

como a equipe de Recursos Humanos se preparou para definir todos os possíveis alvos de atuação no cenário dinâmico e incerto – RH ÁGIL na prática

Simone Azevedo

A prática e atuação em saúde, ao mesmo tempo que é uma conquista, por ser um trabalho cheio de propósito e significado relacionado à vida humana, é, também, um desafio diário, dada a complexidade e as situações muitas vezes inesperadas dentro de um ambiente totalmente dinâmico no qual os profissionais se deparam e testam os seus limites, exigindo grandes esforços e o objetivo único no cuidado centrado nas pessoas. Além disso, favorece constante aprendizado tanto técnico, prático, quanto teórico, sendo a melhoria contínua uma competência presente. Uma área na qual o conhecimento acontece em grande velocidade promove uma atitude necessária: aprendizado e aprimoramento contínuo.

Objetivamos, com este capítulo, apresentar aos leitores, por meio de caso prático, como a equipe de Recursos Humanos do Einstein se organizou para atender o cenário da pandemia no ano de 2020, compartilhar os principais desafios e soluções adotadas, colaborar e contribuir com outras instituições e profissionais por meio da experiência vivenciada.

Aqui, retrataremos a nossa atuação no cenário da pandemia do novo Coronavírus. Convidamos você a ampliar a visão a partir da experiência que será compartilhada para a adaptação a cenários incertos, sobre como atuar na *gestão de crise e manter o foco centrado nas pessoas*, pois a atual pandemia trata-se de uma crise mundial com impacto nas pessoas em diferentes níveis e contextos. Entendemos que, dentro dessa perspectiva, mesmo sendo uma situação específica relatada, podemos colaborar e expandir os aprendizados e experiências obtidas para diversas outras situações críticas que possam surgir. Nesse contexto, a liderança e os profissionais responsáveis pela gestão de pessoas nas organizações possuem papel fundamental.

O maior perigo em tempos de turbulência não é a turbulência em si – é agir com a lógica de ontem – Peter Drucker. Essa é uma frase conhecida e faz muito sentido. Ao nos depararmos com um cenário turbulento na prática, como o enfrentamos?

O cenário da pandemia trouxe o questionamento *E agora?* Se olharmos para toda a jornada percorrida, certamente não tivemos soluções prontas e disponíveis. Nós as construímos no percurso volátil, incerto, complexo e ambíguo. O VUCA (acrônimo de *Volatility, Uncertainty, Complexity and Ambiguity*), que tanto estudamos e discutimos, apareceu em 2020 de forma prática, parecendo um *on the job training*.

A desordem nos convidou a aplicar, na prática, *para novos problemas, novas soluções* e, diante de uma Organização de Saúde, temos muito clara a prática orientada por processos e protocolos. Se por um lado precisávamos reinventar, por outro devíamos blindar premissas para manter a alta confiabilidade, a qualidade, a segurança, a prática baseada em evidências, a experiência do paciente e do colaborador, das quais não abrimos mão. Todo movimento precisava ser preciso, ágil e monitorado. Nos deparamos com alguns traços que foram seguidos como naturais de uma cultura predominantemente orientada para a melhoria contínua e sempre em busca de novos modelos. Como vimos no capítulo sobre a Cultura do Einstein, a inovação e a inquietação para o novo faz parte do seu DNA, em busca da excelência e de ações que impactam para além da Instituição. Quando buscamos conceituar algumas práticas, podemos nomear e organizar algumas das ações adotadas naturalmente. Verificamos uma representação relacionada ao Modelo Cynefin.

O Modelo Cynefin foi criado por Dave Snowden, colaborador do Instituto de Gestão do Conhecimento da IBM em 1999, com o objetivo de ajudar líderes a compreenderem melhor o ambiente organizacional onde estão inseridos e, a partir daí, tomarem decisões mais apropriadas. Tem como base a teoria da complexidade, que classifica os problemas enfrentados por líderes em cinco contextos definidos pela natureza da relação entre causa e efeito, e cada contexto demandará ações diferentes. Entender a complexidade é mais uma maneira de pensar sobre o mundo do que uma nova forma de trabalhar. Desta forma, possibilitando a tomada de consciência, contribui com líderes atuais e futuros na atribuição de sentido ao avanço da tecnologia, à globalização, aos mercados complexos, à mudança cultural dentre outros desafios. Pode nos ajudar a enfrentar os desafios e identificar oportunidades que encaramos em uma nova época da história humana.

Explorando os contextos do Modelo Cynefin, temos quatro tipos diferentes: *simples/óbvio*, *complicado*, *complexo* e *caótico*.

Figura 1: Entendendo o Modelo Cynefin.

Fonte: Medium. Adaptado.

Figura 2: Descrição do Modelo Cynefin.

Fonte: *Medium*. Adaptado.

- **Simples/Óbvio:** o ambiente é caracterizado pela estabilidade. Os problemas são conhecidos e a relação entre causa e efeito também. A dificuldade está em categorizar o evento e escolher a resposta apropriada com base em documentos, procedimentos e manuais de boas práticas.

- **Complicado:** as causas também são conhecidas, mas o desafio é encontrar a melhor solução devido a necessidade de uma análise mais profunda. Aqui pode existir mais de uma solução.

- **Complexo:** a relação entre causa e efeito não é visível, sendo necessário seguir um caminho baseado na intuição e em padrões e metodologias ancorados em tentativa, erro e aprendizado. Caracterizado pela imprevisibilidade, onde as causas são conhecidas, mas não se conhecem os efeitos vindos das soluções escolhidas. Esses efeitos surgem ao longo do caminho, sendo necessário o uso de metodologias e padrões que priorizem o aprendizado por meio da experimentação e a rápida resposta a mudanças.

- **Caótico:** é sobrevivência. Aqui é impossível determinar qualquer relação entre causa e efeito, simplesmente porque os fatores mudam o tempo todo, e qualquer busca por padrões e respostas corretas é inútil. A ordem, nesses casos, é primeiramente agir e se esforçar para sair da situação caótica do ambiente.
- No centro do diagrama, identificados como Desordenado, estão os ambientes onde não se sabe ou não há consenso sobre o tipo de contexto predominante.

Nesse momento, estabelecendo *caminhos adaptados ao cenário complexo e caótico*, simplificamos nossos processos, nossa forma de organização do trabalho, incluindo a reorganização dos times. Seguimos a organização por temas emergentes, por *skills* necessárias para conduzir o desafio que deveria ser resolvido naquele momento ou no curto prazo, por pessoas chave e por eliminação de qualquer barreira que pudesse criar morosidade no alcance dos objetivos.

Em cenários como estes, é importante aplicar a lógica do processo de *design thinking*, utilizando de forma prática a criação de novas soluções.

Figura 3: Processo de *Design Thinking* | Etapas.

Fonte: *Medium*. Adaptado.

Figura 4: Descrição das Etapas do Modelo de *Design Thinking*.

Fonte: *Medium*. Adaptado.

Voltemos à nossa organização no enfrentamento à pandemia. Nessa jornada, a certeza que tínhamos é de que a lógica do ontem ou processos pré-estabelecidos não caberiam mais, mas não sabíamos que tipo de lógica seria adequada. O caminho foi de acertos, experimentos, lições aprendidas e de muitos desafios. Considerando essa visão do cenário de riscos e a tomada de decisão rápida, lembramos do papel das pessoas e do ambiente seguro para estas experimentações. A segurança psicológica foi um dos aspectos mais relevantes a serem adotados.

> *"Para que o trabalho intelectual floresça, o local onde se trabalha deve fazer as pessoas se sentirem capazes de compartilharem seu conhecimento. Isso significa compartilhar preocupações, questões, erros e ideias mal formadas".*
>
> Amy C. Edmondson, 2020

É importante situarmos que já estávamos em um processo de transformação na área de Recursos Humanos, iniciado no ano de 2018 para o contexto da transformação digital e adoção de novas tecnologias centradas na jornada do paciente, o que foi um fator muito importante para alcançarmos os nossos objetivos e termos êxito dentro do que nos propomos entregar enquanto instituição de saúde para a sociedade. A transformação já havia começado e, no momento de crise, tivemos a oportunidade de testarmos tudo o que havíamos construído em termos de transformação digital, inteligência artificial, cultura e *mindset* ágil, revisão de processos e estruturas, equipes colaborativas, atuação em *squads,* entre outros.

> *"Você não muda as coisas lutando contra a realidade atual.*
> *Para mudar algo é preciso construir um modelo novo*
> *que tornará o modelo atual obsoleto."*
>
> *Richard Buckminster Fuller*

Frederic Laloux, em seu livro *Reinventando as Organizações,* nos coloca que a Era da Internet nos trouxe uma nova visão de mundo, considerando a possibilidade da inteligência distribuída em vez de hierárquica. Ele concebe a ideia de mais um cérebro e, mais do que isso, que o conjunto de cérebros pode trabalhar como inteligência compartilhada. Demonstra, assim, que os indivíduos não agem sozinhos e que as pessoas colaboram nas organizações. Podemos afirmar que confirmamos na prática a eficácia da composição dos times baseados em seus talentos, seus conhecimentos e competências chave.

> *"A criação de valor começa colocando o talento que se tem*
> *em seu melhor e mais elevado uso."*
>
> *Edmondson Amy C., 2020*

As organizações podem trabalhar em rede. No contexto de pesquisa, as pessoas cada vez mais doam tempo, energia e dinheiro em busca de propósitos que são importantes para elas e para o mundo. Vimos isso muito de perto e acontecendo na prática nesse cenário complexo. Tudo só foi possível pela contribuição e pelo engajamento das pessoas. Não estamos falando somente dos nossos colaboradores, mas também de uma rede de voluntários e organizações movidas pelo propósito de ajudar e de fazer a diferença na vida e no mundo. Nesse momento, esquecemos as nossas estruturas e hierarquias, trabalhamos com grupos focados (*squads*) em frentes estratégicas de combate, todos contribuindo com seus conhecimentos e competências, sendo líderes de si, tomando decisões, tendo autonomia. A liderança foi além do cargo formal, abrangendo competências de liderança e atuação (liderança situacional). As organizações são um sistema vivo e Frederic traz em seu estudo, como fator de grande avanço, *autogestão, integralidade e propósito*, fatores que foram importantes na nossa jornada.

Evidentemente, ao construir este relato, nomeamos e organizamos conceitos, práticas e referências a partir daquilo que conduzimos em resposta ao cenário da pandemia, como uma transferência de aprendizado na prática de tudo que vínhamos nos apropriando ao longo dos anos anteriores, identificando as soluções incorporadas, a forma de condução e a capacidade de construção e desconstrução diante das necessidades.

A configuração da abordagem e mentalidade ágil na prática

Agilidade se trata sobre pessoas e não sobre processos. Com essa perspectiva, revisitamos a nossa forma de atuar, o que nos ajudou a lidar com a pandemia frente ao cenário complexo e desconhecido. Importante destacar que o Einstein estabeleceu uma estrutura ágil para o enfrentamento da pandemia, que se estendeu desde a instância da Governança Corporativa aos principais pontos-chave para o enfrentamento. Na prática, não operamos em um modelo por organograma, mas por "missões X conhecimentos essenciais X profissionais-chave", o que habitualmente são pressupostos no modelo ágil.

Para expormos em detalhe o modelo aplicado na área de Recursos Humanos do Einstein, apresentamos, antes, alguns conceitos. Convidamos que, durante a leitura, você reflita sobre a aplicação da agilidade nos desafios apresentados nas organizações e na gestão do capital humano.

O termo *Ágil* ou *Agilidade* representou um movimento que surgiu nos anos 90 em resposta aos métodos de gerenciamento de desenvolvimento de software da época considerados "métodos tradicionais" (método em cascata). Apesar do seu início ter se dado na área de tecnologia, essa abordagem é aplicável em qualquer área ou contexto. O *Ágil*, nessa abordagem, está relacionado à capacidade de adaptação e não à velocidade.

Temos também o *Manifesto Ágil* e, ao longo do nosso processo de transformação, fomos percebendo que já priorizávamos e praticávamos muito da visão do manifesto sem termos plena consciência de estarmos atuando sob tal metodologia.

Trazemos a visão de signatários originais do Manifesto Ágil, Alistair Cockburn, Jim Highsmith e Craig Larman.

Figura 5: *Manifesto Ágil.*

Fonte: Manifesto Ágil. Adaptado.

1. Indivíduos e interações mais que processos e ferramentas

Jim Highsmith estimula a valorização dos indivíduos, pois são eles que geram produtos e serviços e que possuem características únicas individualmente e em equipe. Alistair Cockburn considera que os indivíduos na equipe são mais importantes do que seus papéis e que a qualidade da interação entre os membros do time é fator importante para a solução de problemas (2007). Larman complementa apontando o uso da comunicação e do *feedback* como essencial para a prática Ágil.

2. Software em funcionamento mais do que documentação abrangente

Segundo Alistair Cockburn, o software em funcionamento é o único indicador de que a equipe entregou o seu trabalho e de que a documentação é útil, mas deve-se focar somente no que é necessário (2007).

3. Responder a mudanças mais que seguir um plano

Para Alistair Cockburn (2007) construir um plano é útil, mas seguir o plano só é útil até o momento em que ele ainda está próximo o suficiente da situação atual. Assim, manter-se preso a um plano ultrapassado não é um fator de sucesso. Interações curtas de desenvolvimento permitem que mudanças possam ser mais rapidamente inseridas no projeto, de forma que atendam às novas necessidades dos clientes.

Highsmith (2004) destaca que as empresas devem alterar tanto seus processos quanto suas perspectivas em relação à mudança, já que tudo pode mudar rapidamente.

4. Colaboração com o cliente mais que negociação de contratos

Aqui, clientes e desenvolvedores trabalham juntos, estão do mesmo lado, colaborando para o resultado. Essa colaboração envolve companheirismo, tomada de decisão conjunta e rapidez na comunicação, o que pode tornar contratos desnecessários em algumas situações (Cockburn, 2007).

- Modelo *Spotify Squads* X Modelo tradicional

Figura 6: Modelo *Spotify Squads* X Modelo Tradicional.

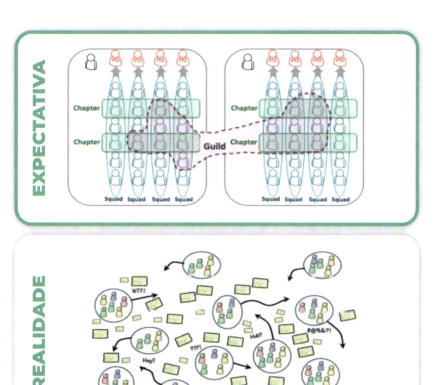

Fonte: K21 – RH Agil.

- *Mindset* ágil

Figura 7: *Mindset* ágil.

Fonte: K21 – RH Ágil.

- Espiral Positiva de Times de Alta Performance

Figura 8: Espiral Positiva de Times de Alta Performance.

Fonte: K21 – RH Ágil.

Times de alta performance

Os Doze Princípios Ágeis foram elaborados a partir do Manifesto Ágil por parte de seus autores.

Figura 9: Os Doze Princípios Ágeis.

Fonte: *Medium*. Adaptado.

Na Metodologia Ágil, a formação dos *Times Ágeis, Times de Desenvolvimento* ou *Squads* segue uma configuração diferente da qual estamos acostumados a trabalhar e nos propõe desafios e adaptações. A forma de trabalho das equipes ágeis é diferente daquela definida por uma estrutura hierárquica.

Em seu artigo *Mindset Ágil*, Marcos Garrido, cofundador da K21 (2019) considera como características de times ágeis:

- **Multidisciplinaridade,** ou seja, que o time possui todo o conhecimento necessário para cumprir seus objetivos. Não significa que todos tenham conhecimento em tudo, mas que juntos colaboram constantemente para eliminar desperdícios e problemas de comunicação e colaboração.

- **Empoderamento:** são empoderados para decidir sobre aquilo que os impacta, decidem sobre seu rumo, tecnologia, ferramentas, próximos passos, como resolver problemas...

- **Composição do time:** um dos motivos é que se aumenta a complexidade do ambiente (comunicação, organização, tempo gasto em reuniões etc.) ao se adicionar mais pessoas ao time. Corre-se o risco de criar silos, o que impacta negativamente na gestão do conhecimento.

- **Estabilidade:** evitar mexer na formação do time, pois isso impacta diretamente na capacidade de estimar, planejar, organizar o trabalho a ser feito e resolver problemas.

O autor Jeff Sutherland considera 3 características fundamentais percebidas nos times ágeis:

1. **Transcendência:** senso de propósito além do comum.

2. **Autonomia:** as equipes se auto-organizam, se autogerenciam e têm o poder de tomar as próprias decisões.

3. **Interfuncionalidade:** as equipes possuem todas as habilidades para a conclusão do projeto e tais habilidades alimentam e reforçam umas às outras.

Plano de ação da área de Recursos Humanos no enfrentamento à Covid-19

Era dia 12 de março de 2021. Tínhamos a nossa habitual reunião do *staff* do Recursos Humanos, que normalmente se iniciava às 08h30. Desta vez, recebemos uma atualização da pauta para *Plano de Recursos Humanos para o enfrentamento à pandemia do novo Coronavírus*. Foi um dia emblemático, pois ali tivemos indícios de como seria o cenário geral deste dia em diante. Alguns profissionais ingressaram via videoconferência e a diretriz foi clara: "Precisamos traçar um plano ágil para atender mais de 1.000 contratações e alocar 2.000 profissionais em *Home Office*". O time observou e uma frase surgiu "não há respostas, vamos elaborar as perguntas..." e com a caneta mão, fomos para o quadro branco... "quais são os pontos críticos que precisamos resolver?". Naquele momento, de forma instintiva, o *mindset* ágil parecia se materializar. Não havia áreas ou cargos. Precisávamos de foco no desafio que se apresentava. O time ficou em reunião das 08h30 às 17h00 e, a partir daí, um plano foi ganhando desenvolvimento.

Figuras 10 e 11: Reuniões do Time de Recursos Humanos para estruturação das ações no enfrentamento à Covid-19.

Fonte: Arquivo SBIBAE.

Muitos foram os desafios, mas para todos eles buscamos estabelecer boas perguntas para construir possíveis respostas. Testamos, aprendemos, aprimoramos e nos adaptamos a ciclos curtos e móveis. Compartilharemos de forma prática um pouco da nossa experiência com este processo e esperamos contribuir e inspirar jornadas ágeis e adaptativas frente a cenários incertos.

- Como olhamos para o desafio?
- Como nos organizamos?
- Como foi possível nos adaptarmos e respondermos de forma ágil?
- O que priorizamos?
- Do que abrimos mão?
- Corrida contra o tempo – como encaixamos todas as necessidades?
- Impacto do inesperado e o trabalho com o desconhecido. *Ajustar as velas conforme o vento.*

O ponto de partida sempre foi a nossa história, os nossos valores, missão e propósito. Buscamos elementos da cultura para fortalecer e manter engajados os colaboradores, e isso não foi diferente com o time de Recursos Humanos. Tínhamos desafios que direcionavam para um dos *squads/temas* organizados pelo Einstein: "Pessoas".

Como exemplo prático, uma das perguntas que surgiu foi "Precisaremos convocar muitos candidatos para essas vagas que serão abertas... mas como fazer isso, se não podemos ter aglomerações?" A resposta encontrada consistia em acelerar um processo já iniciado e que seguia as alçadas convencionais de aprovação. Assim, aceleramos o projeto de seleção digital, por inteligência artificial. Mais à frente, falaremos mais detalhadamente sobre este *case*.

Na reunião, nos debruçamos sobre o desafio e cocriamos... não havia respostas ou processos anteriores que servissem como modelo. É verdade que, após toda essa jornada, olhamos para traz e nomeamos algumas técnicas e aprendizados que incorporamos através de programas de formação anteriores, nos quais a equipe participou: formação em *design thinking,* conduzido pelo time de Inovação do Einstein, e o *Curso e Projetos Ágeis*, em parceria com a K21, em 2019. Embora reconheçamos que lidamos com o cenário em virtude do que já vínhamos nos preparando, foram inegáveis a prontidão e a disponibilidade dos profissionais de Recursos Humanos envolvidos. Lembramos que o desconhecido também nos afetava como indivíduos, sobretudo por dúvidas e pelo medo quanto ao vírus, mas a mobilidade pela causa comum se manifestou de forma exemplar. O primeiro valor no Manifesto Ágil se materializou de forma clara: *indivíduos e interações acima de processos.*

Voltemos ao detalhamento do plano. Nessa reunião, foram definidas as ações práticas:

1. Recrutar, admitir, integrar e treinar os novos colaboradores.

2. Retreinar os colaboradores que estavam a postos.

3. Mobilização para transferência para *Home Office*: quais áreas, quais requisitos, entre outros.

Tudo isso parece simples e talvez comum para as Organizações da Saúde, mas não o são, necessariamente, para todos os segmentos. Uma vez traçados estes primeiros três alvos, surgiram mais perguntas:

1. **Temos que captar profissionais para as novas vagas.** Como faremos isso preservando o isolamento social? Quais processos devemos rever para agilizá-los? De quais recursos que precisamos (por exemplo, tecnológico)? Quem precisamos envolver?

2. **Retreinar Colaboradores.** O que precisamos treinar? Exemplo: todos os protocolos foram revistos... o vírus era novo, lembram-se? Mas o que os colaboradores precisam saber e fazer, pode mudar? A resposta era sim... E pode mudar de um dia para o outro, conforme novas premissas da OMS

(Organização Mundial da Saúde). Quais as melhores estratégias, dado o contexto? O que deve ser informado e o que deve ser treinado, incluindo validar a habilidade?

3. Quais os requisitos? Quais áreas transferiremos para *Home Office*? Quem são os profissionais? Precisamos fazer isso para amanhã? (A resposta foi sim!).

Figura 12: Equipes Ágeis, frentes de atuação e ações específicas.

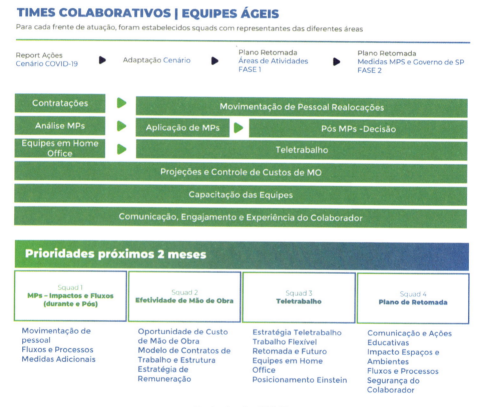

Fonte: Arquivo SBIBAE.

Plano Integrado

Incorporamos a organização das equipes por temas críticos ou conforme pudéssemos nos alinhar ao Modelo Ágil, aos desafios e/ou problemas que precisávamos resolver.

O plano também considerou práticas integradas para as demais unidades de saúde gerenciadas pelo Einstein.

Figura 13: Unidades de saúde gerenciadas pela SBIBAE.

Fonte: Arquivo SBIBAE.

Figura 14: Plano e práticas integradas.

Fonte: Arquivo SBIBAE.

Escaneie o *QR Code* abaixo para prestigiar o vídeo da série "Repórter Einstein" com o tema "Gestão de Pessoas em tempos de Covid-19:

Lições aprendidas e Recomendações: Ser ou estar ágil

- Ouvir as pessoas é fundamental para a definição de planos de ações que atendam às reais necessidades.

- Nada será como antes; a colaboração é fundamental; quebrar barreiras dos departamentos (hierarquias); estar disposto a fazer algo diferente e inclusão do digital para ganhar velocidade.

- Inteligência artificial, análise de dados para apoiar tomadas de decisão.

- Focar na solução, não no problema.

- Buscar elementos da cultura para fortalecê-los.

Antes da pandemia, qual era o movimento e as inquietações nas discussões do time de Recursos Humanos?

Mesmo sem saber pelo que passaríamos, já havia a discussão interna e o desejo de rever a nossa forma de atuar e entregar valor para o cliente. A transformação digital, o fazer diferente, trazer inovação e revisitar modelos de trabalho eram temas sempre vivos nas reuniões. Todo o trabalho realizado previamente serviu como base para a nossa atuação no cenário da pandemia. Contaremos um pouco da nossa jornada iniciada em 2016.

O PLANO DE COMBATE | 77

Figura 15: Jornada Ágil no RH.

2016
- Team Building com as lideranças de RH – discussão Modelo Operacional de RH.

2017
- Construção da Identidade e Visão do RH do Futuro.

2018
- Workshop RH do Futuro.
- Capacitação em Design Thinking
- Gestão projetos em RH.

2019
- Grupos colaborativos

2019
- Capacitação da Equipe de RH: Introdução em Agilidade.
- Formação de Squads e times ágeis.
- Coaching e Set up Projeto Atendimento ao Colaborador.

2020
- Capacitação das lideranças de RH.
- Squads e Times ágeis para gestão de pessoas na Pandemia.
- Implementação do Projeto Atendimento ao Colaborador: Chatbot "Tina" - Assistente Virtual do RH.
- Elaboração de ebook RH ágil, compartilhamento de práticas e comunicação.

2021
- Reconfiguração dos Times Ágeis, priorização 2ª onda da Pandemia.
- Capacitação em Design Organizacional.
- Início do Projeto Estratégico Institucional "Cultura e Mindset ágil".

Fonte: Arquivo SBIBAE.

Figura 16: Ações de Sustentação 2019 | 2020.

Fonte: Arquivo SBIBAE.

Figura 17: Ações de Sustentação 2021.

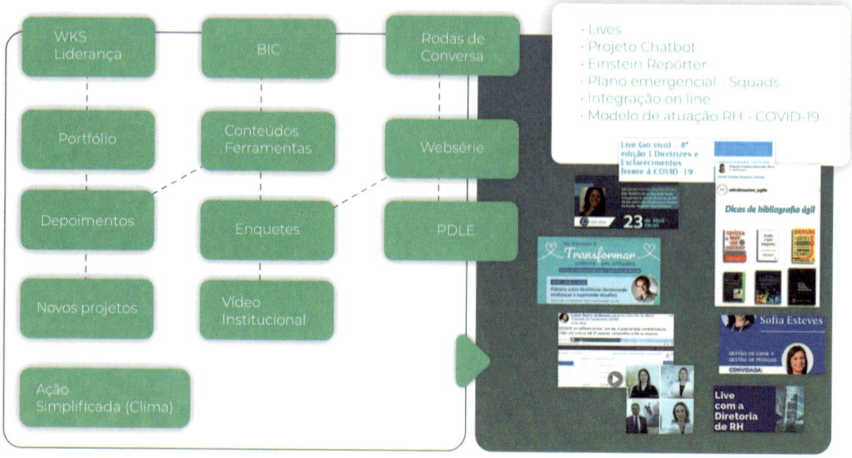

Fonte: Arquivo SBIBAE.

Figura 18: Cultura Ágil – Ser ágil | Fazer ágil.

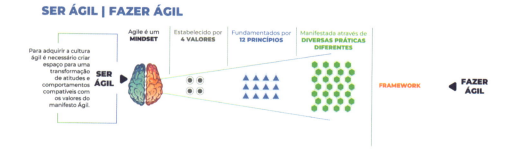

Fonte: Arquivo SBIBAE.

É certo dizer que temos um DNA muito alinhado ao do Einstein, com a inquietação de que podemos fazer sempre melhor. O nosso Recursos Humanos não é diferente disto e, ao longo dos anos, foi buscando novos conhecimentos e práticas que pudessem nos desafiar para a apresentação de novas soluções, saindo do senso comum ou convencional. Compartilhamos algumas passagens:

2016

De acordo com o plano estratégico da área de Recursos Humanos deste ano, foi proposta a discussão do modelo operacional e redesenho da estrutura da área. Foram estabelecidas diferentes iniciativas, entre elas um *team building* para fortalecimento do time de liderança de Recursos Humanos, com o objetivo de identificar as prioridades para alavancar ainda mais sua contribuição no futuro do Einstein. A evolução do time passou por maior integração e colaboração entre os membros, maior conexão com os clientes e as áreas de atividades e o desenvolvimento de um modelo mental em inovar e reorganizar a estrutura para operar em um novo modelo. O trabalho contou com o suporte de dois facilitadores no processo que havíamos desenhado como objetivo, José Luiz Weiss e Ney Silva, ambos consultores, palestrantes e sócios da Corall.

2017

Iniciamos o trabalho de construção de identidade e visão do RH do Futuro. Contamos com o apoio de facilitadores nesse processo, pois já tínhamos a decisão tomada: "Precisamos nos preparar para o futuro".

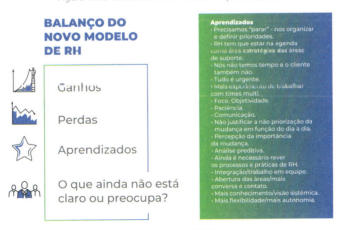

Figura 19: 2º Encontro RH do Futuro – Aprendizados.

Fonte: Arquivo SBIBAE.

A cada encontro, acordávamos compromissos e ações a implementar. Havia uma lição de casa dentro da área de Recursos Humanos, mas contávamos com atividades de exploração e escuta aos clientes internos, sobre aquilo que precisávamos manter, descartar, aprimorar ou inovar. Os encontros foram facilitados por três consultores: Vera Oliveira, João Luiz Souza e Paula Saboia, que já atuavam em outros projetos do Einstein.

2018

No ano de 2018, o time de líderes de Recursos Humanos se reunia mensalmente e o tema era "*Workshop* RH do Futuro", encontros para discussão de temas prioritários de Recursos Humanos.

Foi realizada uma Capacitação do time na Metodologia *Design Thinking* com projetos claros a serem implantados posteriormente; o programa foi conduzido pelo time de Inovação do Einstein, com a parceria de consultores associados. Todo o programa gerou novos *insights* e conectou o time a novas competências e habilidades.

Figura 20: Projetos de *Design Thinking*.

Fonte: Arquivo SBIBAE.

O PLANO DE COMBATE | 81

Figura 21: Resultados *Prework – Workshop*.

Fonte: Arquivo SBIBAE.

Figura 22: Capacitação *Design Thinking*.

Fonte: Arquivo SBIBAE.

Figura 23: Protótipo – *Design Thinking*.

Fonte: Arquivo SBIBAE.

2019

Início da Jornada Ágil RH do Einstein. Nesse ano, buscamos referências com algumas empresas que já haviam aplicado essa jornada de transformação da área de Recursos Humanos. Como natural do nosso DNA, tínhamos uma inquietação, queríamos algo que não fosse apenas um referencial teórico ou modelos prontos, queríamos algo que considerasse, de fato, as pessoas no centro.

Iniciamos um projeto com a K21. Foram inúmeras conversas com Danilo Alencar, Karen Monterlei e André Caribé, as quais resultaram em experiências que atenderam aquilo que buscávamos.

Seguimos para algumas etapas de capacitação e, para nossa surpresa, a primeira indicação não foi nada convencional: *começar a capacitação pelos times,* não pelas lideranças!

- Capacitação do time na *Metodologia Ágil* e na atuação em projetos com colaboradores.
- Formação de *squads* e/ou times ágeis para atuação em projetos específicos.
- Construção da *identidade Ágil* do RH Einstein. Entendemos que os rituais de sustentação são importantes e alimentam o processo de aprendizagem.

Figuras 24, 25, 26: *Workshop Introdução à Metodologia Ágil* – Time Analistas.

Fonte: Arquivo SBIBAE.

Figura 27: *Workshop Introdução à Metodologia Ágil* – Profissionais Capacitados.

Fonte: Arquivo SBIBAE.

2020

"Não tem como falar de cultura de aprendizagem se não falarmos de protagonismo, do quanto as pessoas, nesse movimento todo de agilidade, precisam estar prontas para buscarem novas formas de aprender, e também aprender com o outro, estarem abertas a aprender, estarem abertas a ensinar e ter essa troca no dia a dia".

Karen Monterlei
Corporate Agile Expert, trainer na K21 e founder da Humanecer

1. Capacitação das Lideranças da área de Recursos Humanos na *Metodologia Ágil*. Já havíamos entrado no cenário da pandemia e, por isso, a adoção da capacitação de forma virtual. O *workshop* foi conduzido pelos consultores da K21, Karen Monterlei e André Caribé. Não abrimos mão de nos aprimorarmos como equipe, e o engajamento para a ação foi de 100% dos líderes de Recursos Humanos.

2. Envolvimento das equipes de Recursos Humanos no compartilhamento de práticas e adaptações diante do cenário, que foram compartilhadas em vídeos e *e-book* na rede social interna.

Figura 28: *Workshop Introdução Metodologia Ágil* – Time Líderes RH.

Fonte: Arquivo SBIBAE.

Além das capacitações realizadas com o time de Recursos Humanos, definimos um projeto para gestão e desenvolvimento no Modelo Ágil, chamado "Novo Modelo de Atendimento em Recursos Humanos – Proposta de Chatbot", o qual originou a Tina, assistente virtual de Recursos Humanos.

O *chatbot* Tina oferece um atendimento de excelência aos colaboradores, com respostas imediatas, proporcionando maior autonomia nos atendimentos, melhoria na experiência do colaborador e, consequentemente, dos pacientes, além de contribuir para uma nova cultura baseada na transformação digital. Os seus indicadores servem como base para ações de melhoria contínua para as áreas de Recursos Humanos, ganho de produtividade com automatização dos processos.

- Tivemos mais de 83.530 mil interações.
- Mais de 6.500 colaboradores atendidos pela Tina.
- Conteúdo com mais de 55 assuntos com as principais dúvidas sobre assuntos de Recursos Humanos como férias, documentos, folha de pagamento, benefícios, entre outros.
- Serviços como agendamento de consultas nas Clínicas Einstein, desbloqueio de prontuários e redefinição de senha.

Figura 29: *Chatbot* Tina.

Fonte: Arquivo SBIBAE.

"O espírito humano deve prevalecer sobre a tecnologia."

Albert Einstein

Figura 30: Ações de sustentação 2020 – *Book Einstein*.

Fonte: Arquivo SBIBAE.

Nesse mesmo ano, compartilhamos o *case* do Einstein no *RH Ágil Summit*, trazendo nossa experiência prática diante do cenário da pandemia, apresentado pelas organizadoras deste livro, Miriam Branco e Simone Azevedo.[1] O evento foi conduzido pela K21 e mediado por Raquel Tanurcov (*Agile Expert*) e por Andre Bocater, sócio na K21 e cofundador da *startup WBrain Agile People*. Dado o cenário vivenciado no momento, o evento foi oferecido na modalidade *on-line* e disponibilizado de forma gratuita aos participantes, uma ação solidária a todos os profissionais de Recursos Humanos que atuavam na linha de frente com as suas organizações.

---

1 Participação em live do RH Ágil | RH *Summit* (K21). Disponível em: <https://www.youtube.com/watch?v=Z65BAhOQpFo>. (Tempo: 2:06:48 a 3:10:57).

O PLANO DE COMBATE | 87

Figura 31: Evento *RH Agil Summit*.

Fonte: Arquivo SBIBAE.

"A transformação é digital, mas a conexão é humana."

Simone Azevedo, 2020

2021

Iniciamos o ano com o objetivo de seguir a avaliação dos aprendizados e das soluções implementadas no ano de 2020, mantendo boas práticas e analisando o que podíamos incorporar ao nosso cotidiano.

Fomos surpreendidos pela 2ª onda da pandemia e, mais uma vez, analisamos o cenário. Entendemos que as soluções do anterior não necessariamente atenderiam ao novo cenário, mas já sabíamos a fórmula de como atuar.

Ter visão clara da capacidade de entrega, foco e fatiar as necessidades nos auxiliaram a obter respostas para novas ações, especialmente a reconfiguração dos times ágeis na área de Recursos Humanos (*squads*) de acordo as novas prioridades do cenário da 2ª onda da pandemia.

Continuamos suportando o time de Recursos Humanos com comunicações, reuniões frequentes e investimento no plano de desenvolvimento, dentro dos objetivos estabelecidos em 2017 e, nesse ano, os profissionais participaram de um programa de capacitação *in company* "Formação em Design Organizacional", com a coordenação do Consultor e Especialista Marcos Ornellas, sobre:

- Modelos auto-organizados de gestão: Holocracia e Sociocracia.
- *Brainhacking, Human Centered Design* e *Design Thinking*.
- *Metodologias Ágeis* – RH Ágil.
- O Poder e a Narrativa do *Influencer*.

Depois de quase dois anos, nos reunimos presencialmente, seguindo todos os protocolos de segurança e sanitização.

Figuras 32 e 33: Formação em Design Organizacional – Alunos Capacitados.

O PLANO DE COMBATE | 89

Fonte: Arquivo SBIBAE.

"O designer organizacional tira proveito da revolução tecnológica e alavanca o protagonismo da área ao articular uma arquitetura de aprendizagem para cocriar soluções que realizam a estratégia e a visão de longo prazo das corporações".

"O RH não será mais o mesmo, as empresas não serão mais as mesmas. Você, assim como eu, não seremos mais os mesmos.

Uma nova humanidade está surgindo dessa desordem, criando uma ordem."

Marco Ornellas
CEO Ornellas Consulting e Academy

Finalizamos este capítulo reconhecendo que ainda temos muito a aprender e que, de fato, a perspectiva da agilidade demanda o aprendizado organizacional contínuo, mais essencialmente daquilo que parece "clichê": *mindset* ágil. O conceito moderno de *mindset* na busca por sucesso foi criado pela psicóloga e professora da *Stanford University* Carol Dweck. De acordo com seus estudos, o *mindset* de cada indivíduo é o que o leva a ser otimista ou pessimista diante das inúmeras situações enfrentadas na vida, o que forma, portanto, dois tipos de mentalidade: a fixa e a progressiva.

Ambos os tipos de mentalidade são relevantes e abarcam sinergia para atuar diante das situações apresentadas, para reconhecer o próprio desconhecimento, as próprias potencialidades e atitudes de aprendizado diante dos fatos, começando pelo próprio indivíduo.

> *Não se pode encontrar a solução de um problema, usando a mesma consciência que criou o problema. É preciso elevar sua consciência.*
>
> Albert Einstein

Nosso aprendizado seguiu para além do resultado como time: individualmente, tivemos acertos, tivemos erros, recuamos, avançamos, tivemos medo e tivemos muita coragem, também. E por que conseguimos? Talvez tivéssemos mais perguntas do que respostas... Como isso foi possível? Talvez porque não precisávamos ter todas as respostas e desapegamos de qualquer possível resposta pronta... O que aplicamos? Nos permitimos desapegar, explorar possibilidades, envolver as pessoas acerca da construção das soluções, testar o novo, aprender a reaprender, se adaptar (zero resistência), vontade em fazer diferente, mais indivíduos e interações, reconhecer que não eram planos e ações de ciclos curtos (mudanças diárias). E que tudo deveria ser conduzido com as pessoas no centro. Este é o nosso DNA.

> *Conheça todas as teorias, domine todas as técnicas, mas ao tocar uma alma humana, seja apenas outra alma humana.*
>
> Carl Jung

CAPÍTULO 3

Mapeamento territorial:

a gestão das informações para o dimensionamento calculado dos possíveis planos e atalhos

Marcos Vinícius Miranda
Luciana Raineri Munaro
Camila Faria da Rocha

A análise contínua e a gestão da estratégia de dados e indicadores relacionados às pessoas sempre foram premissas fundamentais e instrumentos de gestão essenciais para mensurar resultados e mapear oportunidades de melhoria no Einstein.

Desde 2008, quando o Einstein decidiu convergir todos os seus sistemas de Recursos Humanos para uma única plataforma, começou a sua jornada de *Analytics* na área de Recursos Humanos.

A gestão das informações de forma estruturada e com uma governança forte, com objetivos, padrões, privacidade, ética e segurança foram elementos fundamentais para o início e, somados a times de trabalho com diversas *skills* e afinidades aderentes ao tema, convergiram para montar visões de dados diferenciadas e suportar todas as decisões estratégicas sobre pessoas no Einstein.

Em 2018, com uma base de dados sólida, dedicamos uma equipe específica para focar nas atividades de *people analytics,* com o objetivo de alavancar e disseminar as ações na Instituição.

Investimos em níveis sênior na análise de pessoas, com uma liderança clara, dados limpos e confiáveis com foco em aumentar a fluência analítica em Recursos Humanos e em toda a organização.

O *framework* utilizado prevê 3 pilares principais: Base sólida, Recursos Certos e Criação de Valor:

1. Base Sólida:

- Governança forte.
- Normas e metodologias claras.
- Envolvimento das partes interessadas.

2. Recursos Certos

- Equipe qualificada.

- Dados de alta qualidade.

- Tecnologia eficaz.

3. Criação de Valor

- Melhor experiência para os colaboradores.

- Resultado na gestão de pessoas.

- Cultura de *analytics* em RH.

Desta forma, desenvolvemos a gestão de Recursos Humanos baseada em evidências, com tomada de decisão a partir da estratégia de dados e *analytics*, cujo princípio é a coleta, a organização e a análise de dados aplicadas à gestão de pessoas de forma a apresentar uma visão mais estratégica de pessoas para área de Recursos Humanos, para líderes e para colaboradores. Os gestores possuem acesso ao *dashboard* de indicadores das respectivas áreas. A seguir um modelo ilustrativo:

Figura 1: *Dashboard* Estratégico de Pessoas.

Fonte: Arquivo SBIBAE.

No Einstein, a análise dos dados é utilizada em todas as áreas/subsistemas de Recursos Humanos, conciliando tecnologia, competência dos profissionais e suporte na tomada de decisão. Para exemplificar uma destas análises, apresentaremos o *case* da Produtividade. A produtividade é um aspecto relevante em instituições de saúde. Segundo Robbins (2002), uma organização é produtiva quando consegue atingir seus objetivos, transformando entradas em resultados ao mais baixo custo possível. Sendo assim, a produtividade está relacionada tanto com a eficácia, como com a eficiência.

Em uma Organização de Saúde, somos eficientes quando atendemos com sucesso às necessidades do paciente em amplos aspectos, e eficazes quando conseguimos proporcionar soluções a essas necessidades com eficiência operacional e com gestão adequada dos custos.

Para elucidar a gestão das informações com vistas ao dimensionamento calculado dos possíveis planos e atalhos implementadas no cenário da pandemia, exemplificaremos uma prática anterior adotada pelo Einstein no acompanhamento junto às lideranças dos indicadores de "Produtividade e Pessoas", chamado *P2*.

O P2 é um programa acelerador criado com o objetivo de desenvolver ferramentas para análise e melhoria de produtividade e desempenho. O conceito de acelerador pode ser compreendido como a "criação de senso de urgência em torno de uma grande oportunidade". A fórmula para superar de maneira ágil os desafios estratégicos está em unir esforços dos mais variados setores da organização por um objetivo comum. O time é colaborativo e de atuação horizontal, sem hierarquia estabelecida, formado para avaliação crítica de oportunidades, para inovar e reinventar o modelo de trabalho com foco em incrementar atividades e a disponibilidade da equipe para atividades que agreguem valor na assistência aos pacientes. Foi desenvolvido de forma integrada pelos profissionais do Einstein junto às áreas Assistenciais e de Recursos Humanos.

O programa foi inicialmente implementado na Unidade Hospitalar Morumbi e, nessa área, a iniciativa é liderada por Claudia Regina Laselva, Diretora da Unidade Hospitalar Morumbi, e por Ana Julia Soares Leme, Coordenadora de Processos e Operações. A partir do modelo implementado, o programa tem sido expandido para outras unidades do Einstein e protagonizado por suas respectivas lideranças.

Os indicadores acompanhados e analisados do P2 são:

- Percentual de ocupação do quadro: posições ativas comparadas com posições previstas.
- Custo de ocupação do quadro.
- Percentual de absenteísmo.
- *Headcount* por saída (alta hospitalar).

Alguns exemplos de projetos desenvolvidos no P2:

1. Desenvolvimento de sistema de gestão integrada das escalas.
2. Plano de ação para redução de horas excedentes.
3. Congelamento e ativação das contratações de pessoal com base nos indicadores de demanda.
4. Escala integrada de todo o hospital para cobertura de licença maternidade.
5. Planejamento de leitos adicionais e dimensionamento do quadro necessário.

Além destes indicadores, no *Balanced Scorecard* das áreas assistenciais constam as horas trabalhadas que excedem a jornada contratual e o custo de mão de obra versus a receita operacional líquida.

O acompanhamento contínuo destes indicadores faz com que as tomadas de decisão sobre as necessidades de recursos humanos adicionais sejam pautadas em previsibilidade e estudos de dimensionamento atrelados à ocupação. No início da pandemia não foi diferente: foi formado um squad composto por representantes das áreas Assistenciais, Recursos Humanos e Melhoria Contínua de Processos. O squad foi liderado por Ederson de Almeida, Superintendente de Melhoria Contínua e Projetos Estratégicos. Junto ao grupo multiprofissional, foram analisados indicadores de ocupação e previsibilidade de demanda para estimar a quantidade de profissionais que seria necessária contratar. Além disso, foi avaliada continuamente a otimização de recursos das áreas que apresentavam ociosidade no período devido.

Segundo Kotter (2015), quando as pessoas têm um verdadeiro senso de urgência em torno de uma grande oportunidade estratégica, elas instintivamente procuram algo que possam fazer todos os dias para ajudar a organização a atingir seus objetivos.

De acordo com o conhecimento instalado e experimentado através do P2, reforçamos encontros periódicos deste time para planejar estratégias e estudos dos dados, visando garantir os recursos necessários frente ao aumento de demanda da pandemia.

Embora com um modelo já estabelecido, o cenário era inconstante e, além de acompanhar os dados no Brasil, o time se pautou em referências internacionais monitoradas nos países que já haviam passado pelas fases que se apresentavam no Brasil naquele momento, bem como nas peculiaridades quanto ao deslocamento da demanda entre privado e público em diferentes momentos.

O time, então, observou algumas perspectivas para o dimensionamento da demanda X capacidade operacional: porta de entrada da demanda e suas áreas de atividades, fluxo do paciente, áreas contingenciais, dimensionamento e cobertura de escalas.

Em uma das áreas de atividade do Einstein, na Medicina Diagnóstica e Ambulatorial, por exemplo, o início da pandemia gerou necessidade de recursos adicionais nas unidades de Pronto Atendimento, Telemedicina, Clínicas e Laboratório, neste contexto, relacionada à porta de entrada do fluxo do paciente diante dos sintomas apresentados e/ou necessidade de testagem. Em continuidade ao fluxo de atendimento, no serviço hospitalar houve a necessidade de um novo dimensionamento de leitos, além da criação de estruturas adicionais em outras unidades físicas (Unidade Vila Mariana, Hospital Campanha Morumbi e Unidade Klabin) para acomodar o atendimento necessário de internação. O cenário precisava ser analisado nas diferentes perspectivas e, nesse caso, com projeções que não necessariamente seguiriam o percurso projetado, e isso foi uma constante.

Na leitura desta fase inicial, pudemos fazer uma reflexão e associar a outras organizações. Diante de um cenário como este:

- Quais foram ou quais são as necessidades iniciais.

- Quais variáveis devemos considerar em um ambiente que se reconfigura rapidamente e quais os impactos nesse dimensionamento?

- Quais foram as novas práticas, mesmo sem referências anteriores?

O ambiente de experimentação em ciclos curtos, como vimos no capítulo 2, se apresenta em cada passagem das ações adotadas.

Dimensionar e compor os times às necessidades

A estratégia de gestão dos profissionais também demandou ações específicas. Identificar a necessidade e o dimensionamento era um dos passos. Recrutar profissionais para as posições abertas, para completar a força de trabalho, seguia além da contratação externa, e havia outras variáveis que precisavam ser consideradas. Nesse momento, novamente, fomos imbuídos de boas perguntas para testar e traçar rotas.

- Quais áreas terão menor demanda neste momento?

- Qual o perfil dos profissionais destas áreas?

- Os profissionais precisam de algum treinamento?

- Como podemos identificar e contar com estes profissionais?

Nesse período, algumas diretrizes foram aplicadas pelas organizações, sendo algumas delas medidas de redução salarial, suspensão de contrato e até mesmo o desemprego.

O Einstein adotou uma premissa em unanimidade pela alta direção: *preservação dos empregos*. Desta forma, atuar na mobilização interna dos profissionais reforçava essa premissa e a coerência nas ações.

Mapeamento de áreas de baixa demanda para movimentação interna dos profissionais

Entre as equipes organizadas, os times de Consultoria Interna de Recursos Humanos e da área de Melhoria Contínua realizaram um trabalho junto às lideranças, mapeando as áreas de menor demanda para disponibilização e realocação de profissionais em áreas com aumento de demanda. Na figura a seguir, um exemplo de como essa ação era mapeada e reportada.

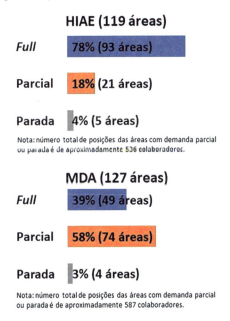

Figura 2: Mapeamento das áreas de menor demanda.

Fonte: Arquivo SBIBAE.

Foram implementadas diversas estratégias de mapeamento de *skills* e interesses dos profissionais, oferecendo suporte à liderança no planejamento das equipes frente ao aumento de demanda.

Mapeamento Coleta

- Identificação de profissionais interessados em realizar coleta.
- Interface com Treinamento para capacitação e disponibilização de profissionais.

Mapeamento de profissionais X Áreas com redução de atividades

- Criação de grupo no *WhatsApp* para identificação.
- Mapeamento das áreas e direcionamento das áreas de maior demanda.

Mapeamento da disponibilidade dos profissionais

- Aplicação de questionário para mapear disponibilidade dos profissionais para atuação extra e apoiar os gestores frente ao planejamento das escalas no aumento da demanda.

Mapeamento da Experiência em áreas críticas

- Áreas chave: Pronto Atendimento, Clínica Médica Cirúrgica, UTI Adulto, UTI Pediátrica, MDA Laboratório.
- Mapeamento das áreas e direcionamento das áreas de maior demanda.

O compromisso independente do campo de atuação

O planejamento de contratação de colaboradores, acelerado para atender à demanda, ocorreu inicialmente no setor privado. Porém, segundo dados divulgados pela prefeitura de São Paulo, os distritos da cidade com maior índice de mortes por Covid-19 tinham uma grande concentração de favelas, cortiços e conjuntos ou núcleos habitacionais, e o cenário começou a demonstrar mais fragilidade no setor público, em comunidades mais vulneráveis e com dificuldades de cumprimento do isolamento social devido às condições residenciais. Com isso e frente ao "atraso" da demanda no setor privado, os esforços de alocação de recursos humanos precisaram ser readequados.

Nossa atenção, nesse exemplo, se volta para a atuação em adaptar-se às mudanças do contexto, mas também em considerar as especificidades de cada cenário.

Da mesma forma que nas áreas de saúde privada do Einstein, com a Medicina Diagnóstica Ambulatorial e os Serviços Hospitalares, as unidades públicas rapidamente se organizaram para atender a um cenário crítico já observado em outros países.

Figura 3: Organização da demanda das Unidades Públicas.

Bairros com maior número de mortes por coronavírus em SP concentram favelas e conjuntos habitacionais

Mapas da Prefeitura de São Paulo mostram que 20 distritos com mais mortes suspeitas e confirmadas por Covid-19 têm muitas favelas, cortiços e conjuntos ou núcleos habitacionais. Risco de morrer pela doença é até 10 vezes maior em bairros com pior condição social.

Fonte: G1.

O Einstein assumiu um novo serviço para o qual também havia a necessidade de alto volume de recursos humanos: o novo Hospital de Campanha do Pacaembu, que tinha como propósito principal desafogar a demanda por leitos para pacientes com Covid-19 de baixa complexidade.

Pode-se afirmar, mais uma vez, que muitas variáveis foram considera-das. Além da gestão dos recursos frente à nova demanda na área pública, também o compromisso com a preservação dos empregos e a forma de abordagem junto aos profissionais para realocações entre áreas, uma vez que teriam que migrar para diferentes regiões daquelas para as quais foram inicialmente contratados.

Todas as comunicação e abordagens junto aos profissionais ocorreram de forma organizada e transparente, envolvendo lideranças, equipe de Recursos Humanos e colaboradores. A aceitação dos colaboradores demonstrou o enga-jamento pela causa na frente de batalha para o enfrentamento à pandemia e, como missionários, seguiram para o novo campo. 757 profissionais migraram do setor privado para o setor público durante aproximadamente 3 meses.

Nesta frente, novamente a reorganização de conhecimentos e profissio-nais-chave para a gestão das informações e áreas envolvidas. Lembram-se que, no início do capítulo, abordamos a importância da eficiência operacio-nal e gestão dos custos? Esse processo foi conduzido de forma integrada às áreas financeira, recursos humanos, auditoria interna, lideranças e equipe de prestação de contas.

O Einstein preza pela alta confiabilidade em todos os seus processos, do assistencial à gestão administrativa. Como exemplo desta condução, entre a mobilização privada e pública, o Einstein passou por processo de auditoria e atendeu a todos os requisitos de ética e compromisso com a responsabilidade social.

Os desafios se mantiveram durante todo o ano, com movimentações frequentes dos colaboradores entre privado e público. Na desmobilização do Hospital de Campanha do Pacaembu, por exemplo, novamente pro-fissionais foram transferidos para outras unidades, públicas ou privadas, inclusive para o Hospital Orion, unidade gerida pelo Einstein em Goiânia na ocasião da pandemia.

Todo este processo gerou muito aprendizado e desenvolvimento para os colaboradores que conheceram práticas diversas, foram capacitados para a alta complexidade e atuaram em setores que não necessariamente eram de sua origem de formação, trazendo consigo melhores formas de trabalho.

Gestão financeira de mão de obra adequada

Assim que chegavam informações das demandas e necessidades de ampliação dos leitos para atender o volume de pacientes Covid-19 e da consequente necessidade de contratação de um volume expressivo de profissionais em pouquíssimo tempo, iniciamos o dimensionamento do impacto dos custos correlacionados de mão de obra.

A área da saúde é intensiva em mão de obra e impacta de forma consistente nos custos, pois mesmo com os recursos tecnológicos e as evoluções em metodologias de revisões de processos que utilizamos, priorizamos o fator humano de acolhimento e atenção aos detalhes da saúde no atendimento ao paciente, desempenhado por todos os profissionais da linha de frente: recepcionistas, camareiros, técnicos de enfermagem, enfermeiros, médicos, fisioterapeutas, farmacêuticos, psicólogos, assistentes sociais e todo o time de suporte a estes colaboradores.

No Einstein, as análises dos custos de mão de obra são objeto de ampla discussão e, através de indicadores de gestão, são avaliados frequentemente, pois custos de mão de obra equilibrados contribuem com a sustentabilidade da Instituição, permitindo a constante evolução no atendimento assistencial e o crescimento dos serviços.

Em menos de um mês, nos deparamos com um dimensionamento para novas contratações com o incremento de pelo menos 1.137 colaboradores, e um custo adicional estimado em mais de R$ 70 milhões no ano. Desta forma, revisamos todos os planos estabelecidos no planejamento estratégico e redimensionamos as prioridades de custo de mão de obra para o ano de 2020.

Um ponto fundamental foi termos uma estrutura de informação já disponível e atualizada em tempo real, a qual permitiu criar uma inteligência com novas informações sobre inclusões/exclusões de contratações que chegavam a todo instante, alterando sistematicamente os impactos nos custos de pessoal.

O detalhamento de cada posição foi o ponto de partida para o dimensionamento dos custos, tendo em conta que os custos eram divididos em *custos privados* (responsabilidade do Einstein) e *custos dos serviços públicos* (responsabilidade da Prefeitura, conforme contrato).

Assim, criamos um *squad* com representantes das áreas de recursos humanos, financeira e de áreas assistenciais, focados na identificação da atuação de cada profissional em cada local/unidade de trabalho para a correta alocação dos custos na área. Foram momentos muito incertos, os quais demandavam agilidade nas adequações, pois o reporte da informação diária deveria ser fidedigno aos resultados que seriam apontados em folha de pagamento ao final do mês.

Para suportar a gestão dos custos de mão de obra, desenvolvemos planos de ação em 3 frentes, conforme a imagem que segue:

Figura 4: Material desenvolvido pelo *squad* Gestão dos Custos de MDO e Oportunidades – Abr. 2020.

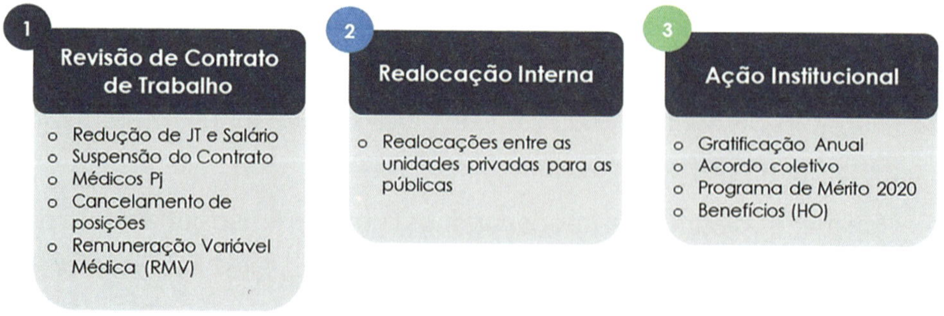

1 Revisão de Contrato de Trabalho
- o Redução de JT e Salário
- o Suspensão do Contrato
- o Médicos Pj
- o Cancelamento de posições
- o Remuneração Variável Médica (RMV)

2 Realocação Interna
- o Realocações entre as unidades privadas para as públicas

3 Ação Institucional
- o Gratificação Anual
- o Acordo coletivo
- o Programa de Mérito 2020
- o Benefícios (HO)

Fonte: Arquivo SBIBAE.

A visão inicial de oportunidades de otimização dos custos de mão de obra nas três frentes foi dimensionada em mais de R$ 180 milhões, e tinha como objetivo compensar as novas contratações não previstas e as reduções na receita que muitas áreas sofreram devido à paralisação de serviços nos meses que sucederam ao início da pandemia.

Para as revisões de contrato de trabalho, as lideranças das áreas tiveram o papel fundamental na decisão de quais colaboradores deveriam ter seus contratos de trabalho revisados, pois cada área avaliou as demandas, as revisões/postergações de projeto e priorizações para decidirem sobre o tema. Todas as lideranças também tiveram seus contratos revisados durante 3 meses.

Ao todo, foram mais de 5.300 colaboradores envolvidos na ação de mudança contratual, que foi realizada integralmente de forma digital, através de uma plataforma que permitiu o aceite eletrônico de forma ágil e sustentável.

Figura 5: Gestão dos custos de MDO e Oportunidades – Abr. 2020.

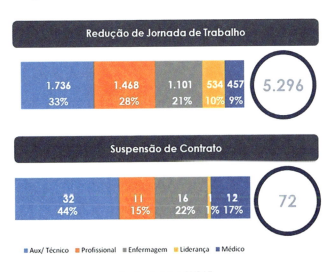

Fonte: Arquivo SBIBAE.

CAPÍTULO 4

O exército necessário para o enfrentamento ao desconhecido:

a estratégia utilizada para a resposta rápida na composição das equipes da Saúde Privada à Pública

Priscila Aparecida Surita Sampaio
Taise Miranda
Simone Azevedo
Camila Faria da Rocha
Leonel de Ramos
Miguel Cendoroglo Neto
Guilherme Schettino
Claudia Regina Laselva

Planejamento *demanda de profissionais:* do presencial para o digital

Sabemos que a área da saúde é criticamente dependente de pessoas, pela natureza de sua atividade no cuidado ao paciente. As atividades são minuciosamente planejadas para a composição das equipes, dentro de uma organização que funciona 24 horas por dia. O dimensionamento das equipes, movimentações no quadro de pessoal, rotatividade, aumento da demanda, ampliação ou implementação de novas unidades/serviços são periodicamente acompanhados para estabelecimento das estratégias e dimensionamento na área de Atração e Seleção de Pessoal do Einstein. Essa é uma premissa para a área de Recursos Humanos e, de certa forma, em nossa organização como área, já conduzíamos alto volume de contratação. Todo o planejamento anual considera a capacidade operacional frente à demanda prevista no plano estratégico e orçamentário, bem como a análise contínua dos indicadores de Gestão de Pessoas relacionados à garantia do preenchimento do quadro de pessoal.

Embora estivéssemos habituados a processos seletivos em volume e diversidade de vagas, em 2020 nos deparamos com um desafio bastante particular. A notícia chegou na mesma intensidade da expectativa da resposta: *ampliar os times para atuar na linha na frente da maior crise sanitária. A pandemia do novo Coronavírus havia sido decretada pela OMS (Organização Mundial da Saúde).* Talvez você se pergunte agora quantas contratações foram necessárias... mas, antes, vale lembrar nossa reação diante da notícia. Um turbilhão de sentimentos surgia naquele momento. Dúvidas, medo do desconhecido e do que estava por vir, além de muitas perguntas. É emocionante lembrar que, passando esta primeira reação, todos os profissionais se empossaram de força e vontade e, como falamos por aqui: "nossa razão principal não é apenas fechar vagas, é colaborar para salvar vidas". E, assim, nos debruçamos para levantar todos os pontos para atingir este objetivo. Ah, com relação ao número de contratações, a necessidade inicial era de 1.800 profissionais para início em 14 dias.

Transformando desafios em oportunidades

O desafio que tínhamos à nossa frente: contratações de um alto volume de profissionais, mas com algumas barreiras para seguir com o processo seletivo utilizado até então. Tínhamos mais restrições do que possibilidades, e isso nos mobilizou para arriscarmos novas alternativas.

Quem atua na área de atração e seleção de pessoas sabe dos desafios dos processos gerenciados por uma organização. Atrair, recrutar e selecionar não são tarefas fáceis, principalmente em um momento de muitas ofertas e no qual o "candidato" busca outros valores além do aspecto remuneratório. O trabalho significativo e outros elementos passam a fazer parte do crivo de escolha dos profissionais.

Ao nos depararmos com o cenário da pandemia, não bastava "mirar" na força de trabalho que precisávamos, mas também considerar outros aspectos para responder de forma ágil a demanda e as questões específicas do formato do processo seletivo, bem como as expectativas dos profissionais nesse momento tão emblemático para o segmento da saúde.

Como o Einstein atendeu o primeiro caso de Covid-19 no Brasil, de certa forma também estava sendo uma referência para as outras instituições, e nós tínhamos o compromisso com a aliança e trocas de experiências para compartilhar com outros serviços.

Quando se trata de processo seletivo para profissionais da linha de frente assistencial, umas das primeiras medidas de avaliação é a experiência técnica, que é analisada pela trajetória de experiência e de conhecimentos técnicos, em provas teóricas (avaliação do conhecimento) e práticas (avaliação da habilidade). Isso nos faz recrutar muitos profissionais para este processo, o que provoca uma convocação em massa para processos seletivos presenciais. Vale lembrar que, no período da pandemia, não havia possibilidade de mantermos eventos e/ou aglomerações. Então, qualquer evento presencial estava descartado. Diante deste cenário, aceleramos um projeto que já estava em processo de aprovação interno: processo 100% digital, utilizando IA (Inteligência Artificial). No planejamento estratégico do ano 2019, havíamos previsto a transformação digital, a automatização e a aquisição de novas tecnologias para processos seletivos e, nesse momento, estávamos em trâmites de validações, seguindo as alçadas conforme políticas e fluxos internos. O cenário da pandemia acelerou a implementação.

Outra questão aparente, além da tecnologia, era a necessidade de reforçar o time para a condução pois, nesse caso, não tínhamos o tempo a nosso favor. Foi nesse contexto que o time da área de Atração e Seleção do Einstein convocou muitos parceiros para se juntarem à causa.

Sempre foi uma postura do Einstein não buscar apenas fornecedores, mas parceiros. Temos uma missão muito clara sobre nossa atuação institucional, e isso, naturalmente, percorre tudo aquilo com o que nos envolvemos.

Detalharemos cada passo, cada ação adotada nessa jornada, além dos ajustes e das adaptações ao longo do percurso, mas, antes, vamos refletir sobre alguns pontos, uma vez que a nossa intenção é colaborar com este *case* para todos que acreditam no valor da porta de entrada dos profissionais em uma organização: Atração e Seleção de Pessoas.

Convocação ou chamado para um propósito

Enquanto iniciamos as ações para divulgação das vagas em diferentes canais internos e externos, fomos surpreendidos por uma avalanche de pessoas querendo saber como podiam ajudar a recrutar os profissionais para o enfrentamento desta batalha. Uma delas comentou: "recebi uma mensagem que foi compartilhada em vários grupos do *WhatsApp*, falando sobre as vagas no Einstein." Não sabemos ao certo a origem desta mensagem, mas a partir do potencial de alcance através das redes de contatos, associações, instituições, familiares, funcionários e outras pessoas começaram a nos acionar oferecendo ajuda e suporte. Digamos que não importa a origem da mensagem, mas a intenção e a mobilização pelas pessoas, o que nos ajudou a disseminar as nossas divulgações atingindo o alcance de 248.056 candidaturas em tempo recorde. Nesse movimento, tivemos grandes lições aprendidas. O que você acha?

Para manter o ritmo das divulgações, tivemos uma ampla cobertura nas mídias. Como o Einstein estava em evidência pelo atendimento ao primeiro caso de Covid-19 no Brasil, desbravando um caminho nunca antes percorrido pelas instituições de saúde no Brasil, muitos brasileiros acompanhavam seu posicionamento e as notícias acerca da ciência e da saúde no enfrentamento à pandemia. Isso foi suficiente para que uma rede de voluntários e de empresas nos acionasse para colaborar no *combate* à pandemia e no "alistamento dos soldados" – era assim que chamávamos as pessoas da nossa equipe de Atração e Seleção.

Os voluntários foram essenciais no suporte ao plano emergencial de contratação, *todos contra o vírus e unidos pela mesma causa: salvar vidas*.

Nesse momento, pedimos licença para honrar e agradecer a estas empresas e pessoas:

- Rocketmat.
- Bettha (*StartUp* do Grupo Cia de Talentos).
- TAQE.
- *Neoway*.
- *Workc*.
- Consultorias: *Petra, People, Ello, ADP*.
- Alunos da Faculdade de Medicina do Einstein.
- Funcionários do Einstein.
- Ex-funcionários do Einstein residentes em diferentes regiões do Brasil, Canadá, EUA e da Alemanha.

Inicialmente, os líderes de Recursos Humanos e das áreas assistenciais foram acionados por ex-funcionários que gostariam de contribuir de forma voluntária. Nessa manifestação colaborativa não havia fronteiras, concorrência ou qualquer outra barreira. Em nomes de todos, lembramos alguns que nos emocionaram logo nos primeiros dias: Sofia Esteves, que colocou a equipe e a plataforma da Bettha à disposição para o Einstein, e Doris Wertzner, ex-funcionária de RH que atuou no Einstein por mais de dez anos, morando há sete anos em Dusseldorf, na Alemanha, e que já acompanhava o cenário pandêmico na Europa. Ela nos disse *"quero ajudar o meu país, estou à disposição do Einstein, o que precisam?"*.

Redesenhando a rota: seguir o processo ou descobrir novas formas de adaptar os processos

Considerando o alto volume de vagas, a única forma de dar agilidade e garantir o número de profissionais necessário para atuação na linha de frente da pandemia seria por meio de uma reconfiguração dos nossos processos. Foram criados oito grupos de trabalho especialmente para a missão de migrar do modelo presencial para o *on-line*. Cada grupo de trabalho possuía uma função: *digital, triagem, agendamento, entrevistas, painel de vagas, formalização, admissão* e *treinamento*.

Tudo começou com a frente de trabalho *digital*, que reunia profissionais das áreas de Recursos Humanos e Tecnologia da Informação do Einstein, além de fornecedores parceiros. Esse grupo foi responsável por migrar o processo da prova presencial para o modelo digital, monitorando o comportamento dos candidatos e garantindo, dessa forma, a confiabilidade no resultado obtido. Esse time também atuou na definição de ferramentas adequadas para o formato do processo seletivo digital, bem como para a solução de possíveis episódios de instabilidade dos sistemas, pois tudo precisava ser monitorado em tempo real.

A aplicação da prova foi, de fato, um desafio. 70% dos cargos que contratamos têm, como primeira etapa do processo, uma prova cujo índice de reprovação, nessa primeira fase, é de 40%. Conforme detalhamos no início deste capítulo, havíamos iniciado um projeto de inteligência artificial que contemplava a criação de um algoritmo específico capaz de analisar todos os currículos com os mesmos critérios, a partir de um modelo matemático, com base em dados de históricos de profissionais do Einstein e de candidatos em processo de seleção e admissão.

A automatização da prova já estava contemplada nesse cenário, mas em dezembro de 2019, ao apresentarmos o projeto de inteligência artificial para a Diretoria de TI e da Assistência, havia uma preocupação em como garantir a segurança das informações e dos conteúdos aplicados. A sugestão foi a compra de *tablets* e a preservação da etapa de aplicação de prova no modelo presencial, pois assim garantiríamos a aplicação *on-line*, porém sendo realizada em nossa estrutura física, não na casa dos candidatos. Todavia, o cenário de pandemia trouxe um senso de urgência e necessidade de agilidade. Estávamos numa corrida contra o tempo.

Rapidamente mudamos a rota e a nossa estratégia foi seguir com a prova totalmente *on-line*, mais uma vez uma lição aprendida quanto às inovações, e com nossa mentalidade ancorada nos processos anteriores, diante do inesperado, assumimos o risco e trabalhamos em barreiras para mitigá-los. O processo seguia a Lei Geral de Proteção de Dados – LGPD, e era possível monitorar o comportamento dos candidatos no momento da prova, além de as questões serem cronometradas. No dia 13 de março, dois dias após a declaração de pandemia pela OMS (Organização Mundial da Saúde), compartilhamos as provas com nosso parceiro *Rocketmat* e o desafio foi lançado. Nesse momento, não bastava ter a ideia e o projeto aprovado para o início. Contar com o time da *Rocketmat* foi fundamental. O *founder* e *CEO* da *Rocketmat*, Tiago Machado, se colocou totalmente à disposição e nos disse "faremos de tudo para colaborar na missão em salvar vidas". Como já relatamos, procuramos parceiros que se envolvem com o propósito do Einstein.

E o tempo para desenvolver essa solução? Quem atua na área conhece os cronogramas em semanas, atividades e experimentações. Em apenas 48 horas, o time da *Rocketmat* entregou a solução! As equipes atuaram durante todo o final de semana com o objetivo de fechar as vagas o mais rápido possível, pois no segmento da saúde, além da qualidade e atenção aos detalhes durante o processo seletivo, tínhamos uma corrida contra o tempo, e a não contratação do profissional ou a demora em seu início geraria impacto direto sobre a possibilidade de vidas salvas. Exatamente às 23h18 do dia 14 de março, o primeiro link de prova foi disparado. No dia seguinte, já tínhamos o resultado de 600 candidatos com provas concluídas.

Figura 1: Parceria entre Einstein e *Rocketmat*.

Fonte: Baguete.com.

Escaneie o *QR Code* abaixo para prestigiar o vídeo da I2AI - Conexões Inteligentes com o tema "Alta Performance com Inteligência Artificial:

O grupo de trabalho de *triagem* fez a análise e seleção dos currículos recebidos pelo Einstein. Este grupo era composto por nossa rede de voluntários na causa, e fizeram parte dessa frente 50 alunos de medicina.

Outra fonte de recrutamento bem efetiva é o programa *Quem Indica Amigo, é!* O programa foi implementado em 2013 pelo time de Atração e Seleção, e tem como objetivo divulgar as vagas do Einstein para que os colaboradores possam inscrever seus amigos, familiares e profissionais interessados. Desde a implementação, já foram inscritos 84.166 candidatos, tendo sido 2.746 contratados. O modelo impulsiona o ecossistema da empregabilidade e garante a manutenção da nossa cultura e de nossos valores. Na prática, os colaboradores atuam como recrutadores fiéis e aderentes à cultura, o que naturalmente favorece o *match* cultural entre os valores do Einstein e das pessoas. Para compreensão do nosso jeito de ser Einstein, resgatamos brevemente o histórico deste programa. Em 2013, recebíamos cerca de 2.000 currículos enviados através da caixa de mensagens. A nossa habitual inquietação nos fazia olhar para isso e nos perguntar "será que conseguimos fazer diferente? Acolher estas recomendações de maneira menos operacional ou até mesmo ampliá-la?". Vejam, isso em 2013! É emocionante lembrar deste momento. Ali, começamos a desenhar e coletar sugestões do time. Chegamos a uma proposta, já automatizada na ocasião, desenvolvida internamente. Nesta, os colaboradores recebiam por *e-mail* uma relação de vagas. Em cada uma delas havia um link e, nesse, eles já incluíam o nome da sua recomendação. Importante detalhar que o colaborador já saia com algumas informações a serem repassadas ao seu "candidato triado": dia e horário que deveria comparecer. Foi um ganho impressionante no processo! Passamos a medir tudo pois, por aqui, também somos obcecados em buscar as evidências e organizar dados para análises e tomada de decisão.

Figura 2: Programa "Quem indica Amigo é!"

Fonte: Arquivo SBIBAE.

Interessante analisar os dias atuais e nos conectar a 2013 com essa inquietação sobre um modelo mais digital. Na ocasião não havia soluções no mercado, então criamos a nossa e fomos aprimorando ao longo do tempo, junto ao time de Tecnologia da Informação do Einstein. Foram incorporadas novas etapas, também de forma digital: gamificação e vídeo entrevista, por exemplo.

Retornando a 2020, este canal foi muito relevante no processo de recrutamento durante a pandemia, com a indicação de 3.800 candidatos para atuação durante a primeira onda. Nesse mesmo período, o programa seguiu para a esteira de inovação e adicionamos um parceiro para transpor o modelo desenvolvido pelo Einstein para uma plataforma digital, utilizando a inteligência de combinação de dados. Para este desafio, contamos com Denise Asnis e a equipe da TAQE, que nos atenderam prontamente para essa parceria. Tínhamos clareza dos nossos objetivos e buscamos um fornecedor que *emba*rcasse nessa missão.

Escaneie o *QR Code* abaixo para prestigiar o vídeo da TAQE com o tema "Einstein reduziu em 61% o tempo de preenchimento de suas vagas":

O grupo de trabalho responsável pelo *agendamento* estruturou, com as turmas de entrevista, as agendas dos candidatos bem-sucedidos na prova. Nessa etapa, além dos profissionais de Recursos Humanos do próprio Einstein, contamos com o apoio de profissionais de Recursos Humanos externos e de ex-enfermeiros do Einstein que se voluntariaram para ajudar no desafio. Todas as entrevistas foram conduzidas com representantes da área de Recursos Humanos e especialistas das áreas de enfermagem, médica ou de apoio assistencial, 100% *on-line*.

A frente de trabalho *gestão do painel de vagas* era responsável por avaliar o resultado das entrevistas, alocar os candidatos aprovados nas posições abertas e direcioná-los para o grupo de trabalho de formalização da proposta admissional. Essa frente recebeu, diariamente, 150 propostas de trabalho na forma digital. Antes da pandemia, esse fluxo era realizado por telefone, e a capacidade de envio diário era de 50 propostas.

Figura 3: *DashBoard* Covid-19 – Recrutamento e Seleção.

Fonte: Arquivo SBIBAE.

Habitualmente, as vagas e entrevistas são conduzidas por representantes de Recursos Humanos e pelos gestores das áreas, mas naquele cenário, com a atenção dos gestores voltada às necessidades da equipe e ao atendimento do paciente Covid-19, criamos um grupo que tinha a missão de validar os conhecimentos técnicos dos profissionais que seriam contratados. Esse grupo foi composto por profissionais referências, dentre eles colaboradores (seniores, especialistas, coordenadores e gerentes), voluntários e ex-funcionários.

Como as entrevistas passaram a ser 100% *on-line*, possibilitou-se a quebra das barreiras físicas, e pessoas de outros países como Canadá, Estados Unidos e Alemanha, com experiência em seleção, se voluntariaram para conduzir as entrevistas, sendo essa etapa sem fronteiras. A reconfiguração deste processo gerou um grande aprendizado, que se manteve como um novo modelo no Einstein.

Figura 4: Seleção Sem Fronteiras.

Fonte: Arquivo SBIBAE.

Nosso olhar na entrevista era direcionado especialmente para três aspectos importantes: *atitude, vontade de fazer parte do que estava acontecendo* e *disponibilidade de horário.*

Mesmo com essa operação de seleção em massa, fomos impactados com o efeito do desconhecimento sobre o vírus e dos riscos de contaminação, o que influenciou a taxa de declínio de 32% na efetivação da proposta admissional, ou seja, o nosso esforço para conversão em admissão foi maior do que o habitual.

Mesmo com a alta taxa de desistência, e diferente de alguns hospitais que tiveram dificuldades para encontrar profissionais de saúde, com esse processo *on-line* não tivemos problema para realizar nosso plano de contratação emergencial. A figura a seguir ilustra algumas matérias publicadas em abril de 2020 que se referem às dificuldades de atração e seleção vivenciadas em outras instituições de saúde.

Figura 5: Dificuldade de contratação veiculada em mídia.

Fonte: Levantamento dos autores.

O grupo de trabalho de *admissão* tinha como responsabilidade tirar dúvidas sobre documentação e dar orientações sobre a assinatura do contrato de trabalho *on-line*. Por fim, o grupo de trabalho de *treinamento* (a única fase presencial do processo) foi responsável por receber e capacitar os profissionais admitidos para atuar na linha de frente contra a Covid-19 e em todos os protocolos institucionais de segurança.

Em 2020, foram preenchidos 60% a mais de vagas comparado ao ano anterior. É inegável o impacto da automatização e jornada do processo, do recrutamento à integração pós admissão.

Em 14 dias, foram enviados 25.556 links de provas para candidatos aderentes ao perfil das vagas abertas; 11.951 candidatos realizaram a prova e 7.154 foram aprovados. Destes, 3.857 foram avaliados na etapa de entrevista, 2.944 foram aprovados e 1.436 vagas foram preenchidas.

A necessidade de agilidade exigiu novas soluções e mudança de *mindset* quanto modelo presencial, *abertura à inovação*, mantendo em vista o potencial da *transformação digital*, os quais foram pontos essenciais para a quebra de paradigma e alcance dos resultados.

Figura 6: Números 1ª e 2ª onda.

1° Onda -2020

248.056	Candidaturas
25.556	Links de provas enviados
11.951	Provas realizadas
7.154	Aprovados em prova
6.0	Nota de corte
1.431	Vagas fechadas
1.088	Admissões
14 dias	Tempo de fechamento
37%	Taxa de declínio total

2° Onda -2021

77.611	Candidaturas
21.160	Links de provas enviados
17.322	Provas realizadas
10.354	Aprovados em prova
6.5	Nota de corte
1.383	Vagas fechadas
940	Admissões
14 dias	Tempo de fechamento
20%	Taxa de declínio total

Fonte: Arquivo SBIBAE.

Na segunda onda da pandemia, a disponibilidade de profissionais para as contratações foi prejudicada em virtude do volume e gravidade dos casos decorrentes da contaminação pela Covid-19 nesse período, contexto que atingia tanto o setor público como o privado, não havendo profissionais com os requisitos necessários para atuação no atendimento ao paciente grave. Diante deste cenário, todas as instituições revisaram os requisitos para contratação de entrada, recrutando profissionais recém-formados e das demais áreas assistenciais. Outra ação colaborativa foi importante nessa ocasião, na qual as universidades precisavam acelerar a documentação comprobatória dos formandos do ano anterior, bem como agilizar as assinaturas dos contratos. Houve uma movimentação integrada e, aqui, destacamos as colaborações da Profa. Dra. Andrea Mohallem, responsável pelo curso de graduação de Enfermagem da Faculdade Israelita de Ciências da Saúde Albert Einstein (FICSAE) e da Profa. Dra. Maria de Fátima Fernandes Vattimo, da Escola de Enfermagem da USP, que juntamente a Claudia Regina Laselva, Diretora de Operações e de Enfermagem da Unidade Hospitalar Morumbi do Einstein, direcionaram esforços para o aproveitamento dos formandos.

O aproveitamento interno como estratégia para composição dos times nas "áreas quentes"

Com o aumento da taxa de desistência dos candidatos aprovados para atender ao enfrentamento da Covid-19, buscamos novas alternativas para suprir a necessidade da composição das equipes.

Internamente, tínhamos uma nova situação referente à baixa demanda em algumas áreas, em virtude das premissas estabelecidas pelo Governo de SP ou mesmo por decisões do paciente durante a 1ª onda da pandemia. Nesse período, houve uma queda no volume das cirurgias eletivas, dos atendimentos no pronto atendimento e dos exames na medicina diagnóstica. Nessa corrida contra o tempo, e visando o aproveitamento da força de trabalho habilitada, além das novas admissões e do compromisso com a manutenção dos empregos assumido pelo Einstein junto aos seus colaboradores, 757 colaboradores mudaram de postos de trabalho.

Para a condução destas movimentações e aproveitamento interno, novamente nos reorganizamos formando um *squad* chamado "realocações". Este *squad* foi composto por profissionais chave para estabelecer um plano que atendesse à demanda no Einstein, na área privada, e também nas unidades gerenciadas em parcerias públicas.

As realocações ocorreram de unidades do setor privado com baixa demanda para unidades do sistema público, onde havia uma demanda aumentada, já que os casos foram ampliados na cidade de São Paulo.

O time da saúde em campo

Em abril de 2020, iniciou-se o projeto para a implementação de um Hospital de Campanha, através das parcerias públicas. O Einstein ficou responsável por essa implementação e gestão. Entramos, literalmente, em campo. O hospital nomeado Hospital de Campanha do Pacaembu foi instalado no Estádio do Pacaembu, na cidade de São Paulo.

Figura 7: Hospital de Campanha do Pacaembu.

Fonte: Arquivo SBIBAE.

Para os 200 leitos projetados para o atendimento, era necessária a contratação de profissionais de diferentes áreas de formação e de suporte à operação hospitalar. A equipe pôde ser composta por muitos profissionais que atuavam em áreas que tiveram queda de demanda, como exemplificamos anteriormente. Para este processo, consideramos o mapeamento de interesse e o perfil dos profissionais, na perspectiva de consultá-los para outras possibilidades de atuação, uma vez que havia impacto em trajeto, localização e atuação no atendimento hospitalar. Essa ação gerou ações complementares de capacitação nos fluxos e procedimentos específicos das novas unidades.

Os colaboradores manifestaram interesse em 100% da oferta e sustentaram o desejo de colaborar com a Saúde, como uma missão pessoal e inerente à escolha de carreira. Além disso, vimos muitas mensagens de agradecimento ao Einstein pela oportunidade e preocupação com a manutenção dos empregos e contratos.

Estas movimentações não aconteceram somente para profissionais da assistência. Houve necessidade nas áreas de suporte e administrativas, e pessoas que atuavam em setores especializados contribuíram para demandas completamente diferentes, como o controle das doações recebidas para o Hospital de Campanha, por exemplo. O Einstein possui uma área estruturada para relacionamento e doações, mas, nesse momento de volume exponencial, foi fundamental que outras pessoas entraram para colaborar.

Escaneie o *QR Code* abaixo para prestigiar o vídeo sobre o encerramento das atividades do Hospital de Campanha do Pacaembu:

A estratégia ou integração entre o setor Privado e o setor Público

O cenário da pandemia afetou primeiramente a produtividade e o fluxo de internação no setor privado. Houve uma queda brusca de atendimento de áreas como o pronto atendimento, cirurgia e medicina diagnóstica, que viram seus pacientes não darem continuidade aos seus tratamentos e diagnósticos por medo da contaminação pelo novo Coronavírus.

O setor público apresentou altíssimos índices de pacientes em busca de diagnóstico e de necessidade de internação, fator que impactou diretamente nas unidades e serviços prestados pelo Instituto Israelita de Responsabilidade Social do Einstein (IIRS).

A unidade hospitalar localizada na zona Sul de São Paulo, o Hospital Municipal M'Boi Mirim | Hospital Dr. Moysés Deutsch, passou a ser referência no atendimento de casos respiratórios graves, elevando em muitas vezes a capacidade operacional do hospital em leitos de terapia intensiva. Consequentemente, houve impacto significativo nos processos de Recursos Humanos.

A partir desta breve contextualização, contaremos as principais ações e planejamentos adotados no setor público para responder ao aumento da demanda por atendimento e internações.

Voltemos para o cenário crítico da assistência, o qual funcionou como fonte de recrutamento para aproveitamento e realocação interna. Por exemplo, como já citado no capítulo 3, quando o Hospital de Campanha do Pacaembu estava próximo de encerrar suas atividades devido à redução da demanda, novamente iniciamos as movimentações e realocações internas dos profissionais para outras unidades que foram classificadas como áreas quentes (atendimento ao paciente com a Covid-19), como a UPA do Hospital Campo Limpo e o Hospital Municipal M'Boi Mirim | Hospital Dr. Moysés Deutsch.

Durante o período da pandemia, as áreas de Recursos Humanos tanto do Einstein como do Centro de Estudos e Pesquisas Dr. João Amorim – CEJAM intensificaram a integração nos processos, suportando as estratégias de atração, recrutamento, seleção, integração, treinamento, alocação e remanejamento de colaboradores, com foco na experiência dos profissionais e suas famílias.

Não havia uma dimensão exata do cenário caótico que estava para chegar. A única certeza que existia era o questionamento intenso sobre "o que é uma pandemia, o que fazer, como fazer?" Isso representa o início de tudo que rapidamente se transformou em planos de ação, atitudes e experiências jamais imaginadas anteriormente. Foi um momento marcado por duas grandes preocupações: *cuidar dos pacientes* e *cuidar dos profissionais*.

O esperado para o período era apenas o aumento das vagas para atender a sazonalidade da pediatria (atendimento de pacientes respiratórios infantis) que, em curto espaço de tempo, transformaram-se em vagas de pacientes respiratórios adultos. Para atender a essa demanda, ampliaram-se as vagas de profissionais e, em menos de uma semana, ocorreram mais de 100 contratações. Para a equipe de seleção era algo ainda sob controle. O que mais assustava era a incerteza e os questionamentos sobre os métodos de tratamento da doença. Além do aumento de vagas, a área de Recursos Humanos começou a conviver com o recebimento de solicitações de desligamento de profissionais amedrontados com o que estava por vir.

A cobertura para o quadro de pessoal e escalas era demanda por vagas temporárias, vagas abertas pelos desligamentos ou afastamentos, principalmente como medida de segurança e saúde do colaborador (por exemplo, comorbidades e pacientes e riscos, pois a Instituição deveria mitigar a exposição do profissional ao risco).

Com a evolução das medidas restritivas e de segurança, não seria mais possível fazer o processo seletivo presencialmente. O que fazer nessa hora?

Tudo era presencial e dependia de avaliação técnica. Não estávamos preparados para essa mudança.

Foram organizados grupos de *WhatsApp* entre as seleções para trocas de experiências e compartilhamento de bases únicas de candidatos. Fazíamos alinhamentos das necessidades com frequência e era visível a evolução do Einstein em relação à automatização das provas e dos processos seletivos, enquanto o Hospital Municipal M'Boi Mirim | Hospital Dr. Moysés Deutsch ainda estava no desafio de captar pessoas para atuação naquele hospital na periferia de São Paulo. Com o aquecimento do setor privado da saúde, a seleção do Einstein assumiu conjuntamente o processo de busca ativa, disponibilizou candidatos que tinham passado por processo de provas, fez programas "Quem indica, amigo é!" no Einstein para atuar no Hospital Municipal Hospital Municipal M'Boi Mirim | Hospital Dr. Moysés Deutsch e foram conduzidas propostas de duplo contrato.

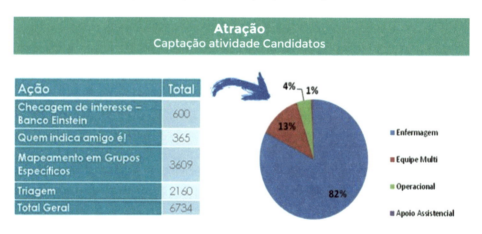

Figura 8 e figura 8.1: Estratégias de Seleção no apoio ao Hospital Municipal M'Boi Mirim | Hospital Dr. Moysés Deutsch.

Seleção e Avaliação	Online		
Provas	**5852** enviadas	**1747 (30%)** realizadas	**1178** aprovados
Entrevistas	**1366** convocadas	**275(20%)** avaliados	**175** aprovados

O total de aprovados representa 3% dos candidatos que receberam prova.

Fonte: Arquivo SBIBAE.

Apesar destas ações, isso não era suficiente, pois precisávamos de espaço, de agilidade e, principalmente, de volume. Por intermédio da mobilização da população, as creches que ficam em frente ao hospital foram disponibilizadas para essa finalidade, o que ampliou a capacidade para realização de 100 provas por dia.

Precisávamos, ainda, criar uma forma de otimizar o nosso processo, como o Einstein já havia feito. Foram 4 dias analisando e implementado até a famosa frase *"vamos testar a prova?"*. Resultado positivo, deu certo! Prova randomizada, mais de 200 questões por categoria profissional e, 72 horas depois, foi divulgada nas redes sociais. Houve mais de 10.000 inscritos e 8.000 provas aplicadas, resultado inédito em 12 anos de Instituição.

A mudança foi necessária pois a prova em papel demandava impressão, aplicação, correção e manipulação desses papéis. Isso aumentaria o contato pessoal, pois eram mais de 100 profissionais por dia, e tudo isso ampliaria o risco do profissional e do candidato.

Assim, a equipe de Atração e Seleção do Hospital Municipal Hospital Municipal M'Boi Mirim | Hospital Dr. Moysés Deutsch, inspirada pela tecnologia e processos do Einstein, também conquistou seu novo processo seletivo, explorando uma plataforma simples e de baixo custo. Além da implantação da tecnologia, outras alterações foram necessárias: mudamos a nota de corte da prova e realizamos entrevistas no mesmo dia para otimizar o tempo, garantindo a admissão em 3 dias.

Além de aprender a selecionar através de soluções digitais, aprendemos a conviver e a superar o medo do contato com os candidatos que estavam desistindo das vagas porque testaram positivo para a Covid-19. A pergunta recorrente era: "ontem estávamos juntos, será que fui contaminada?"

Toda a preocupação e o medo que o cenário apresentava não poderiam ser um impeditivo para continuar, pois a capacidade operacional aumentava. Ganhamos um anexo de 100 leitos em 40 dias e ampliamos de 20 leitos de UTI para 120 leitos de atendimento grave para pacientes respiratórios. O hospital não parava de crescer e a seleção precisava acompanhar este ritmo.

No Hospital Municipal M'Boi Mirim | Hospital Dr. Moysés Deutsch , gerido em conjunto pelo Einstein e pelo CEJAM na parceria pública com a Prefeitura Municipal de São Paulo, foi possibilitado o duplo contrato aos profissionais e ofertada a possibilidade de aumento de horas trabalhadas para os profissionais que possuíam disponibilidade. Era comum ouvirmos funcionários compartilharem que membros da família haviam sido desligados e que o movimento, além do reconhecimento e possibilidade de manter a missão na saúde também contribuía para a manutenção da renda familiar.

Com um ritmo acelerado de crescimento de atendimentos no setor público e redução no privado, mais uma vez ampliamos a nossa aliança com o Einstein, sendo apoiados não apenas com equipes para seleção e voluntários, mas também com profissionais da saúde já treinados. Foram 303 posições preenchidas com o apoio do Einstein. Em seguida, contamos com o apoio do Monte Azul, unidade do CEJAM que, com a unidade básica fechada, pôde ceder 12 profissionais de enfermagem.

Na atuação em modelo de duplo contrato entre Einstein e Prefeitura Municipal de São Paulo, somaram-se aproximadamente 180 interessados, demonstrando que essa parceria foi uma boa experiência para os colaboradores Einstein que atuaram na instituição.

Os exemplos de seleção demonstraram também a fortaleza da nossa equipe. Ampliamos, transformamos, vivemos e vimos a entrevista presencial e em grupo transformada em entrevista *on-line*, tudo dando certo, e começamos a fluir com mais leveza. Assim, passamos a ser um hospital referência em atendimentos Covid-19.

Porém, nossos desafios de transformação não estavam apenas na seleção. Percorriam todos os subsistemas de Recursos Humanos, admissão, treinamento, desenvolvimento, rescisão e de saúde ocupacional. Nossos processos, que eram longos e burocráticos, não se aplicavam mais àquele momento. Ter admissionais de enfermagem/assistenciais acontecendo duas vezes por mês, de forma presencial, com duração de 7 dias, não suportaria a agilidade que estava sendo requerida. Assim, e*mbar*camos em mais um desafio: transformar a integração institucional e admissional de enfermagem e treinamentos técnicos que eram obrigatórios para a segurança dos colaboradores e dos pacientes.

Com o número cada vez maior de contratações, espaço físico limitado, modelo presencial e necessidade de distanciamento social, alteramos o modelo. Passamos a utilizar o espaço e estrutura do Einstein no Morumbi para atendermos a demanda de novos colaboradores necessários.

O processo de integração, que durava 1 dia, passou a ser *on-line* e enviado antes do profissional iniclar, visando agilizar o início na operação de guerra. O Einstein já tinha tido essa experiência de tornar a integração digital e foi ajudar o Hospital Municipal M'Boi Mirim | Hospital Dr. Moysés Deutsch nesse processo, com gravações de boas-vindas, construção do material e link de plataforma para disponibilizar. Conseguimos! Mesmo diante das dificuldades de pessoas daquela região e outras com pouco acesso à internet, a equipe apoiou e acompanhou os processos.

O time do Einstein, a partir da experiência experimentada, nos apoiou para gravarmos a Integração Institucional, a qual subimos para o Portal do Conhecimento e, em 48 horas, os colaboradores recebiam o link via *WhatsApp* e realizavam antes da assinatura do contrato. Acompanhamos esse processo para que 100% dos novos colaboradores o concluíssem, no intuito de garantir as orientações necessárias e agilizar a assinatura dos contratos.

Iniciamos com 3 turmas por semana. Após a assinatura do contrato, os colaboradores vinham para o Hospital Municipal M'Boi Mirim | Hospital Dr. Moysés Deutsch para realização das estações de práticas de enfermagem, o momento OUVID, encontro com os gestores e recebimento de orientações.

Estas experiências trouxeram, além de muito orgulho de pertencimento dos colaboradores com a Instituição, destaque e evolução em suas carreiras. Tivemos muitas ações de reconhecimento a todos os envolvidos direta ou indiretamente, àqueles que assumiram liderança formal ou técnica e também aos colegas que precisaram se afastar devido à contaminação pela Covid-19.

Foram dias intensos, em alguns momentos de muito cansaço e preocupação, mas nada tirava o time do foco em atender a demanda das unidades, demonstrando na prática o engajamento movido pelo propósito.

Figura 9: Equipe de Seleção e número de vagas fechadas.

Fonte: Arquivo SBIBAE.

Figura 10: Alguns colaboradores da Equipe Seleção.

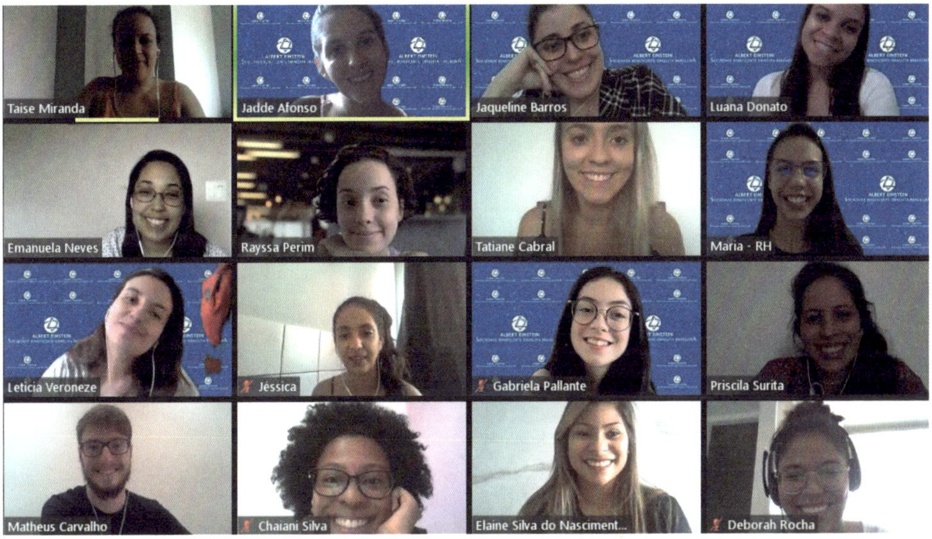

Fonte: Arquivo SBIBAE.

CAPÍTULO 5

Aprender em tempo real:

a capacitação das equipes na velocidade da transformação do contexto e da necessidade de incorporação de novos conhecimentos, competências e habilidades

Simone Azevedo
Euma Ferreira de Sousa
Selma Tavares Valério
Eletéa Tasso
Joyce Barreto
Débora Schettini Alves
Milene Vidal da Silva Barbosa
Bruna Cardoso Braghine Debiaze
Andreia Barros
Daniela da Silva Mendes
Sandra Oyafuso Kina

> *"Ensinar não é transferir conhecimento, mas criar as possibilidades para a sua produção ou a sua construção. Quem ensina aprende ao ensinar e quem aprende ensina ao aprender"*
>
> Paulo Freire

Chinuch significa Educação em hebraico, e é um dos quatro preceitos judaicos que orientaram a estruturação da Sociedade Beneficente Israelita Brasileira Albert Einstein (SBIBAE). Fundada em 1955 por um grupo de idealistas da comunidade judaica de São Paulo, os quatro valores tradicionais do judaísmo definidos percorrem a atuação e o compromisso do Einstein com a saúde.

Refuá (Saúde) inspira o Hospital Israelita Albert Einstein; *Chinuch* (Educação), o Instituto Israelita de Ensino e Pesquisa Albert Einstein; *Tsedaká* (Justiça Social), o Instituto Israelita de Responsabilidade Social Albert Einstein. Todas elas englobam o conceito de *Mitzvá* (Boas Ações).

Desta forma, desde sua fundação o Einstein tem como um dos seus pilares estratégicos o Ensino e Educação, e possui como missão melhorar a saúde da população, a qualidade da assistência e da gestão em Saúde, difundindo conhecimento e educando pacientes e a sociedade. São os conhecimentos, competências e experiências acumuladas nessa trajetória que permitem ao Einstein ser referência em outra área de atividade: o Ensino.

Os primeiros passos foram dados em 1989, com a criação da Faculdade de Enfermagem e da Escola Técnica do Einstein. Desde então, muitas iniciativas voltadas à capacitação de profissionais da saúde foram desenvolvidas. Em 2004, foi a vez dos programas de Pós-graduação e Residência Médica. Entretanto, existia a necessidade de integrar essas iniciativas e traçar um plano de desenvolvimento capaz de tornar o Ensino Einstein uma referência nacional. Nascia então o Centro de Educação em Saúde Abram Szajman (CESAS), apoiado principalmente pela família Szajman, o CESAS estabeleceu bases sólidas de registro acadêmico, contratou e treinou profissionais e impulsionou o Instituto Israelita de Ensino e Pesquisa (IIEP), que abriga o Ensino Einstein.

Na perspectiva das organizações de saúde, habitualmente a qualificação e educação continuada dos seus profissionais é algo inerente à sua atuação e jornada formativa, considerando a velocidade que novos conhecimentos, informações e saberes são gerados acerca da ciência, práticas assistenciais e inovação na saúde. Seguramente podemos afirmar que, a partir desta contextualização histórica, características do setor da saúde e cultura organizacional e do desenvolvimento e formação dos colaboradores é uma prioridade em nossa Instituição.

Aprendizagem Organizacional na área da Saúde e práticas de Educação Corporativa

Refletir sobre como as pessoas e as organizações aprendem é um passo importante para a construção da dimensão do conhecimento e aprendizagem organizacional (capital intelectual e capital humano). Não há dúvidas que o conhecimento é um fator crítico de qualquer organização. Dessa forma, a aprendizagem organizacional pode ser entendida como a forma pela qual as organizações constroem, mantém, melhoram e organizam o conhecimento em torno das suas atividades e cultura com o objetivo de utilizar as aptidões, competências e habilidades da sua força de trabalho de forma cada vez mais eficiente.

A área da saúde é criticamente dependente de pessoas, e nesse contexto, a aprendizagem organizacional e dos indivíduos acontece de forma orgânica e integrada, alinhada à formação, ao conhecimento teórico e à experiência prática, como proposto na metodologia de aprendizagem 70/20/10, desenvolvida por Morgan McCall, Robert Eichinger e Michael Lombardo na década de 1990.

O aprendizado prático, feito com base na experiência própria no trabalho, corresponde a 70% da metodologia. Já a aprendizagem com outros colaboradores e colegas de trabalho diz respeito a 20%. Por fim, os outros 10% do aprendizado dessa metodologia são derivados por processos de capacitação formal, por meio de cursos e treinamentos.

Para abordar na prática o sistema de educação corporativa no Einstein, contextualizaremos algumas premissas que o orientam, não se limitando a um modelo operacional representado em uma estrutura, mas no seu funcionamento integrado à cultura da aprendizagem na Instituição.

> *"Os sistemas de educação corporativa têm desempenhado um papel estratégico na construção da competitividade empresarial por meio do desenvolvimento das competências humanas atreladas às competências empresariais".*
>
> *Profa. Dra. Marisa Eboli*

A partir das diretrizes estratégicas do Einstein, são definidos os norteadores para a estratégia de Recursos Humanos da Instituição. Entre eles, destacamos alguns que estabelecem o foco da educação corporativa na nossa Instituição:

- Garantir a disponibilidade de profissionais qualificados para as necessidades atuais e futuras do Einstein.
- Assegurar que os profissionais são efetiva e eficazmente treinados técnica e comportamentalmente para o exercício de suas atividades.
- Desenvolver mecanismos que estimulem o desenvolvimento das competências para a carreira técnica e reforcem a integração entre a aquisição de conhecimento e a prática profissional.
- Promover ações de preservação da cultura, valores e princípios.

- Estimular e implementar programas que suportem o desenvolvimento de carreira dos profissionais.

A Gestão de Pessoas no Einstein é ampla e complexa, considerando toda a diversidade e abrangência de suas áreas de atividades. Como temos o objetivo de compartilhar nossos aprendizados vivenciados diante da maior crise sanitária do século, queremos também convidar os leitores, lideranças e profissionais que atuam na gestão de pessoas a refletirem sobre algumas premissas utilizando, para composição das estratégias, programas e soluções aos colaboradores. Como já citamos em alguns exemplos no decorrer do livro, usaremos perguntas orientadoras:

- **O que sabemos sobre os colaboradores**? Não apenas nos aspectos dos indicadores convencionais de recursos humanos, como devemos utilizar a inteligência de dados para tomadas de decisão, intervenção e predições.

- **Quem são os colaboradores, qual o perfil demográfico, quais suas preferências, como aprendem?** Podemos emprestar os conceitos dos *designers de experiência* do usuário para abordar essa análise na perspectiva das pessoas e utilizar ferramentas e técnicas para essa exploração com empatia.

- **Onde os colaboradores estão ?**

- **Qual a forma de incluí-los no centro da experiência e jornada na organização?**

Estamos na era da experiência, influenciados por uma transformação em curso: tecnologia, perfil de consumo, gerações, entre outras mudanças inesperadas. O cuidado centrado na pessoa é uma prioridade no Einstein, desde a sua concepção.

"O Cuidado Centrado no Paciente é uma prática em que o paciente (e seus familiares) participam das decisões que envolvem sua saúde".

Institute of Medicine

"Aprendizagem centrada no aluno baseia-se em uma complexa percepção do aprendiz"

Carl Rogers (1950)
Baseado em práticas de psicoterapia e teorias humanísticas

"Employee Experience (EX), é a soma de todas as experiências de um funcionário por meio da sua conexão com a organização"

Jacob Morgan, 2017

A diversidade na composição do nosso grupo de colaboradores, bem como especificidades quanto à capilaridade da Instituição, traz atividades iniciais de exploração e compreensão das nossas *personas*. Outro fator predominante é o entendimento das áreas de atividade e suas necessidades específicas atuais e futuras. Todos estes fatores somam-se às diretrizes estratégicas da Instituição para agregar o desenho das soluções.

Um conjunto de iniciativas integra a estratégia de desenvolvimento, formação e capacitação das pessoas, alinhado ao que já apresentamos no início deste capítulo. De forma sistêmica, as iniciativas são conduzidas para os públicos interno e externo:

- **Formação Interna:** iniciado em 2012, o programa de formação é uma fonte de recrutamento e empregabilidade do Einstein desenvolvido pela área de Recursos Humanos, por líderes das áreas e escola técnica. Os cursos são indicados para os colaboradores e seus filhos, que recebem bolsa de 100% do curso. A gestão de acompanhamento do programa, conta com indicadores de aproveitamento, empregabilidade, desenvolvimento e permanência. Desde 2012, foram oferecidos 24 cursos formando 42 turmas.

- **Programa de Empregabilidade com foco em grupos minorizados específicos e/ou Formação com foco em ações afirmativas da estratégia do Programa de Diversidade e Inclusão:** os programas são desenvolvidos pela área de Recursos Humanos com o Ensino Einstein ou parceiros de mercado especializados.

  - Capacitação em Libras para colaboradores.

  - Cursos em diferentes áreas: familiares dos colaboradores (filhos de 17/18 anos e pais acima de 60 anos), pessoas com deficiência, pessoas em situação de refúgio.

- **Núcleo de Capacitação Profissional do PECP:** Com a missão de promover a justiça social nas comunidades assistidas, por meio de ações socialmente responsáveis e fundamentadas em princípios, valores de ética e cidadania, o Programa Einstein na Comunidade de Paraisópolis (PECP) existe desde 1998, oferecendo aos moradores atividades relacionadas à saúde e à educação de forma integrada. O PECP é formado por seis grandes núcleos: Arte e Comunicação, Capacitação Profissional, Educação, Esportes, Saúde e Serviço Social, com mais de 20 cursos profissionalizantes. Liderado pela presidente do Voluntariado Einstein, Telma Sobolh, e com o apoio da Instituição, equipe Voluntariado Einstein e parceiros, o PECP vem investindo na ampliação da grade dos cursos e oportunidades do Núcleo de Capacitação Profissional do programa, que tem o objetivo de contribuir para a formação e a capacitação de jovens e adultos da comunidade por meio de cursos profissionalizantes, orientando os alunos para o mercado de trabalho, para o empreendedorismo e para oficinas de cidadania, que possibilitam a redução das vulnerabilidades. Os alunos participam dos processos seletivos das vagas do Einstein, possibilitando o aproveitamento e a empregabilidade.

Escaneie o *QR Code* abaixo para acessar a página sobre Voluntariado no site do Einstein:

- **Políticas de Incentivo Educacional**

    - Curso de Formação: Pós-Doc, Doutorado, Mestrado, *MBA*.

    - Eventos e Cursos de atualização: Simpósios e Congressos nacionais e internacionais.

- **Trilhas de Aprendizagem:** Institucional, Profissional, Setorial e Individual – atendendo a todos os profissionais da Instituição, de acordo com o *pipeline* e com os níveis organizacionais.

- **Programas de *Onboarding*:** Institucional e Setorial.

- **Programas de Treinamento Admissional:** por grupo profissional.

- **Programas de certificação legais e/ou obrigatórios:** organizados em mais de 13 cursos.

- **Programa de certificação de habilidades técnicas.**

- **Programas de validação e habilitação em Urgências e Emergências.**

- **Programas de Estágio e *Trainee*.**

- **Programas de Capacitação de Mentores, Multiplicadores, Facilitadores.**

- **Programa de Mentoria para Líderes e Médicos.**

- **Programa de Aprendizagem entre pares.**

- **Programas de *on the job training*.**

- **Programas de Desenvolvimento de novos e futuros líderes.**

- **Programas e Projetos Aceleradores de Desenvolvimento.**

- **Encontros e Eventos.**

- **Comunidades de Práticas.**

A seguir, exemplificaremos o plano emergencial implementado para a capacitação das equipes no cenário da pandemia, evidenciando o desenho das soluções centradas nas pessoas e as especificidades do contexto dos profissionais da linha de frente assistencial.

O plano emergencial para a capacitação dos profissionais da linha de frente na saúde

Preparar os profissionais para atuarem na assistência à saúde, colaborando para o enfrentamento dos desafios do dia a dia que se intensificaram frente à pandemia. À medida que os casos aumentavam de forma exponencial e a pandemia foi decretada, o inesperado aconteceu: um cenário com profissionais atuando na linha de frente que necessitavam de novos conhecimentos e treinamento de habilidades para prestarem assistência segura ao paciente, lidando com uma síndrome nova, pouco estudada e que gerava angústia, insegurança, medo da contaminação ou transmissão do vírus.

Mas, antes, como já citado no decorrer deste livro, após o primeiro caso do novo Coronavírus em Wuhan, na China, o Einstein iniciou sua preparação em dezembro de 2019, por meio da formação de um comitê com infectologistas e lideranças de todas as áreas para monitorar o tema. A partir de janeiro de 2020, iniciamos o treinamento das equipes para diagnóstico, tratamento e prevenção de contaminação.

Em 13 de março de 2020, uma sexta-feira, após a formação das frentes de pessoas e capacitação definidas na reunião do time de Recursos Humanos, realizada no dia anterior, alguns profissionais responsáveis pelo treinamento interno se reuniram para mapear as possíveis ações para suportar as equipes e áreas de atividades naquele momento, tendo como foco o que devíamos pausar, pois os profissionais estavam na linha de frente, de forma ativa e presencial, não sendo possível qualquer iniciativa que os tirasse dos seus locais de atuação. Por outro lado, cabia ali definir o que era essencial para qualificação e treinamento, não apenas pelo conhecimento e prática necessária, mas pelo tempo que não era escasso. Mas, como assim, se o que estava diante de nós era desconhecido? Nesse momento, tínhamos uma certeza: *"Tudo o que for definido, poderá mudar, se atualizar em tempo real"*. E, de fato, a velocidade das informações, que já é comum na área da saúde, tomou uma proporção imensurável.

Figuras 1 e 1.1: Reunião para mapeamento de ações de suporte às equipes – Treinamento interno.

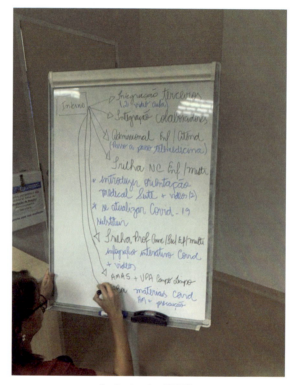

Fonte: Arquivo SBIBAE.

Terminamos aquela sexta-feira com algumas ações definidas como prioridades para a capacitação dos profissionais:

- Munir as equipes de informações acerca do manejo de casos de síndrome respiratória causada pelo novo Coronavírus.
- Protocolos de segurança do paciente e do colaborador.
- Paramentação e desparamentação.
- Higiene das mãos.
- Uso de EPIs.
- Precauções específicas para profissionais assistenciais e de apoio.
- Técnica de coleta de exames, especialmente da secreção orofaríngea.
- Equipamentos específicos: bo*mba* de infusão, ventiladores, entre outros.

- Etiqueta Social: tosse, distanciamento, entre outros, para evitar a transmissão e contágio.
- Equilíbrio e Bem-estar: conteúdo para todos os públicos, com foco na prevenção do contágio emocional da doença e na redução da incidência de *Burnout*.

Naquele momento, estava à nossa frente o desconhecido, e este se movimentava rapidamente. Consensamos com as lideranças assistenciais e especialistas internos que a melhor estratégia naquele momento se daria por meio dos recursos e métodos de ensino digital, já utilizados no Einstein. Assim, atuaríamos na velocidade necessária para chegar a todos os profissionais. Finalizamos a sexta-feira partindo para um final de semana intenso, no qual produzimos 27 objetos de aprendizagem, considerando os temas e as informações essenciais para o momento. Criamos um grupo no *WhatsApp* e nos comunicávamos por ali. Além da meta estabelecida e alcançada no final de semana, tínhamos um combinado: "Temos que entregar estes objetos de aprendizagem aos nossos colaboradores, mas vamos considerar elementos que possam ser facilmente replicáveis e utilizados para outros profissionais e instituições de saúde do Brasil", e assim fizemos!

Figura 2: Posicionamento Social – Cursos gratuitos.

Fonte: Arquivo SBIBAE.

Figura 3: Posicionamento Social – Geração de conhecimento.

Fonte: Arquivo SBIBAE.

A ação produzida naquele final de semana foi apenas o início da jornada, que seguiu com frequentes atualizações e desenvolvimento de novos conteúdos e objetos de aprendizagem.

O tempo corria em velocidade máxima e as necessidades de capacitar e trazer segurança para os profissionais da linha de frente aumentava a cada minuto, assim como a busca por estratégias de aprendizagem, ferramentas colaborativas e informações que pudessem contribuir para o aprendizado e para a segurança do paciente e das equipes.

A pressão do tempo e da frequência de alterações seguia, mas mantivemos a perspectiva de propor modelos de treinamentos com objetivos educacionais bem definidos e metodologias que impactassem no resultado da aplicação prática e segura, considerando sempre os colaboradores no centro desta experiência do aprendizado. O resultado foi um processo ativo, no qual o profissional se apropriou e se tornou protagonista do seu desenvolvimento. Conforme princípios da andragogia (educação de adultos) desenvolvidos pelo educador Malcolm Knowles na década de 70, podemos afirmar que percorremos todos eles para essa construção da jornada de aprendizagem no enfrentamento da pandemia.

1. A necessidade do aprendiz de saber.

2. Autoconceito do aprendiz.

3. Experiência anterior do aprendiz.

4. Prontidão para aprender.

5. Orientação para aprendizagem.

6. Motivação para aprender.

Após as demandas iniciais educativas e informativas, mediadas por tecnologia e consolidadas pelas áreas de educação corporativa e comunicação interna, passamos a definir novas rotas: ampliação das ações, diversificação das estratégias e metodologias de aprendizagem, reforço do time de multiplicadores e facilitadores internos, sempre considerando o contexto da saúde pública e privada, o volume de colaboradores a serem capacitados, as especificidades das funções, os setores e a capilaridade das unidades existentes e das implementadas, como o Hospital de Campanha do Pacaembu e as tendas de atendimento.

Para detalhar as especificidades e diversidade do público alvo a ser capacitado, citaremos alguns exemplos:

- **Novas contratações:** mais de 1.400 colaboradores contratados em 14 dias, ou seja, embora com formação e experiência na saúde, deveriam entrar de forma rápida não apenas na Instituição, mas nas áreas de atuação. Como sabemos, o processo de *onboarding* de um novato demanda tempo e um conjunto de ações para a imersão, socialização e aculturamento nas organizações. Estes profissionais iniciaram em uma nova instituição para atuação em um modelo emergente da prática assistencial pelo qual nem o Einstein nem eles haviam passado anteriormente.

- **Realocações internas**: profissionais que foram transferidos de outras áreas para o atendimento ao paciente, de acordo com as necessidades de cobertura das unidades assistenciais.

- **Profissionais das áreas de coleta de exames:** houve uma ampliação do número dos profissionais, além de revisão dos fluxos específicos de acordo com a atuação: coleta nas unidades de medicina diagnóstica, UPAs, coleta domiciliar, entre outras.

- **Profissionais das áreas quentes (UTI, Semi-Intensiva e UPA):** os profissionais que já atuavam na linha de frente dos setores de baixa e alta complexidade necessitaram de requalificações constantes, de acordo com os novos fluxos e protocolos da prática assistencial e segurança.

- **Profissionais do corpo clínico:** conforme a adoção de novos fluxos de atendimento nas unidades hospitalares e consultórios.

- **Profissionais da saúde que se voluntariaram** para atuação no Hospital de Campanha do Pacaembu.

- **Profissionais que atuaram na telemedicina:** com a ampliação e adoção do atendimento por telemedicina, o grupo de profissionais foi ampliado.

- **Profissionais das Clínicas de Imunização.**

Talvez, aqui, possamos entender na prática as previsões e as tendências orientadas pelo *upskilling* (atualização) e *reskilling* (requalificação), e as constantes mudanças impositivas de que o atual nível de desenvolvimento do profissional acompanhe a velocidade das transformações, exigindo requalificação e/ou aquisição de novas competências e habilidades. De fato, estamos vivendo muitas transformações, e uma delas é a transformação do conhecimento.

Aquilo que relatamos referente à primeira semana da pandemia "*Tudo o que for definido, poderá mudar, se atualizar em tempo real*" se confirmava diariamente. Cada nova orientação da OMS (Organização Mundial da Saúde), da Vigilância Sanitária, do Comitê de Crise do Einstein e de especialistas nas diferentes áreas da Instituição impactava em ação: revisão de políticas, de procedimentos, de protocolos e fluxos, e logo essa ação precisava ser incorporada na prática pelos colaboradores.

Abordaremos as demais iniciativas que integraram a jornada de aprendizagem dos colaboradores nesse cenário em constante transformação.

Estratégias de Aprendizagem utilizadas

1. Promoção e aprimoramento da aprendizagem digital

Em todo o mundo, as organizações se movimentaram para o uso do aprendizado digital para aumentar a colaboração entre equipes de forma remota, facilitando a colaboração em formatos virtuais, como videoconferências e mensagens instantâneas. Os programas de aprendizagem digital e virtual seguem em crescimento até hoje. No entanto, o SARS-CoV-2 acelerou a criação de novas estratégias para fornecer uma experiência de aprendizagem integrada e envolvente que propicie o engajamento do colaborador ao longo de todo o tempo do treinamento.

Desde 2013, o Einstein implementa aprendizagem mediada por tecnologia, o que favoreceu a ágil resposta diante do desafio.

2. *Microlearning* e do Aprendizado *Just-in-time*

Utilizar a estratégia de *Microlearning* em todos os produtos virtuais desenvolvidos pelo Ensino Einstein foi essencial para o maior alcance de treinamento. Toda produção estava focada em conteúdos curtos e interconectados de cinco a dez minutos que permitiam aos profissionais receberem atualizações em seus celulares, em qualquer lugar em que houvesse conexão com a Internet.

Em um período de 15 dias, foi construída a TRILHA COVID, conforme figuras 4 e 5 a seguir, com a produção de 93 novos objetos educacionais, em sua maioria *microlearning*, além de vídeos, *e-books* e infográficos para capacitar as equipes da linha de frente.

Figura 4: *Microlearning*, além de vídeos, *e-books* e infográficos para capacitar as equipes da linha de frente.

Fonte: Arquivo SBIBAE.

Figura 5: Ferramentas e objetos educacionais.

Fonte: Arquivo SBIBAE.

3. Gamificação

Game virtual construído de forma integrada com a equipe do SCIH e Ensino Digital, como parte da campanha de higiene de mãos da instituição, com o objetivo de resgatar os principais conceitos e práticas de prevenção e controle de infecção, como a higiene das mãos de forma colaborativa, interativa e motivadora.

Figura 6: Game virtual – Campanha Higiene de Mãos.

Fonte: Arquivo SBIBAE.

4. Validação de procedimento prático por vídeo: utilização de câmera *GoPro*

A estratégia foi utilizada para validação de habilidades práticas em procedimentos assistenciais, valendo-se da transmissão por vídeo. A tecnologia adotada facilitou a aprendizagem, tornando-a mais significativa e acessível aos colaboradores e às diferentes unidades.

Figura 7: Validação de procedimento prático – Transmissão por vídeo.

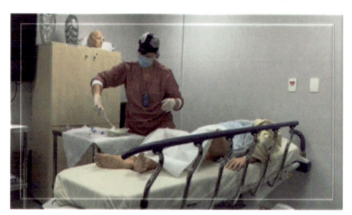

Fonte: Arquivo SBIBAE.

Figura 8: Habilidade prática em procedimentos assistenciais – Transmissão por vídeo.

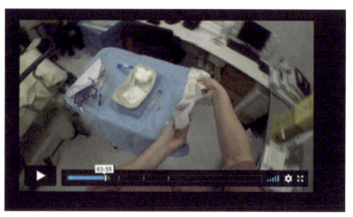

Fonte: Arquivo SBIBAE.

5. *Lives* e *Webinars* (síncronos)

Através de grupos na rede social interna, utilizando os aplicativos *Zoom* e *Teams*, os profissionais puderam participar de encontros virtuais munidos de ferramentas colaborativas interativas. A ação do compartilhamento de aprendizado e boas práticas foi estimulada e os colaboradores atuaram ativamente nas postagens da rede social interna.

6. Aplicativo "Sou Einstein"

Durante este período foi desenvolvido um aplicativo para disponibilização de conteúdo, permitindo acessibilidade, atualizações e interação com os colaboradores. Desenvolvido pela equipe de Inovação do Einstein com o time de Recursos Humanos, o canal incorporou outras funcionalidades referentes à jornada e à experiência do colaborador.

7. Pesquisas *on-line*

As pesquisas *on-line* foram estabelecidas para o mapeamento opiniões e sugestões dos colaboradores, indicando quais ações poderiam ser incorporadas para levar conteúdo e informação de forma mais ágil e aplicável ao seu contexto. Algumas sugestões implementadas: *QR Code* nas unidades para acesso a vídeos educativos sobre procedimentos e monitores de TV nas unidades assistenciais para visualização rápida.

Importante lembrar as especificidades do público e contexto deste ambiente. Na operação hospitalar, diferente de algumas áreas internas ou outros segmentos, o profissional não possui uma mesa de trabalho ou computador específico para o seu uso. Ele também não acessa frequentemente o seu celular, dada a natureza da sua função no cuidado assistencial e em campo. Nesse sentido, as unidades contam com espaços para acesso aos treinamentos, assim como com o importante papel da liderança na organização das escalas para a proteção de horários de dedicação à educação continuada.

O Einstein, através da equipe da área do Ensino, também conduzia uma força tarefa: quando a pandemia começou, em meados de março de 2020, e as escolas tiveram que pausar o ensino presencial, o desafio exigia uma rápida organização para oferecer o ensino remoto, guiado por tecnologia. Desta forma, o Ensino Einstein migrou toda a sua rotina de aula para salas *on-line*, sem nenhuma interrupção, atendendo às diretrizes de isolamento social. A rápida transição (preparo realizado em 8 dias) foi viabilizada pelos investimentos ao longo dos últimos anos, sobretudo no ensino digital. Para essa transição, a infraestrutura e a operação foram revistas, assim como a atuação do docente, que se deparava com uma situação inusitada: levando a sala de aula para sua casa e entrando nas casas dos alunos, com a missão de garantir o plano pedagógico, objetivos de aprendizagem, incorporar o ensino digital na sua condução, facilitar a imersão do aluno e se apropriar deste novo formato e aprendizado.

Figura 9: Professora Livia Dutra – Colaboradora da área de Ensino do Einstein.

Fonte: Arquivo SBIBAE.

Diante desta nova forma de atuar junto aos mais de 36,5 mil alunos, predominantemente da jornada formativa para a atuação na área da saúde, os docentes estiveram na linha de frente e foram suportados por um intenso plano de capacitação.

Figura 10: Subsídios para o ensino remoto.

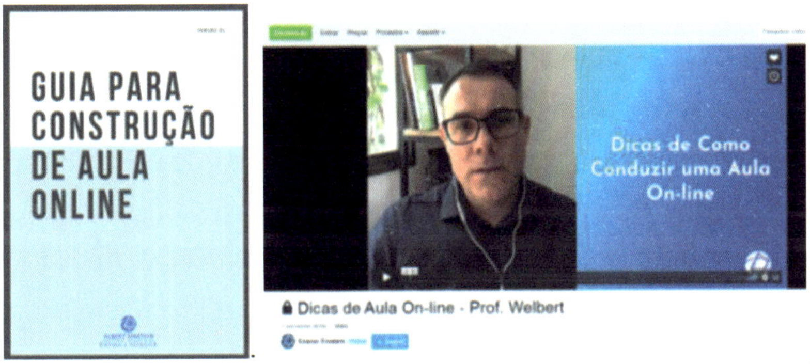

Fonte: Arquivo SBIBAE.

O isolamento social, as ferramentas e tecnologias educacionais, os métodos de ensino e os novos comportamentos – tanto dos docentes, quanto dos alunos – estabeleceu um novo *mindset* na Educação. Desenvolver novos modelos de ensino-aprendizagem e novas perspectivas de atuação do docente, tem sido discutido diariamente por todas as lideranças do Ensino.

As demais iniciativas oferecidas para formação e desenvolvimento, também foram adaptadas para o formato remoto como, por exemplo, cursos de formação interna.

Figura 11: Cursos de Formação Interna – 2020 e 2021 (adaptação para o modelo remoto).

Fonte: Arquivo SBIBAE.

Enquanto vivíamos intensamente na linha de frente da condução das ações de aprendizagem e capacitação dos colaboradores, acompanhávamos colegas de outras instituições de saúde e áreas de educação corporativa dos diferentes segmentos que também buscavam se reinventar diante dos seus respectivos contextos. Com a utilização das lives como canal de compartilhamento de informações e conteúdo, as empresas e profissionais adotaram a prática e mobilizaram encontros em diferentes temáticas. Após três meses do início da pandemia, fomos convidados a compartilhar nossa experiência.

- **04 de junho de 2020:** *Webinar A Experiência nas práticas de ensino e treinamento digital do Einstein no enfrentamento à pandemia – plano emergencial e novas práticas.*

Evento promovido pela FIA – Fundação Instituto de Administração, com coordenação e moderação da Profa. Dra. Marisa Eboli, de quem recebemos o convite para exposição do *case* do Einstein. Simone Azevedo, uma das autoras desta obra, relatou as ações implementadas pelo Einstein para o enfrentamento à pandemia.

Escaneie o *QR Code* abaixo para prestigiar o vídeo da FIA *Business School* com o tema "Práticas de ensino e treinamento digital do Einstein no enfrentamento à pandemia":

Costumo dizer que é possível avaliar a qualidade de um Sistema de Educação Corporativa com base em sete princípios de sucesso: competitividade, perpetuidade, conectividade, disponibilidade, cidadania, parceria e efetividade.

Todos estes princípios podem ser observados com práticas muito consistentes no Einstein, de programas de formação para desenvolvimento de competências – e consequentemente maior impacto na competitividade da organização – até a transmissão dos preceitos e dos valores tradicionais do judaísmo que garantam sua perpetuidade; de práticas que promovam a transmissão dos conhecimentos críticos na área de saúde ao que há de mais moderno em termos de tecnologias, inclusive digitais, aplicadas à educação. E tudo isso com alto envolvimento das lideranças, com foco nas comunidades e com o estabelecimento de profícuas parcerias.

Sem dúvida um modelo inspirador para todos interessados em Educação Corporativa.

Meus parabéns a toda a equipe do Einstein!

Marisa Eboli

Especialista em Educação Corporativa, Professora e Coordenadora de Projetos da FIA Business School

- **23 de julho de 2020:** *Webinar Novos desafios da Educação Corporativa no cenário da Covid-19.*

O *webinar* foi conduzido pela Syntese Educação Corporativa. Fomos convidados por Thiago Costa e Alexandre Moreno, idealizadores e moderadores da série.

"Aprender se dá no vazio. Aprender é experimentar. É combinar possibilidades e estar aberto para colher resultados inesperados. É sentir-se bem com a permanente inconclusão. Acredito que aprendizagem é um processo constante, se dá no singular e no plural. Aprender é viver! "

Alexandre Moreno

Em linha com o avanço da tecnologia e da transformação digital impulsionado pela pandemia, outros projetos se materializam, ampliando as plataformas de ensino e educação digital Einstein para os profissionais e instituições de saúde de todo o país:

Portal de Educação Corporativa Einstein:

- https://educacaocorporativa.einstein.br/login/index.php

Academia Digital Einstein:

- https://academiadigital.einstein.br/
- https://academiadigital.einstein.br/sobre-a-academia

Voltemos às estratégias de aprendizagem incorporadas para suportar as necessidades de conhecimento, competências e habilidades essenciais para atuação dos profissionais:

Treinamentos Presenciais

Estratégias de aprendizagem para validação de habilidades e as Medidas de segurança adotadas para segurança do colaborador.

As capacitações foram estruturadas para atender às competências e habilidades específicas para o enfrentamento ao desconhecido. Diferente do contexto habitual na área da Saúde, além da relevância em manter capacitações presenciais para treino, certificação e aprimoramento das habilidades específicas, tínhamos como desafio todas as restrições de contato: distanciamento social durante os treinamentos, redução do número de participantes nas turmas de treinamento, que exigiam momento presencial com treino de habilidades específicas, uso da máscara, disponibilização e reforço do uso do álcool em gel para a higienização das mãos dos participantes, a correta desinfecção dos materiais de treinamentos utilizados, além da checagem das condições de saúde dos participantes e dos instrutores antes do início dos treinamentos: aferição de temperatura, por exemplo.

A figura a seguir demonstra as orientações gerais utilizadas nas capacitações presenciais:

Figura 12: Orientações gerais das capacitações presenciais.

Fonte: Arquivo SBIBAE.

A alta transmissibilidade por meio de gotículas e aerossol do novo Coronavírus (SARS-CoV-2) trouxe a necessidade de adaptar protocolos que exigiam a capacitação dos profissionais de forma recorrente, rápida e efetiva em alguns procedimentos, como uso de equipamentos de proteção individual (EPI's), intubação orotraqueal, manobras de ressuscitação cardiopulmonar e ventilação mecânica. Toda documentação foi produzida pelo Serviço de Controle de Infecção Hospitalar (SCIH) e era constantemente revisada à medida que novas informações sobre o SARS-CoV-2 eram divulgadas.

A gravidade dos pacientes e a estratégia de realocação interna de colaboradores exigia que novas habilidades fossem treinadas e incorporadas na prática assistencial. Esse contexto também demandou a contratação de novos colaboradores para atenderem ao aumento do contingente de pacientes graves, além da gestão, operação e atuação junto à parceria pública do Hospital de Campanha do Pacaembu com suas respectivas adaptações. A cada dia chegavam novas atualizações do SCIH e, com elas, novas demandas para adequação dos protocolos, capacitação nos novos procedimentos adotados aos protocolos, revisão ou implementação de treinamentos e disponibilização para as equipes, utilizando novas metodologias e buscando inovação, como o desenvolvimento de aplicativos para que o conteúdo chegasse de forma ágil e acessível aos colaboradores.

As estratégias presenciais tinham como premissa trabalhar habilidades com os profissionais. Um modelo utilizado foi a prática monitorada em formato de rodízio. As figuras a seguir representam algumas metodologias ativas e tecnologias utilizadas nos treinamentos:

Figura 13: Programas admissionais e treino de habilidades práticas – Estação RCP Enfermagem.

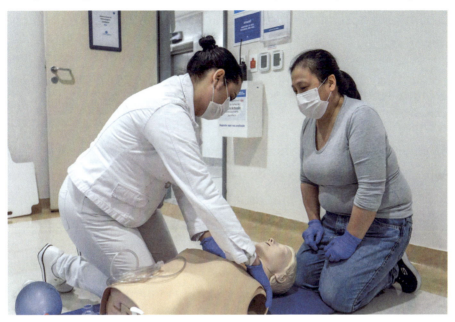

Fonte: Arquivo SBIBAE.

Figura 13.1: Programas admissionais e treino de habilidades práticas – Estação RCP Enfermagem.

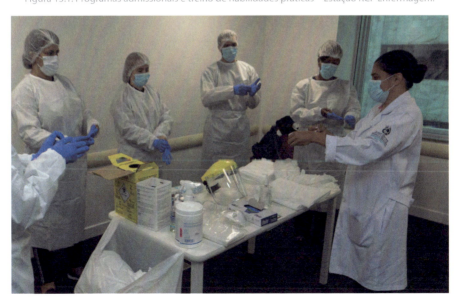

Fonte: Arquivo SBIBAE.

Alguns treinamentos utilizaram a metodologia de simulação realística com cenários, manequins e simuladores de alta tecnologia, como veremos a seguir.

Simulação realística

Durante a simulação realística foi possível replicar as situações e os desafios vividos no dia a dia hospitalar com foco no enfrentamento ao SARS-CoV-2. Utilizamos simuladores de pacientes – robôs que respondem como um ser humano às ações praticadas – para que os treinamentos fossem o mais próximo da realidade, permitindo ao profissional praticar, corrigir falhas e resolver dúvidas de forma segura e eficiente. Todas as atividades com simulação estavam direcionadas às temáticas em que habilidades e atitudes eram fundamentais, além do conhecimento no assunto que foi disseminado utilizando outras estratégias.

Considerando que a simulação é uma estratégia *hands on*, a equipe do centro de simulação seguia rigorosamente os protocolos de segurança biológica adaptados pelo SCIH à rotina do setor.

Os treinamentos foram customizados e criados especialmente para este enfrentamento, buscando, além das habilidades técnicas como intubação e reanimação cardiopulmonar, fatores humanos como raciocínio clínico, trabalho em equipe, comunicação e liderança, aptidões fundamentais no atendimento ao paciente com Covid-19.

A figura a seguir representa a estação de habilidades em vias aéreas no centro de simulação realística.

Figura 14: Estação de habilidades em vias aéreas no centro de simulação realística.

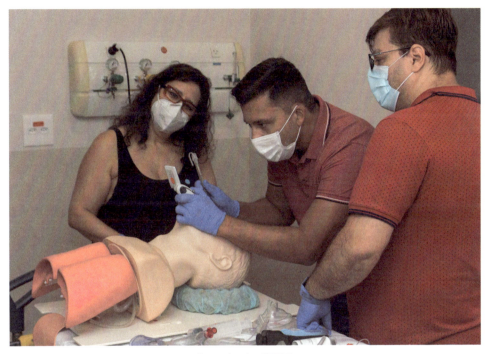

Fonte: Arquivo SBIBAE.

Outro exemplo de nova metodologia aplicada foi a *Telessimulação*. Nesse formato, as classes *on-line* foram dispostas de acordo com o padrão presencial, ou seja, pequenos grupos de alunos alocados em diferentes salas virtuais. Com esse modelo, viabilizamos a prática também à distância, utilizando simulação com uso de atores, além dos simuladores. Assim, era possível a discussão síncrona com especialistas e o uso de recursos que permitissem o envolvimento, a participação efetiva e o compartilhamento de experiências e conhecimentos entre todos os participantes. A figura a seguir representa a estratégia da telessimulação:

Figura 15: Estratégia da telessimulação.

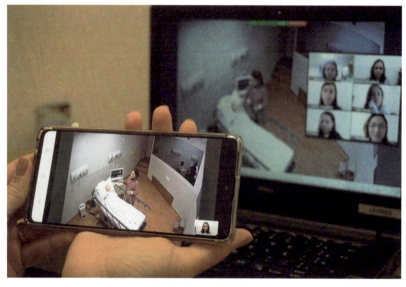

Fonte: Arquivo SBIBAE.

Multiplicadores e Instrutores Internos

O Einstein conta com um programa de 150 multiplicadores que atuam continuamente nas iniciativas de treinamento e desenvolvimento da Instituição. Composto por profissionais que atuam ou já atuaram no Einstein e que são referência nas especialidades, competências e temas alvo da capacitação dos profissionais. O grupo conta com o suporte do Einstein para o seu aprimoramento contínuo, desenvolvimento e aquisição de conhecimentos de acordo com as estratégias de aprendizagem, tecnologia educacional e políticas internas utilizadas na Instituição.

Atuação dos multiplicadores na 1ª onda da pandemia

Logo na primeira onda da pandemia, foi de suma importância contar com os multiplicadores, que aceitaram o desafio e se dispuseram a atuar num modelo virtual ou híbrido, seja em sala de aula, ou *in situ* nas áreas assistenciais. À medida que a pandemia foi avançando, alguns profissionais foram afastados por estarem contaminados, exigindo a capacitação de novos instrutores. Nesse contexto, cabe ressaltar a atuação dos multiplicadores experientes como facilitadores da aprendizagem, agora atuando com uma "barreira" adicional para garantir metas de segurança do paciente e do colaborador.

Para potencializar o aprendizado dos multiplicadores naquela oportunidade, um *e-book* foi disponibilizado como material de consulta e apoio, evoluindo para um formato com conteúdo mais robusto e elaborado a partir das novas competências de aprendizagem, de tecnologias e de métodos para facilitar a aprendizagem dos profissionais, além de incentivar discussões e aplicação de habilidades.

Treinamento Setorial

Através do Grupo de Desenvolvimento da Enfermagem (GADE), composto por enfermeiros, com foco no desenvolvimento da equipe de enfermagem "*on the job*", o grupo já atuava de forma estruturada nas unidades assistenciais e tiveram sua atuação intensificada em diversas práticas de capacitação com foco nos fluxos e práticas setoriais.

Aprendizagem entre pares

O Programa de Aprendizagem por pares foi implementado em 2018. Tem como objetivo apoiar o novo profissional na ambientação à cultura da Instituição, na difusão de conhecimento das políticas e práticas da assistência e da segurança do paciente. Cada unidade possui um grupo de profissionais referência que são responsáveis por este processo de ensino-aprendizagem. A definição dos profissionais conta com procedimentos de seleção e plano de formação fundamentais no processo *on the job training* para os recém-admitidos e para os colaboradores realocados entre áreas.

O processo de desenvolvimento deste par ocorre em todas as ações e atividades desempenhadas nas áreas assistenciais. Nestas oportunidades, ocorre a transferência de conhecimento, alinhamentos, *feedbacks* de construção e reconhecimento, consolidando o processo de ensino-aprendizagem. Este processo ocorre em fases: fase de formação de vínculo, fase de atuação entre pares, fase de incorporação do conhecimento transferido e fase de *feedback* formal.

Escaneie o *QR Code* abaixo para prestigiar o vídeo da série "Einstein Repórter" com o tema "Capacitação e treinamento frente à pandemia Covid-19":

A preparação para a retomada

No mês de junho de 2020, as atividades do Hospital de Campanha do Pacaembu se encerravam e, nas unidades do Einstein, novos fluxos de atendimento eram implementados, com o retorno das cirurgias eletivas e, posteriormente, em julho, com a validação dos fluxos separados para pacientes confirmados de Covid-19, com risco e sem a doença. Portanto, novas necessidades de capacitação foram necessárias.

Como exemplo, destacaremos a assistência envolvendo todos os serviços hospitalares e de medicina diagnóstica e ambulatorial. O Einstein adotou fluxos diferentes para pacientes com e sem sintomas de Covid-19. Havia uma grande mobilização na preparação da infraestrutura, novos fluxos e, consequentemente, capacitação dos colaboradores.

Iniciamos o ano de 2021, como a maioria das organizações que discutiam a retomada aos escritórios, mas, no Einstein, a retomada considerava as diferentes áreas de atividades e grupos profissionais: Assistência, Ensino e Equipes em *Home Office*.

Nosso foco passou a considerar todas estas vertentes e a promover iniciativas para cada particularidade.

Figura 16: Ações educativas – Capacitação.

Fonte: Arquivo SBIBAE.

Escaneie o *QR Code* abaixo para ter acesso à reportagem da revista Veja: "Epidemia, ano dois":

Mais uma vez o inesperado driblou o plano de curto prazo e nos fez reconfigurar a rota, em uma incessante demanda que exigiu aprofundamento nos pontos críticos da necessidade de qualificação. Havia um aprendizado prévio do ano anterior, que trazia uma certa previsibilidade nas práticas a serem adotadas. No entanto, outras variáveis foram colocadas à prova: os profissionais estavam esgotados pela intensa rotina do ano anterior, e a demanda de atendimento que se apresentava chegou de forma avassaladora.

Na segunda onda da pandemia, foram mantidas as estratégias de aprendizagem adotadas na primeira onda e incorporadas novas práticas, a partir das variáveis emergentes do contexto:

Devido ao cenário do aumento nos casos de internação pela Covid-19, a procura por profissionais de saúde no mercado aumentou muito, gerando uma escassez de profissionais com experiência de trabalho. Diferentemente da primeira onda, os casos de contaminação pela Covid-19 se apresentaram em maior volume e gravidade, exigindo profissionais com experiência para atuação com pacientes graves. Outro fator específico deste momento foi a demanda simultânea na saúde pública e privada, o que também colocava uma necessidade conjunta de composição das equipes.

Os profissionais por sua vez, nossa *persona* no processo de aprendizagem, apresentavam algumas características que nos desafiaram a repensar não apenas as estratégias de aprendizado, mas a necessidade da formação e qualificação mínima para exercício da função na área em que atuariam: atendimento ao paciente grave.

- **Recém-contratados:** Com a ausência de candidatos para as áreas de atendimento ao paciente grave, todas as instituições contrataram profissionais de outras áreas da assistência e recém formados. Com isso, o processo de imersão destes profissionais foi reinventado. A jornada de aprendizagem passou a ser rigorosamente por inserção de novas metodologias:

  - **Revisão do programa admissional**, com a inclusão de novo cenários de validação de habilidades, incluindo processo de *feedback* e remediação diante do resultado da aquisição de conhecimento e execução da prática.

- Implementação da **Prática Assistencial Supervisionada** nas unidades, com o acompanhamento por um multiplicador interno no local da execução da prática pelos recém-contratados. Todos entravam com um *checklist* de monitoramento, *feedback* e ações locais de orientação e supervisão.

- **Profissionais realocados e/ou conversão de leitos:** dada a gravidade dos casos, muitos leitos foram convertidos para atendimento ao paciente grave, e os colaboradores, embora já experientes no Einstein, precisavam ser treinados na nova atuação da sua unidade. Os treinamentos foram realizados *on the job,* contando com multiplicadores internos, especialistas e GADE – Grupo de Desenvolvimento da Enfermagem.

> *"Ontem à noite, eu deixei o plantão como CMC – Clínica Médica Cirúrgica, hoje de manhã recebi o plantão como semi-intensiva"*
>
> Enfermeira

Importante ressaltar que muitas das estratégias de aprendizagem aplicadas às equipes da enfermagem, por exemplo, também estão alinhadas ao conceito de hospital *Magnet*®. Os componentes *Magnet* ou modelo *Magnet* é a metodologia utilizada para a equipe de enfermagem e profissionais da saúde alcançarem excelência no atendimento assistencial. São compostos pelos seguintes componentes:

- Liderança Transformacional.

- Estrutura de *Empowerment.*

- Prática Profissional Exemplar.

- Novos Conhecimentos, Inovações e Melhorias.

- Resultados Empíricos.

O processo de submissão da designação *Magnet* é minucioso e longo, exigindo ampla participação dentro da organização.

Escaneie o *QR Code* abaixo para saber mais sobre o Magnet:

Como ouvimos durante alguns processos de auditoria nos anos de 2020 e 2021, "O Einstein não adiou a participação nos procedimentos de auditorias, justificando-se com a pandemia, mas mostrou que, apesar da pandemia, seguiria com eles". A participação média de 22 auditorias em cada um destes anos representa um processo formal em auditar, analisar e melhorar nossas práticas, e reafirma a premissa essencial do Einstein com a qualidade e a segurança. Em 2021, dedicou-se forte atenção para o processo de auditoria da *Joint Commission Internacional* (JCI).

A Estratégia de Dados e *Analytics* aplicadas à Educação Corporativa

Na Era *Analytics*, os dados têm apoiado no entendimento do cenário, a partir da *coleta, estruturação* e *análise dos dados* para melhorar a tomada de decisão, antecipando demandas e impactos, com o propósito de agregar valor à Instituição. Seja para um especialista responsável pela gestão dos dados, seja para um líder da equipe, os dados são fontes para a tomada de decisão.

A incorporação da análise dos dados de capacitação e a estruturação de *dashboards* ágeis, publicados diariamente para munir as lideranças com informações, subsidiar a tomada de decisão, nortear e antecipar novas ações na capacitação também foram estimuladas pelo cenário que a pandemia impôs.

Alguns indicadores foram priorizados: os de correlação direta às áreas, colaboradores X os monitorados nas ações de capacitação:

- Assistenciais.
- Saúde do Colaborador.
- Segurança do Colaborador.
- Avaliação do Conhecimento.
- Análise exploratória dos acessos digitais, Tempo de navegação e interação com os conteúdos.
- Avaliação de Reação.

Exemplo de reporte e gestão dos dados:

Figura 17: Gestão de dados: Status programas Trilhas – *Dashboard*.

Fonte: Arquivo SBIBAE.

174 | NA LINHA DE FRENTE: ENFRENTANDO O DESCONHECIDO

Figura: 17.1: Gestão de dados: *Squad* de Planejamento – Pessoas e Capacitação.

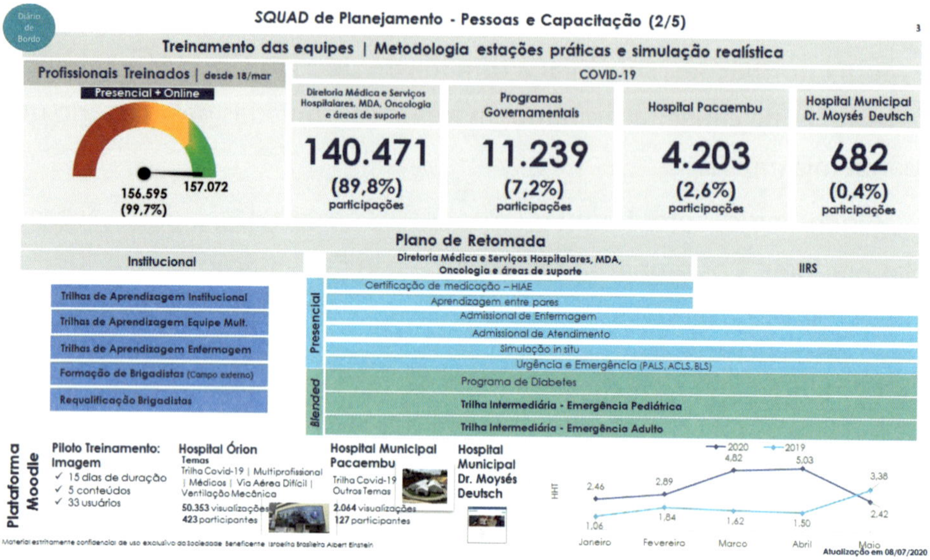

Fonte: Arquivo SBIBAE.

Chegamos ao final deste capítulo e a pandemia ainda não acabou, mas sabemos que está próxima do seu fim. Os aprendizados também não acabaram. Não muito diferente do que acreditamos e aplicamos diariamente, o aprendizado é contínuo, constante e permanente.

"Em um mundo em constante evolução e mudanças, a aprendizagem organizacional surge como forma de proporcionar às pessoas e às organizações maneiras de aprender e reaprender este universo em mutação"

Angeloni, 2008

CAPÍTULO 6

O campo da batalha:

*a liderança como agente motriz na gestão e no
redesenho de medidas frente aos riscos emergentes*

Henrique Sutton de Souza Neves

Muito já se escreveu sobre liderança distribuída e muito ainda será escrito. Não é o propósito, aqui, definir ou explicar o que ela é, mas descrever e explorar as características que pautaram a liderança na atuação do Einstein ao longo da pandemia.

Um campo de batalha é comumente definido como o ponto de contato entre forças militares opositoras, e também como "o lugar em que ideais e lealdades são colocadas à prova". A imagem é adequada, pois o Einstein e muitas organizações de saúde enfrentaram uma força opositora, o novo Coronavírus, que testaria ideais e lealdades. Mas, como na moderna teoria militar, com os avanços tecnológicos, o terreno físico havia deixado de ser o definidor dos campos de luta. O combate ao Sars-CoV-2 exigiu a integração e a coordenação das várias dimensões relacionadas com seu enfrentamento.

Toda batalha tem um evento gerador da conflagração. Este foi um vírus novo, observado no ser humano pela primeira vez em Wuhan, na China, no final de 2019, que chegou com dois complicadores: a demora na divulgação do fato e a época em que ocorreu, durante as festividades de fim de ano, quando as pessoas viajam. Sem saber, elas levariam o vírus para fora da China.

Em qualquer conflito, é difícil saber como o inimigo vai atacar e desdobrar suas ações. Por terra, como as tropas alemãs que invadiram a Polônia na 2ª Guerra Mundial? Pelo ar, como o Serviço Aéreo Imperial da Marinha Japonesa bombardeou a base naval norte-americana de Pearl Harbor? Num mundo tão interconectado, o Sars-CoV-2 espalhou-se rapidamente. Em janeiro de 2020, quando foi feito o primeiro alerta formal pela OMS (Organização Mundial da Saúde), o vírus já estava se multiplicando pelo mundo.

Na batalha, a liderança é um fator-chave, como mostrou, entre tantos outros, o exemplo de Winston Churchill, que não só mobilizou o Reino Unido contra a ameaça nazista, mas tornou o planejamento e a tomada de decisões políticas e militares mais simples e eficientes, superando a catástrofe de Dunquerque, quando forças britânicas foram encurraladas no litoral atlântico da França, e contribuindo para levar os Aliados à vitória final.

Uma ameaça inteiramente nova

Frequentemente, as decisões nas organizações são pautadas pelos conhecimentos acumulados em experiências precedentes, os quais são utilizados para lidar com situações iguais ou semelhantes. Esse processo gera eficiência, pois não há necessidade de despender novamente tempo e recursos para estabelecer critérios, obter informações, discutir cada caso e tomar decisões.

No entanto, há momentos em que as organizações se deparam com uma situação inteiramente nova, como foi o caso da pandemia da Covid-19. O conhecimento de como lidar com essa ameaça específica era limitado, inclusive nas organizações públicas de saúde. Embora tivessem ocorrido surtos pandêmicos de gripe em 1957, 1968 e 2009, a última grande pandemia – a da chamada Gripe Espanhola – ocorrera há cerca de 100 anos. Causada por um vírus H1N1 de origem aviária, propagou-se em três ondas pelo mundo, entre 1918 e 1919, deixando cerca de 50 milhões de mortos. À época, como os deslocamentos eram mais vagarosos em razão dos meios de transporte disponíveis, a disseminação ocorreu também de forma mais lenta e o vírus não chegou simultaneamente a todos os lugares. A gripe espanhola foi basicamente combatida com intervenções não farmacêuticas como isolamento, quarentena, higiene pessoal, desinfetantes, limitação de aglomerações e uso de máscaras.

Na última década, quando as organizações públicas e privadas mapearam os riscos que poderiam impactar suas atividades, não era incomum aparecer o de pandemia que, aliás, já fazia parte de *guidelines* da OMS (Organização Mundial da Saúde) pelo menos desde 2007. O risco de pandemia também havia sido mencionado publicamente em 2014 pelo presidente dos Estados Unidos, Barack Obama, e em 2015, por Bill Gates.

Embora fossem reconhecidos os riscos de surgimento de novos vírus e da velocidade de sua disseminação em um mundo interconectado, não era fácil mobilizar governos e organizações privadas para se prepararem para um *black swan* (cisne negro), expressão usada para classificar eventos potencialmente catastróficos, mas com baixa probabilidade de ocorrência. Ironicamente, uma das características dos *black swans* é que eles são considerados óbvios depois que acontecem.

Planejar e preparar os países e, particularmente, os sistemas de saúde para a probabilidade de uma pandemia não é um exercício trivial. O espectro de tipos de vírus, o amplo leque de possibilidades de sua localização inicial, o modo e a velocidade da sua disseminação, as barreiras sanitárias adequadas e os recursos materiais para seu enfrentamento tornavam essa tarefa difícil e complexa, perdendo em prioridade para questões econômicas, políticas e sociais mais graves e urgentes.

No fundo, atribuía-se e confiava-se na atuação e coordenação da OMS (Organização Mundial da Saúde) para dirigir o enfrentamento e na capacidade de resposta das organizações de saúde pública dos países.

Em um mundo ideal, o surto seria identificado precocemente e contido na sua origem. Fracassada essa contenção, seriam adotadas, rapidamente, medidas eficazes de detecção, barreira e isolamento, combinadas com o aumento da disponibilidade de leitos, equipamentos de proteção e tratamentos para aqueles acometidos com as formas mais severas da doença.

Como se sabe, não foi isso que aconteceu com o novo Coronavírus. Ele não foi contido em Wuhan e a onda pandêmica propagou-se com enorme velocidade, antes que a sua gravidade pudesse ser compreendida e as barreiras de contenção pudessem ser erguidas. Desconhecia-se tudo: o vírus, os mecanismos de transmissão, as formas de controle, os sintomas, quem seria suscetível à forma grave da doença e como tratá-la. Resumindo, ingressava-se em um túnel escuro, pois todo o conhecimento sobre *como enfrentar* teria ainda que ser desenvolvido.

A "viagem" do Einstein em busca do conhecimento

O Einstein começou a se preparar para atravessar o que seria descrito internamente como um *túnel* logo que surgiram as primeiras notícias sobre o SARS-CoV-2 – uma jornada que não se caracterizou por um grande líder a conduzi-la, mas por uma liderança distribuída e pelo empoderamento da linha de frente. Não há líder que domine todos os campos de conhecimento, nem que seja capaz de conhecer todos os detalhes do que acontece na frente de *combate*. O que faz a diferença são os conhecimentos de cada indivíduo, mobilizados de maneira colaborativa e potencializados pela sua complementaridade.

As lideranças do Einstein trabalharam com a força de algumas convicções e uma delas era que "as árvores não crescem até o céu". Ou seja, sabiam que a pandemia, por sua natureza, teria um limite. Vencê-la implicaria determinação, resiliência e persistência a fim de manter o tônus organizacional para lidar com os desafios e sair do outro lado desse túnel em uma situação melhor.

A preparação para catástrofes faz parte da rotina do Einstein. São habituais, por exemplo, simulados de eventos como uma explosão em uma estação do metrô ou estádio de futebol, um acidente de avião, um distúrbio com feridos em um show de rock... São exercícios importantes para saber como agir e como articular os recursos disponíveis no Einstein e na comunidade para enfrentar uma situação catastrófica real.

O Einstein tornou-se, em 1999, a primeira instituição de saúde fora dos Estados Unidos a obter a acreditação da *Joint Commission Internacional* (JCI) e entre os seus requerimentos encontra-se a *preparação para catástrofes*.

Esses exercícios são importantes, mas as situações simuladas de um evento e de mobilização temporária não se comparam com a realidade que a pandemia da Covid-19 trouxe. No entanto, quando ela chegou, o Einstein já tinha uma sólida cultura de segurança, uma gestão orientada a processos e uma estrutura capaz de se reorganizar para cenários emergenciais e trilhar caminhos novos – ainda que agora muito mais complexos – para superar os desafios e cumprir a sua missão de cuidar da saúde.

Em janeiro de 2020, o Einstein já havia formado grupos de trabalho para estudar a pandemia, desenvolver a capacidade de identificar os casos e organizar os protocolos assistenciais para o seu enfrentamento. Para isso, era preciso entender o modo e a velocidade de transmissão do vírus, como reduzi-la, estimar quantas pessoas necessitariam de assistência ambulatorial, quantas seriam internadas, quantos casos exigiriam tratamento intensivo e quais recursos seriam necessários.

Para tanto, o Einstein organizou-se para acompanhar e analisar a evolução da pandemia e seus impactos no mundo, colher informações epidemiológicas de outros países e das operações hospitalares, intensificar as relações com instâncias governamentais brasileiras e entidades técnicas e científicas internacionais visando o compartilhamento de informações.

Desenhar cenários era fundamental para estabelecer as estratégias e os planos de ação. Para as estimativas iniciais, o Einstein tomou como referência o que acontecia nos países em que a transmissão já ocorria, como a Espanha e a Itália, colhendo, entre outros, dados sobre a taxa de crescimento, a relação entre as contaminações e as internações, e destas com a demanda por leitos de cuidados intensivos. Finalmente, assumiram-se premissas sobre a proporção dos pacientes que exigiriam ventiladores, bombas de infusão e outros equipamentos, bem como conhecer o tempo médio de permanência dos pacientes internados e daqueles em cuidados intensivos. Com base nesses dados, estimavam-se os recursos necessários, tais como leitos, profissionais assistenciais, equipamentos e insumos.

A primeira das dificuldades foi a grande variação das estimativas de recursos necessários diante de mudanças relativamente discretas nas premissas. A taxa de crescimento diário inicial do número de pacientes era de cerca de 30%, e a variação de alguns pontos percentuais tinha impacto relevante. Também o número de dias que o paciente permanecia em cuidados intensivos afetava de forma relevante a amplitude das estimativas. Por exemplo, na Itália, inicialmente, eram 20 dias. No Einstein, a média foi de 11 dias.

A faixa inicialmente estimada era de uma demanda de 300 a 800 leitos, assumindo, respectivamente, taxas de crescimento de demanda no percentil 75 e 90 da Itália e da Espanha. Para ter-se uma ideia do que essas estimativas significavam, o número de leitos do Einstein girava em torno de 600. Assim, por uma questão de factibilidade, escolheu-se o número menor – 300 leitos –, que já representava um esforço enorme de mobilização, pois os recursos necessários, a exemplo, eram de cerca de 200 ventiladores, 800 bombas de infusão e 1.400 colaboradores. A tarefa não estava concluída com estas decisões, pois parte da infraestrutura dos leitos tinha de ser adaptada para cuidados intensivos, as compras tinham de ser realizadas em um mercado com crescente escassez de oferta pelo súbito aumento da demanda e os colaboradores tinham que ser recrutados, selecionados e treinados, não mais em meses, mas em dias. Antes da pandemia, a unidade do Einstein do Morumbi disponibilizava 120 leitos para pacientes graves e, nesse primeiro momento, essa capacidade foi expandida para 240 leitos.

Como fica evidente, preparar o Einstein para o atendimento dos seus pacientes no setor privado era um grande desafio. Mas havia outro: como fazer o mesmo no setor público, onde atua por meio de contrato de gestão e convênios com a Prefeitura de São Paulo. Nesse outro campo de guerra, decidiu-se criar mais 100 leitos no Hospital Municipal M'Boi Mirim | Hospital Dr. Moysés Deutsch, iniciativa que contou com o apoio da Gerdau, da Ambev e da Brasil ao Cubo, e apoiar a implantação do Hospital de Campanha do Pacaembu com 200 leitos. Foi decidida também a ampliação das estruturas de atendimento de outras unidades da rede pública que o Einstein administra, como o Hospital Municipal Vila Santa Catarina e as Unidades de Pronto Atendimento (UPAs) de Campo Limpo e Vila Santa Catarina.

Ajustes e novos processos

O conceito VUCA (*Volatility, Uncertainty, Complexity* e *Ambiguity*), criado pelo *Army War College* (EUA) no final dos anos 1980 para descrever o cenário do mundo pós-Guerra Fria, aplicava-se ao contexto que emergiu com a pandemia e que exigiu ajustes nos processos de governança e tomada de decisão do Einstein. Dois processos foram criados, o de *planejamento* e o de *suprimento de recursos*, bem como uma instância de coordenação e integração. Também passou a ser produzido um Diário de Bordo, que circulava diariamente as informações atualizadas sobre as projeções, o desempenho real e as necessidades e aquisições de recursos. Esse conteúdo era analisado pelas instâncias superiores para compreender as tendências e fazer os ajustes que fossem relevantes.

Foi criado um Comitê de Crise, com participação de profissionais de diversas áreas e diferentes níveis hierárquicos, que se reunia diariamente – presencialmente no início e depois virtualmente.

Nessas e em outras instâncias, as reuniões foram se multiplicando, incluindo lives, nas quais todos os colaboradores podiam formular perguntas, compartilhar ideias e expressar suas preocupações. O fluxo das informações e a adequação dos canais para permitir informações em tempo real e o fluxo de distribuição desenhado foram fundamentais para que a comunicação permeasse todos os níveis da organização.

Figura 1: Reuniões diárias do Comitê de Crise eram palco de troca de ideias e informações que norteavam as ações e a tomada de decisões.

Fonte: Arquivo SBIBAE.

Figura 2: Salas de reuniões passaram a ser reservadas para grupos de trabalho encarregados de tarefas específicas, como as ações de comunicação e a criação de algoritmos pelas equipes de Inteligência de Dados e *Big Data*.

Fonte: Arquivo SBIBAE.

Figura 3: Documentos do gerenciamento da Covid-19 e alguns dos processos priorizados.

Fonte: Arquivo SBIBAE.

Figura 3.1: *Squad* Planejamento.

GERENCIAMENTO COVID-19	
SQUAD PLANEJAMENTO	**DELIVERABLES**
Pessoas e Capacitação	Status de operação das áreas, remanejamento de recursos, contratações, afastamentos de colaboradores, plano de capacitação (treinamentos) p/ colaboradores em atuação e novas contratações.
Suplementos	Cobertura de estoque (itens críticos e oxigênio), serviços e aquisições (equipamentos).
Engenharia e Expansão	Status dos leitos em operação, expansão/conversão de leitos, novas estrutura e facilities (lavanderia, higiene, etc).
Finanças	Status real de custos, despesas, receitas, margem e controle do dispêndio de CAPEX e OPEX.
Núcleo de Projeções	Dashboard: Hospitais (atendimentos, internações, altas, cirurgias e expansões), MDA (atendimentos e exames), IIRS (atendimentos, internações, altas, cirurgias e expansões, Finanças, Suprimento e Pessoas.
SCHI	Padrões de prevenção, EPIs e cuidados.
Fluxo do paciente e Apoio Assistencial	Informações críticas do fluxo do paciente, internações, altas, tempo médio e permanência, óbitos, etc.
TI e Inovação	Hardwares, softwares e infraestrutura de TI
Comunicação	Ina (colaboradores), externa (pacientes e canais de comunicação) e corpo clínico)

Fonte: Arquivo SBIBAE.

Figura 3.2: *Squad* Planejamento – continuidade.

GERENCIAMENTO COVID-19	
SQUAD PLANEJAMENTO	**DELIVERABLES**
EBM	Atualização científica de informações pertientes sobre o COVID-19.
Saúde Populacional e do Colaborador	Indicadores e ações críticas relacionadas a saúde populacional e do colaborador.
Projetos	Gerenciamento de projetos de CAPxEx, OPEx, processos, prática médica e assistencial.
Legal e Compliance (Controles Intensos)	Atualizações sobre leis, deliberações em âmbitos federal, estadual e municipal, conselhos de classe, órgãos reguladores, etc.
Corpo clínico	Atualização sobre as principais ações junto ao corpo clínico cadastrado
SAC	Atualização sobre queixas de pacientes (principalmente em relação
Doações	Atualização sobre doações ofertadas a SBIBAE (financeiras, equipamentos, materiais, etc) relacionadas ao COVID-19

Fonte: Arquivo SBIBAE.

Figura 3.3: Agenda Reuniões.

Fonte: Arquivo SBIBAE.

A elaboração de cenários de demanda para projetar as necessidades de recursos foi fundamental para lidar com o que viria pela frente, assim como o apoio da governança foi essencial para que planos virassem ações e iniciativas concretas. Com essa agilidade, o Einstein conseguiu antecipar a compra de insumos e equipamentos, com desembolso de aproximadamente R$ 40 milhões. Quem assim não fez precisou lidar com a escassez desses itens e com a elevação dos seus preços. A predição também permitiu agilizar a contratação de recursos humanos antes que a competição por eles crescesse. De nada adiantaria expandir toda a estrutura física e não contar com profissionais qualificados e treinados para prestar a assistência aos pacientes. O Recursos Humanos se desdobrou para selecionar, entre mais de 30 mil candidatos inscritos, os cerca de 1.400 profissionais que reforçariam o time.

Cuidando de quem cuida

O primeiro caso confirmado de Covid-19 no Brasil foi registrado no Einstein, no dia 25 de fevereiro de 2020. Uma pessoa viajara para a Lombardia, na Itália, região onde explodiam os casos da doença. Com sintomas leves, o paciente foi atendido e encaminhado para sua casa, com acompanhamento médico à distância e orientado a manter-se isolado. Logo o número de casos começaria a se multiplicar, exigindo uma extraordinária coragem dos profissionais da linha de frente. Estes profissionais passariam a ser reconhecidos como heróis e alvo de matérias jornalísticas que destacavam seu trabalho.[1]

O campo de batalha tornou-se mais amplo e distribuído, e as equipes que estavam nos prontos-socorros, nas UTIs e nas áreas de internação recebiam números crescentes de vítimas do Sars-CoV-2. Além de lidar com uma doença desconhecida, com muitos casos graves chegando à UTI, rotinas mudadas e jornadas estressantes, os profissionais conviviam com o medo de se infectar ou de levar o vírus para suas casas, contaminando seus parceiros e filhos.

No final de março, aumentava rapidamente o número de colaboradores contaminados, colocando em risco a capacidade de atendimento. Para a liderança do Einstein, a prioridade era clara: era preciso primeiro cuidar de quem cuida. A decisão foi protegê-los dos riscos de contaminação, assegurando que nada faltasse em termos de equipamentos e insumos e que

---

1 A exemplo, a matéria publicada na revista Veja em março de 2020, disponível em <https://veja.abril.com.br/saude/os-herois-em-acao-dois-dias-no-front-do-hospital-albert-einstein/>.

contassem com as melhores condições para evitar que sacrificassem a saúde ou a vida ao cumprir a missão de enfrentar a pandemia.

Antes mesmo da recomendação da OMS (Organização Mundial da Saúde), o Einstein adotou o uso de máscaras para todos os profissionais, medida que se revelou valiosa para dar-lhes mais tranquilidade e diminuir em cerca de 80% o número de infecções entre os colaboradores.

Dois andares de um hotel próximo ao hospital ficaram à disposição daqueles que não queriam voltar para casa temendo contaminar suas famílias. O acordo firmado com o Colégio Miguel de Cervantes, no Morumbi, permitiu que pais e mães pudessem contar com uma escola para cuidar de seus filhos enquanto trabalhavam. Uma colaboração com uma grande rede de supermercados permitiu montar um minimercado dentro da unidade do Morumbi para reduzir deslocamentos de funcionários.

Outra importante decisão tomada pela liderança foi que qualquer colaborador que necessitasse de tratamento para as formas mais graves da Covid-19 seria atendido no próprio Einstein. Tratava-se, em resumo, de mostrar a coerência entre o discurso e a prática. Se as pessoas são o recurso mais importante na assistência aos pacientes e estavam expondo sua saúde e vida ao risco, as circunstâncias exigiam uma demonstração inequívoca do seu valor na organização.

A liderança distribuída injetou energia nas atividades e garantiu a adaptação da organização em um cenário que exigia respostas rápidas e altas doses de resiliência, com frequente redesenho de ações nos mais diversos *fronts*. Com urgências que surgiam em todas as frentes, cada profissional buscou fazer o melhor com suas "armas". Médicos de especialidades que nada tinham a ver com Covid-19 atenderam pacientes com a doença. Outros profissionais da área privada foram viver a realidade da assistência nos hospitais públicos. Pesquisadores do Instituto Israelita de Ensino e Pesquisa (IIEP) passaram a se debruçar sobre os estudos científicos de todas as partes do mundo, que se multiplicavam a uma velocidade espantosa, para triar, compilar e sintetizar dados, contribuindo para que a tomada de decisão clínica e o estabelecimento de condutas fossem realizados a partir das mais recentes evidências científicas.

O Einstein tornou-se importante polo de estudos científicos sobre o vírus e as formas de enfrentá-lo, sendo um dos fundadores da Coalizão Covid-19 Brasil, coletivo formado por pesquisadores de vários hospitais e instituições científicas, focado em pesquisas relacionadas à doença. Essa coalizão foi responsável, entre outros estudos realizados, por refutar a eficácia do uso da hidroxicloroquina e azitromicina no tratamento de casos agudos da Covid-19.

A crise em ondas

O cenário previsto nas projeções iniciais do Einstein mudou rapidamente com novos acontecimentos. Em meados de março de 2020, a Agência Nacional de Segurança Suplementar (ANS) recomendou a suspensão dos procedimentos eletivos. Os próprios pacientes deixaram de ir aos hospitais para fazer exames e tratamentos de outras doenças, pois tinham medo de serem infectados pelo Sars-CoV-2. Foram tomadas decisões pelos governos estadual e municipal de São Paulo de decretar relativamente cedo as medidas de isolamento. Essas ações tiveram duas consequências: uma forte queda na demanda de pacientes não Covid-19 e uma redução dos casos esperados da doença, com uma ocupação que não excedeu 150 leitos, metade do que havia sido estimado. Eram fatores novos, não contemplados nos estudos de cenário do Einstein e com um efeito colateral importante: uma queda relevante da receita nos meses de março, abril e maio.

Mas estes eventos tiveram um aspecto positivo. No setor privado, o número de casos se acelerou em março, por se tratar de um público que viaja mais e esteve mais exposto ao risco de infecção em países nos quais o vírus chegou primeiro. Mas, logo após, essa demanda se estabilizou. No setor público, os casos se multiplicaram a partir de abril. Com esse comportamento diferente de demanda entre os dois segmentos, os recursos excedentes do Einstein na área privada puderam ser transferidos para o setor público, ajudando a superar as dificuldades iniciais da gestão pública, sujeita a amarras nas contratações e aquisições. Equipamentos, materiais e cerca de 700 profissionais foram transferidos para o atendimento de pacientes do SUS nas unidades de saúde do município do Einstein. O Einstein também captou e aplicou cerca de R$ 48 milhões de doações de empresas e pessoas físicas no sistema público.

Ainda assim, não faltaram desafios, entre eles o número de equipamentos e os estoques de materiais e insumos tanto para o cuidado dos pacientes como para proteção dos profissionais. A balança da oferta e da procura pendia fortemente para este segundo lado, complicando o processo de aquisições em um mercado escasso e de preços elevados. Compras foram feitas na China, na Europa e nos Estados Unidos, mas nem tudo chegava, seja porque os fornecedores não estavam dando conta da demanda, seja porque alguns países passaram a requisitar os lotes que passavam por seus territórios. A equipe de *Suprimentos* teve de usar da criatividade. Para fugir dessa ameaça inesperada, foi preciso traçar rotas alternativas pelo Oriente Médio e África para garantir que as encomendas não fossem desviadas do seu destino final.

A gestão das frentes operacionais de *combate* à pandemia ia avançando bem, mas a queda na receita exigia providências urgentes. No início de maio, a liderança optou por uma iniciativa ousada: retomar as atividades usuais do hospital e demais unidades, combinada com uma rigorosa redução de custos e despesas operacionais, bem como dos dispêndios de capital. Antes dessa decisão, com exceção das áreas de atendimento de pacientes com Covid-19, a unidade Einstein do Morumbi parecia um deserto: áreas inteiras vazias com profissionais em *Home Office*, restaurantes fechados e atividades suspensas no prédio de consultórios. Retomar as atividades naquele momento era mais uma revolução adaptativa. Para isso, era preciso garantir a máxima segurança no atendimento aos pacientes, caso contrário, continuariam postergando os cuidados com a sua saúde. Foram criadas medidas especiais de prevenção e desenhados dois fluxos totalmente separados: um para pacientes sem Covid-19 e outro para pacientes com Covid-19 ou com suspeita da doença. Na prática, o Einstein passou a funcionar como dois hospitais em um mesmo lugar.

Reformas foram feitas, novos processos de segurança implantados, restaurantes e outras áreas reabertas, assim como as atividades no prédio de consultórios. Os atendimentos engataram uma curva ascendente nos meses seguintes. Aos poucos, o Einstein – Morumbi e unidades externas – ia voltando à normalidade. Os números da pandemia davam sinais de trégua. O Hospital Municipal de Campanha do Pacaembu foi desmontado, o Hospital Municipal M'Boi Mirim | Hospital Dr. Moysés Deutsch, que chegou a ter 220 leitos de UTI, foi reduzindo seus atendimentos Covid-19 e as estruturas montadas nas unidades da rede pública do Einstein foram retomando as atividades normais da rotina pré-pandemia.

A "Segunda Batalha"

O retorno do inimigo não demorou: no final de 2020, começou a segunda onda da pandemia, impulsionada pelos feriados de Finados, Natal e Ano Novo, quando a população acabou baixando a guarda da prevenção, logo depois alimentada por novas variantes do vírus. Novamente, foi preciso fazer ajustes de percurso e dar respostas rápidas. O quadro epidemiológico apresentava contornos mais graves, com maior número de infectados e com formas inicialmente consideradas mais agudas da doença. A grande diferença, dessa vez, era a experiência e os conhecimentos acumulados na primeira onda. As lideranças já podiam se basear nos precedentes para nortear as decisões. A organização sabia o que fazer e como fazer.

Graças ao planejamento acurado, ao contrário de muitos hospitais que sofreram com a falta de insumos, como os anestésicos utilizados no processo de intubação, nenhuma falta foi registrada no Einstein. No período, também foi dobrada a capacidade da tancagem de oxigênio, aumentando a segurança dos estoques.

Em outra frente, ao longo desse processo, a área de Recursos Humanos se valeu de ferramentas digitais para fazer a seleção e contratação rápida de várias centenas de profissionais. Paralelamente, áreas do hospital iam sendo adaptadas para multiplicar os leitos. Espaços de ensino e setores da quimioterapia e pediatria, por exemplo, foram rapidamente transformados em áreas de internação. Em março de 2021, o Einstein registrou um pico de internações muito superior ao da primeira onda, com um total de 308 pacientes internados com Covid-19. No auge dessa "segunda batalha", o hospital chegou efetivamente ao seu limite, mas não deixou de receber nenhum paciente. A partir de abril, com a campanha de imunização, as internações por Covid-19 começaram a cair, enquanto cresciam os atendimentos de pacientes com outras necessidades.

Em 2020, a média de ocupação do hospital foi de 77%. Nessa segunda onda, graças a um entendimento maior de quais seriam as variáveis-chave para o monitoramento e o enfrentamento da crise, o Einstein trabalhou à sua plena capacidade, atendendo pacientes com e sem Covid-19. Um detalhe curioso é que a telemedicina, que ganhou força a partir da primeira onda (no Einstein, o número de usuários passou de 300 mil para 2 milhões), tornou-se um preditor de demanda, antecipando em uma semana a tendência das internações que seriam realizadas no hospital. Quando cresciam os atendimentos de telemedicina, aumentava proporcionalmente o volume de internações.

Olhando em retrospectiva, a pandemia da Covid-19 foi vivida no Einstein como uma experiência *sui generis*, com toda a energia concentrada no enfrentamento da pandemia e como se todas as atividades – assistencial, ensino, pesquisa, inovação e responsabilidade social – se tornassem hipertróficas. Todas as áreas encontraram formas de desenvolver significado e relevância para contribuir no combate à pandemia. Essa vivência fez do Einstein uma referência, com convites para compartilhar sua experiência em eventos no país e no exterior.

Figura 4: Henrique Sutton de Souza Neves (abaixo, à direita) no Painel Extra da *Brazil Conference at Harvard & MIT*.

Fonte: Estadão.

Entretanto, a crise trouxe lições importantes, que não podem ser esquecidas. Para o país, ficou clara a urgência do desenvolvimento da indústria nacional de equipamentos e insumos de saúde para diminuir sua dependência do exterior. Também ficou evidenciada a necessidade de fortalecer as parcerias entre os sistemas público e privado de saúde, com uma melhor coordenação entre eles.

Já o Einstein aprendeu a se comunicar melhor com os seus públicos e a estabelecer conexões em todos os níveis da organização, potencializando sua energia. Desenvolveu a capacidade de se reinventar e de se adaptar frente aos desafios emergentes, de exercitar a flexibilidade e a resiliência, e de tecer laços fortes de interação e colaboração para encontrar as soluções e dar respostas rápidas. Lideranças e equipes se moveram com a determinação daqueles que escalam obstáculos para superar um objetivo, sem enxergar o outro lado, convictos de que chegarão lá. A liderança distribuída e o empoderamento das frentes de trabalho são conquistas importantes que ficaram. Combater uma crise – seja do tamanho que for – será sempre um trabalho de equipe.

CAPÍTULO 7

Direcionamento e Clareza:

as ações de comunicação e engajamento centradas na experiência dos colaboradores e o papel da liderança durante o enfrentamento ao desconhecido

Simone Azevedo
Thiago de Souza Silva
Letícia Simões
Caroline Arrozio
Bruna Cardoso Braghine Debiaze

"Só sei que nada sei"
Sócrates

Há algo comum, em qualquer lugar do mundo onde não existe maior controle sobre a informação, que nos intriga à perspectiva de olhar para as organizações visando repensar como estamos conduzindo e tratando a comunicação com os colaboradores.

No Einstein, temos áreas dedicadas às estratégias de comunicação corporativa e comunicação interna, assim como uma área voltada para a gestão de clima, engajamento e experiência do colaborador, que sustenta as perspectivas das interações e pontos de contato, considerando o colaborador no centro da experiência. Nessa composição, há definição de papéis, responsabilidades e planejamento de acordo com as vertentes estratégicas e públicos-alvo. O ambiente é dinâmico e orgânico e todas as iniciativas caminham de forma integrada e com a atuação de diferentes atores da Instituição. Em especial, para explorarmos nessa obra, os *colaboradores*.

Para iniciarmos a apresentação deste capítulo, navegaremos em um rápido histórico, que começa em janeiro de 2020, já com o plano de comunicação interna anual estabelecido e, em paralelo, seguindo as etapas de apresentação dos resultados da pesquisa de clima e engajamento do ano anterior.

Com um crescimento importante nos resultados da pesquisa de clima, celebrávamos os resultados atingidos, mas, ainda assim, compartilhávamos da inquietude de validar o que deveríamos focar para melhorar ainda mais, dado o artefato tão presente na Cultura do Einstein, *aprimoramento e melhoria contínua*. Um dos pontos que definimos em manter e ampliar estava relacionado a Clareza e Direcionamento e outro à Experiência do Colaborador, reforçando as interações com os colaboradores que havíamos iniciado no ano anterior.

Importante ressaltar que *pessoas* são um dos pilares estabelecidos nas diretrizes estratégicas do Einstein, e o tema deste capítulo é uma premissa presente na estratégia de Recursos Humanos do Einstein. Então, frente ao início do ano em questão, seguíamos rotineiramente as atividades previstas no ciclo de gestão de pessoas anual.

Enquanto por um lado nos preparávamos para mobilizar as lideranças para a análise dos seus resultados e ações relacionadas à experiência do colaborador, já tínhamos um grupo de profissionais do Einstein em alerta, compondo o Gabinete de Crise que acompanhava a mobilização mundial com relação à Síndrome Respiratória por Novo Coronavírus, revelando o *modus operandi* e natural do Einstein em se antecipar. Até então, fomos acionados para o início de um plano de comunicação específico aos colaboradores, que envolvia informação e orientações com objetivos informativos e educativos.

No dia 06 de fevereiro, o primeiro comunicado foi disparado. Neste período não havia casos no Brasil, no entanto. O Einstein alertava seus colaboradores a respeito de como deveriam proceder. Vale lembrar que, desde o início, a qualidade e a segurança das informações foram minuciosamente cuidadas.

Figura 1: Comunicado interno.

Síndrome Respiratória por novo Coronavírus 2019 n–COV

Mantenha-se atualizado e busque por orientações da sua liderança

São Paulo, 06 de fevereiro de 2020

O Einstein tem acompanhado a mobilização mundial com relação à Síndrome Respiratória por novo Coronavírus 2019 n–COV. É fundamental que, pela natureza das nossas atividades, estejamos atualizados e informados sobre o assunto:

- Atualmente, a Organização Mundial de Saúde (OMS) estabeleceu situação de emergência de saúde pública de interesse internacional do novo Coronavírus 2019 n–COV;
- Certamente atenderemos e teremos contato com pacientes suspeitos. Portanto, para garantir a assistência segura, foi designado um grupo de profissionais para organizar as ações;
- As informações e orientações para o atendimento adequado e seguro, tanto para o paciente quanto para os colaboradores, estão disponíveis em Intranet > Doenças Epidêmicas > Novo Coronavírus. Este canal será atualizado sempre que necessário, garantindo a correta disseminação do conhecimento e das notícias sobre o novo Coronavírus 2019 n–COV;
- Além da consulta ao material acima disponível, em caso de dúvidas, os profissionais assistenciais deverão buscar sempre a orientação da sua liderança para o manejo dos casos suspeitos.

Contamos com a sua colaboração!

Fonte: Arquivo SBIBAE.

Nesse mesmo mês, seguíamos para uma nova ação de comunicação, priorizando a transparência junto aos novos colaboradores diante do primeiro caso atendido no Brasil sendo realizado em nossa Instituição.

Figura 2: Comunicado interno.

Fonte: Arquivo SBIBAE.

Era apenas o segundo mês do ano, mas como tudo acontecia ao mesmo tempo, nosso ritmo já seguia repleto de atividades junto aos líderes e colaboradores do Einstein: comunicação nos diferentes canais, materiais e vídeos educativos, apresentações e discussões sobre resultados de clima e engajamento. Nesse mesmo período, uma nova notícia precisava ser compartilhada. Aliás, uma excelente notícia: recebemos a informação de que o Einstein estava no ranking dos 50 melhores hospitais do mundo da *Newsweek*, algo marcante em nossa Instituição. Partimos para as ações de comunicação e divulgação para os colaboradores, além de organizar, junto à área de Marketing, um evento presencial para todos os líderes em nosso auditório, com capacidade para 500 pessoas.

Figura 3: Ranking "50 melhores hospitais do mundo".

Fonte: Arquivo SBIBAE.

Figura 4: Evento presencial – Lideranças – Auditório.

Fonte: Arquivo SBIBAE.

Comemoramos em êxtase diante do reconhecimento. Assim iniciamos uma semana repleta de ações programadas para celebração em diferentes canais de comunicação e comemorações festivas com os colaboradores em todas as unidades. Mas, de repente, fomos surpreendidos, como se a programação fosse interrompida por uma chamada "Plantãol Informação Urgente" e, dois dias depois, nossas ações já eram outras.

Diante dessa situação nova e incerta, e quando analisamos a lógica da estratégia da comunicação, havia mais perguntas do que respostas. Podemos dizer que sentíamos um turbilhão de emoções e sentimentos, olhávamos internamente para o Einstein e nos sentíamos privilegiados pela forma como a situação estava sendo acompanhada, por estarmos tão perto das discussões acerca da ciência, dos dados, da informação segura e da saúde, e pela seriedade e competência de todos os especialistas envolvidos. Isso tudo nos dava muita segurança, mas, por outro lado, também dúvidas de por onde começar, tendo em vista o cenário desconhecido e a velocidade máxima de alterações e possível abrangência em tão pouco tempo. Estar próximos da equipe dos cientistas, pesquisadores, médicos e de profissionais em todas as especialidades *core* e de suporte às informações foi um porto seguro para a nossa atuação. Se durante o dia, participávamos das reuniões com essa equipe, à noite assistíamos estes profissionais em entrevistas e noticiários na TV, dada a importância, contribuição e relevância do Einstein nesse cenário.

28 de fevereiro de 2020: presença na reportagem de capa da versão impressa da Revista Veja. "Ele está sendo acompanhado diariamente por uma equipe médica e por enquanto não há razão para retorno ao hospital", diz Sidney Klajner, Presidente do Einstein.

Figura 5: Chegada da Covid-19 no Brasil.

Fonte: Revista Veja.

Figura 5.1: 1º caso de Covid-19 | Entrevista com o Dr. Sidney Klajner.

Fonte: Revista Veja.

Figura 5.2: Entrevista com o Dr. Claudio Lottenberg sobre a Covid-19.

Fonte: CNN Brasil.

Figura 5.3: Drauzio Varella mostra profissionais de saúde que estão combatendo o Coronavírus. Reportagem no Fantástico com participação da enfermeira Janaina Feliz.

Fonte: G1.

Figura 5.4: Drauzio Varella mostra profissionais de saúde que estão combatendo o Coronavírus. Reportagem no Fantástico com participação do Dr. Miguel Cendoroglo Neto, Diretor-Superintendente do Hospital Albert Einstein.

Fonte: G1

Figura 5.5: Entrevista do Diretor-Superintendente do Instituto Israelita de Ensino e Pesquisa Albert Einstein, o médico imunologista Luiz Vicente Rizzo.

O PROTAGONISMO DA PESQUISA BRASILEIRA DURANTE A PANDEMIA DE COVID-19

Fonte: Correio Braziliense.

Podemos afirmar que cocriamos muitas formas para atingir a comunicação a todos os públicos, considerando as informações essenciais para suas atividades e também para a tranquilidade geral diante de tantas emoções e sentimentos presentes naquele momento. A primeira constatação foi que nossa comunicação não se limitava apenas aos colaboradores, mas abrangia também os familiares e aqueles que circulavam no Einstein. Realmente fizemos com que o aprendizado acontecesse na prática. Desta forma, a estratégia de comunicação interna e o gerenciamento de crise foram, aos poucos, se tornando mais claros e ganhando um formato.

Alguns pilares foram fundamentais e percebidos desde o início: *transparência, agilidade* e *liderança*. O medo do desconhecido era enorme, especialmente para as equipes de saúde, que estavam exponencialmente mais expostas ao vírus. A *transparência* de informarmos aquilo que, de fato, estava acontecendo e que tínhamos conhecimento, sem dúvida foi fundamental para gerar confiança e credibilidade nos colaboradores. A *agilidade* para sermos rápidos e efetivos na comunicação fortaleceu os canais, garantindo que os conteúdos estivessem atualizados e prontamente à disposição das pessoas. A *liderança* completou essa tríade como uma base para acolher e suportar as necessidades, os medos e as incertezas, além de prover direcionamento diante das demandas.

Esses três pilares que foram prontamente e organicamente desenhados só foram possíveis de serem colocados em prática por estarem alinhados à nossa cultura, valores, missão e propósito.

Com o passar do tempo (e o tempo na pandemia foi relativo, pois cada dia parecia uma semana, tamanho era o volume de informações que recebíamos e precisávamos absorver, filtrar e comunicar) a estratégia de comunicação interna foi se configurando, tomando, por fim, a seguinte estruturação:

1. Informação e Ações Educativas

A novidade do contexto e o desconhecimento da doença fez com que a informação assumisse um caráter educacional, sendo necessário não apenas passar uma mensagem, mas também ensinar as pessoas como elas poderiam estar mais protegidas, identificar sintomas e evitar o contágio dentro e fora do hospital. Para isso, orientações de protocolos, procedimentos e fluxos para equipes assistenciais, além de métodos de prevenção e proteção foram os principais temas comunicados no início da pandemia.

Figuras 6, 6.1, 6.2 e 6.3: Exemplos de comunicados internos – Informativos.

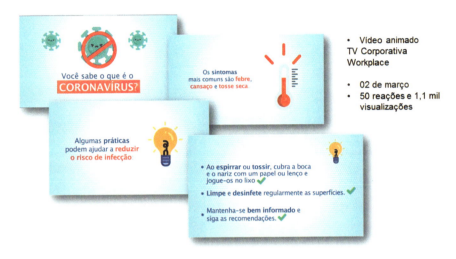

Fonte: Arquivo SBIBAE.

Ainda no âmbito da informação e da educação, foi preciso disseminar aos colaboradores os meios e as rotinas de cuidado. Caso algum deles identificasse sintomas, como poderia ser atendido e acolhido pela instituição.

2. Suporte

A pandemia fez com que todas as áreas do Einstein, inclusive as atividades de apoio, tivessem que se adequar ao novo cenário. Com estas adaptações, foram necessárias mudanças em rotinas e processos, garantindo a manutenção das atividades, que assumiram um caráter mais ágil, à distância e digital. Nesse sentido, as comunicações, mesmo que mais processuais, apoiaram e situaram os colaboradores, permitindo que o atendimento ao paciente (agora mais do que nunca tão necessário e inevitável) pudesse seguir acontecendo. Mudanças em rotinas administrativas como entregas de notas fiscais, assinaturas de contratos e até mesmo mapeamento de profissionais para atuação nas áreas críticas foram comunicadas.

3. Liderança: a comunicação para o líder e o líder como comunicador

No livro *Comunicação com empregados: A comunicação interna sem fronteiras*, os autores Bruno, Thatiana e Viviane citam três formas de dar vazão aos conteúdos trabalhados pela comunicação: a *comunicação formal*, que compreende a plataforma interna de comunicação, a *comunicação informal*, que acontece de maneira espontânea entre os colaboradores e a *comunicação da liderança*. A disseminação da comunicação pela liderança fortalece objetivos daquilo que precisa ser transmitido, bem como a adequação da linguagem e especificidades dos diferentes públicos, reforçando ainda a via de mão dupla para esclarecimentos, a confiança e o ponto de suporte organizacional e local.

Munir as lideranças de informações relevantes para apoio na gestão das equipes, além do posicionamento do comitê executivo e da instituição foram os principais objetivos desta frente. O líder está presente naturalmente no dia a dia das equipes e foi suportado com comunicação frequente, em boletins, *WhatsApp* e reuniões do comitê de crise.

Assim que o primeiro caso de Covid-19 foi anunciado no Brasil, sendo atendido no Einstein, buscamos tranquilizar os nossos colaboradores sobre a preparação que a Instituição já estava conduzindo para a pandemia, que ainda seria anunciada, sobre como poderíamos atender às necessidades dos pacientes que nos procurariam e como suportaríamos as necessidades dos nossos colaboradores e até mesmo de seus dependentes. A atuação em situações atípicas, do ponto de vista da saúde pública, sempre esteve presente em nossa história e em nosso propósito e, portanto, agora não seria diferente. Precisávamos conectar as pessoas resgatando o nosso chamado e a nossa vocação, além de, é claro, oferecer acolhimento e apoio.

O envolvimento da alta liderança foi fundamental para a transparência no processo, nos exemplos a serem seguidos e para o posicionamento da Instituição junto aos líderes e colaboradores.

Escaneie o *QR Code* abaixo para prestigiar as mensagens do Dr. Sidney Klajner e do Dr. Claudio Lottenberg:

Escaneie o *QR Code* abaixo para prestigiar a mensagem do Dr. Henrique Sutton de Souza Neves:

Figuras 7 e 7.1: Envolvimento da Alta Liderança na Comunicação.

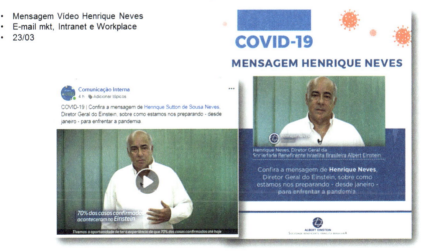

Fonte: Arquivo SBIBAE.

A liderança do Einstein, composta por mais de 1.000 profissionais de diferentes níveis de organização e áreas, também precisava ser alimentada com informações precisas, objetivas e atuais sobre qual rumo a instituição estava seguindo e quais mecanismos estavam sendo colocados à disposição dos colaboradores, oferecendo segurança e suporte para seguirem adiante com suas atividades. Nesse sentido, foram estabelecidas comunicações periódicas com esse grupo, comunicando exclusivamente aos líderes as iniciativas e reforçando o papel fundamental que eles teriam no desdobramento e execução das decisões institucionais.

Alcance e alguns resultados da comunicação interna

- As comunicações foram compartilhadas com os mais de 15 mil funcionários, sendo algumas delas estendidas aos seus dependentes e familiares.
- Foram enviados 540 comunicados por *e-mail*.
- Publicação de 450 matérias em nosso Jornal Mural.
- Mais de 600 notícias em nossa TV Corporativa, espalhadas pelas unidades e focadas no público que não tem acesso frequente aos meios digitais.
- Durante o ano, alcançamos o engajamento de mais de 250 publicações realizadas em nossa rede social interna, com mais de 7 mil comentários e mais de 23 mil reações.
- Todo esse trabalho contribuiu para que os profissionais do Einstein se sentissem satisfeitos com a comunicação interna, que alcançou aprovação de 87%, de acordo com o resultado da pesquisa de clima anual de 2020.

Clareza e Direcionamento: do presencial
para o *on-line* em tempo real

Lembram-se do início deste capítulo, quando comentamos sobre o primeiro evento do ano de 2020 em nosso auditório, com 500 profissionais? Dois dias após este evento, não era mais possível nos reunirmos em um auditório. As medidas de isolamento social e restrições quanto a aglomerações nos colocaram à frente de um novo desafio. Como manter essa comunicação interativa e em tempo real, através da interação com as pessoas?

Diante do volume e da velocidade das informações acerca da pandemia no Estado de São Paulo, identificamos que devíamos ir além das comunicações formais através do nosso boletim quase que diário sobre os assuntos; precisávamos de uma forma para manter um diálogo em tempo real: informar, mas também responder às questões das pessoas, ouvir sugestões e saber quais eram as prioridades para elas naquele momento. Além de nos sinalizar e informar as questões que estavam surgindo na operação, na ponta. No dia 16 de março de 2020, segunda-feira, fizemos uma reunião *on-line* com as lideranças.

As lives institucionais, as quais nomeamos como "Diretrizes e Esclarecimentos frente à Covid-19", tiveram como objetivo o fortalecimento do canal de comunicação entre a liderança executiva, demais lideranças e colaboradores, voltadas ao esclarecimento e à resolução de dúvidas relacionadas às diretrizes da sociedade frente ao cenário da Covid-19.

Figura 8: Primeira live realizada (16 de março de 2020).

Fonte: Arquivo SBIBAE.

Figuras 9 e 9.1: Exemplo: live sobre o início da 2ª onda da pandemia, em 2021.

"Momento de Esperança"
Sidney Klajner

"Reconhecimento pela qualidade da entrega"
Sidney Klajner

"Olhar saúde privada e o pública como um só"
Henrique Neves

"Admiração e Agradecimento a todos"
Sidney Klajner

"Estamos escutando o tempo todo, continuem se manifestando..."
Henrique Neves

"Sabemos o custo humano"
Henrique Neves

"A organização segue olhando para suas pessoas e mobilizando todas as ações de suporte..."
Henrique Neves

Henrique Neves
Diretor Geral

"Não há como prestarmos um serviço de qualidade, se a gente não cuidar de quem cuida"

"A força e a resiliência de vocês tem sido notável...e nós precisamos cuidar das pessoas nesse processo. Parte do que temos feito é discutir com todos vocês...temas que vocês tem colocado, recolher opiniões"

"O que precisa é pedir ajuda. A organização está sensível a isso, tem estrutura...é uma situação que a maior parte da população do mundo está passando. Não é motivo de vergonha passar por esta situação."

Fonte: Arquivo SBIBAE.

Interações: alguns comentários realizados pelos colaboradores através do chat, do link de perguntas e dos questionários pós-live

"Momento esclarecedor e que transmitiu segurança por meio de informações claras e objetivas. Instituição que, de fato, se preocupa com os colaboradores, com suas expectativas, e está sempre junto para nos apoiar. Gratidão resume o que sinto".

"As reuniões virtuais serão a nova realidade. Parabéns a todos! A transparência constante para as ações resguarda nossa fala junto aos colaboradores. #tamujunto"

"Fico muito satisfeita com a forma como o nosso CEO se direciona aos funcionários. Ele transmite muito respeito e confiança. Parabéns!"

"Parabéns por seguir com a missão da instituição durante toda essa crise e toda transparência/apoio aos colaboradores durante o período".

"Parabéns a todas as lideranças e aos executivos pela condução das ações junto às equipes. #orgulhoempertencer".

"Muito boas as lives e a presença da diretoria, mostra o engajamento dos tomadores de decisão".

"Uma das melhores partes da live foi o depoimento de Henrique Sutton de Souza Neves, nosso Diretor Geral, que fez sentir que todos, inclusive o diretor de uma grande empresa, podem ter necessidade de ajuda, e que não é vergonha alguma solicitar essa ajuda. Nesse sentido, me senti ainda mais orgulhosa da empresa onde trabalho, com figuras humanas, que também sofrem como todos nós".

Como nos organizamos:

1. **Lives específicas por públicos e temáticas:**

   - Lideranças.
   - Todos os Colaboradores.
   - Por Diretoria.
   - Temáticas: Saúde e Segurança do Colaborador, Saúde Mental, *Home Office*, entre outros temas sugeridos pelos colaboradores.
   - Envio de convite com link para perguntas prévias, de forma anônima. Não havia censura, todas perguntas eram importantes.

Figura 10: Análise das perguntas recebidas.

Fonte: Arquivo SBIBAE.

2. **Assuntos abordados:**

Contextualização do cenário (plantão do dia), Atualizações do ponto de vista da Ciência, Pesquisa, Saúde, Temas de relevância para orientação à segurança, saúde e experiência do colaborador e moderação das perguntas recebidas antes e durante a live.

3. Os *speakers:*

Presidente, Diretor Geral, COMEX, Representantes das áreas: Pesquisa, Médica, Saúde do Trabalho, Saúde Populacional e Serviço de Controle de Infecção Hospitalar.

4. Canais e plataformas utilizadas:

Transmissão pelas ferramentas *Zoom* e *Workplace*, permitindo a gravação e posteriormente o acompanhamento por aqueles que não participaram ao vivo.

Ferramentas de interatividade: Mentimeter, para questões e geração de respostas pelos participantes, link para avaliação de reação do evento, pulses no momento da avaliação para captação de novos temas, contribuições e melhorias.

- Em uma palavra, como você se sente atualmente em relação ao Einstein?
- Quais temas você sugere que sejam tratados nas lives?
- Quais as ações você sugere para o recebimento de informações e treinamentos para a sua atuação?
- Quais ações o Einstein podem contribuir para a melhor experiência do colaborador?
- Como você tem agido para o autocuidado pessoal, físico e mental?
- Comentários e sugestões.

Moderação: equipe de Recursos Humanos.

Em 2020, foram realizadas 101 lives.

5. Acompanhamento e reporte:

Consolidação das informações quantitativas e qualitativas, análise e reporte através de relatórios, implementação das ações sugeridas e comunicação junto às lideranças e colaboradores.

Adaptação das ações de desenvolvimento de liderança e Gestão de Pessoas

O ambiente da saúde é criticamente dependente de pessoas, o que estabelece diferentes desafios na liderança e na gestão das equipes. Diante do cenário em transformação, dinâmico, de novas expectativas da força de trabalho e das novas gerações e relações de trabalho, a competência da liderança passa a ser algo inerente à atividade do profissional da saúde. Desde 2011, o Einstein tem estruturado o Programa de Desenvolvimento de Lideranças Einstein (PDLE), com o propósito de capacitar e desenvolver as lideranças por meio de um conjunto de ações que visam estimular o engajamento e o papel do gestor no desenvolvimento das equipes, com ferramentas que dão suporte aos líderes para orientação de carreira, estimulando-os a investir no crescimento de seus profissionais e preparar sucessores. Essas ações são revisitadas periodicamente e adaptadas à realidade de cada nível do *pipeline* de líderes do Einstein. As características dos líderes de que precisamos agora são distintas daquelas que nos foram apresentadas no passado não tão distante.

Em março de 2020, nosso questionamento foi *"como daremos o suporte necessário para a liderança sem sobrepor a sua agenda e, de forma ágil e adaptativa, ofertar aquilo que é essencial para a sua atuação como líder, principalmente nas demandas emergentes deste ano? Além disso, como cuidar dos líderes?"* E nos vimos diante de questões para as quais não tínhamos respostas ou, talvez, respeitamos que devíamos entender que não havia nada pronto para aquele contexto e, como já era uma prática nossa em construir juntos, pensamos: "vamos ouvi-los".

Para atingir o propósito de forma direta e em tempo real, nosso primeiro passo foi a estratégia em formato de lives e, a partir dessa ação, diversas outras ações foram adaptadas devido a essa experiência. Descreveremos o Momento Liderança, uma ação implementada a partir da exploração e espaço de escuta junto às lideranças, que apontavam quais os temas emergentes que lhe apoiariam no exercício da liderança e gestão de pessoas no cenário da pandemia. O modelo considerou o líder no centro desta experiência de aprendizagem e desenvolvimento, iniciando com exploração e empatia. Contamos também com consultores externos que doaram o seu tempo para conduzir estes momentos. Estes nos procuraram com a mensagem "o que posso oferecer para auxiliar líderes da saúde?".

Aproveitamos para agradecer alguns profissionais que estiveram conosco nesta iniciativa "Momento Liderança", conduzindo temáticas relevantes para a nossa liderança, dedicando seu tempo, seu conhecimento e mensagens de incentivo e admiração aos nossos líderes: Monja Coen, Sofia Esteves, Rogério Chér, Jaime Jimenez, Fátima Jinnyat, Auro Honda, Karen Monterlei, Danilo Alencar, Rafael Souto, Eduardo Carmello, Aline Sordilli, Romeu Andreatta, Rodrigo Koxa, Alberto Pezeiro, Julia Gianzanti e Izabela Mioto, através de um gesto colaborativo em prol da missão pelo cuidado à linha de frente.

O *Momento Liderança* abordou os temas sugeridos pelos líderes, com foco no desenvolvimento e conhecimento de práticas para o exercício da autoliderança e gestão de pessoas. Através de uma série de ações *on-line* (síncronas e assíncronas) nas plataformas *Workplace* e *Zoom*, com temáticas emergentes e prioritárias para atuação do Líder do "futuro do agora", considerando o cenário diverso, dinâmico e ágil.

Como os temas do Momento Liderança foram definidos?

- Mapeamento de sugestões dos nossos líderes ao responderem o questionário pós-live e em reuniões junto às áreas.

- Temáticas relacionadas a Habilidades Socioemocionais e/ou conhecimentos importantes para o desenvolvimento dos líderes em tempos complexos.
- Sugestões enviadas durante a live, através do chat de interação.
- Oferta de temas pelos consultores voluntários, de acordo a sua expertise.

Quem conduziu as temáticas?

- Profissionais: consultores externos e profissionais do Einstein, especialistas em determinados temas e/ou multiplicadores de conhecimento devido às práticas junto às áreas e equipes sob sua liderança. A cada encontro, os líderes da Instituição eram convidados para compartilhar depoimentos e práticas acerca do tema apresentado.

Experiência Digital

- Através da modalidade *on-line* (síncrona), foi utilizada metodologia ativa de aprendizagem, permitindo interatividade e uso de ferramentas digitais para a aprendizagem social e colaborativa. O objetivo era de troca e transferência prática do aprendizado, e não de "aula" expositiva.
- Todas as sessões foram gravadas e disponibilizadas para posterior acesso. Cada encontro foi acompanhado por uma facilitadora gráfica.

Figura 11: Momento Liderança: *Accountability*.

Fonte: Arquivo SBIBAE – Produzido por Marcia Sakamoto.

A história do Einstein e sua missão foram resgatadas na pandemia, não só pela completa aderência aos seus valores e propósito, mas pela espontânea manifestação dos nossos colaboradores e, especialmente, por ser um ano especial, no qual celebrávamos os 65 anos do Einstein.

Em agosto de 2020, para comemorar e ao mesmo tempo afirmar o que nos motivava a seguir adiante, lutando pela vida, fizemos uma série de comunicações resgatando a nossa história por meio dos nossos valores. Para compartilhar um pouco sobre a nossa história, fizemos lives com a participação de pessoas que contribuíram nessa trajetória. As lives seguiam a temática *Tikun Olam* (do hebraico "Transformar o Mundo"), e foram moderadas pelo Presidente do Conselho da Sociedade Beneficente Israelita Brasileira Albert Einstein, Dr. Claudio Lottenberg.

Escaneie o *QR Code* abaixo para prestigiar o 1º Encontro *Tikun Olam* - História do Einstein:

Além destas ações implementadas em resposta ao cenário, o Einstein manteve alguns encontros e eventos, os quais fazem parte do Programa de Desenvolvimento de Líderes Einstein (PDLE). Detalharemos a seguir um destes eventos.

O Encontro Einstein de Líderes é realizado anualmente com todos os líderes da Instituição. No cenário de pandemia, foi mantido e adaptado ao formato digital, com aplicação de metodologia ativa de aprendizagem mediada por tecnologia, de forma a manter a interação e a conexão humanizada entre todos. A nova modalidade permitiu a ampliação do público-alvo, a manutenção do alinhamento quanto às diretrizes futuras e, essencialmente, o fortalecimento do Propósito, da Missão e dos Valores comuns. A seguir, apresentamos um breve resumo a partir da facilitação gráfica realizada durante os eventos.

2020 – Encontro Einstein de Líderes: "Liderança e Protagonismo em cenários complexos e em transformação"

Nesse encontro, foram relembrados o caminho percorrido naquele ano, todos os desafios enfrentados e os novos aprendizados. Embarcamos em uma viagem e vinculamos a experiência ao desbravamento de mares agitados, afinal, "mares calmos não fazem bons marinheiros". Nesse trajeto, o encontro contou com a condução do Dr. Claudio Lottenberg e participação do Dr. Sidney Klajner e Henrique Sutton de Souza Neves, além da nossa cerimonialista "Tina", a assistente virtual de Recursos Humanos, que apresentou a programação, os *speakers* e os momentos interativos do evento. Foi um encontro emocionante, cercado de reconhecimento e agradecimentos à toda liderança.

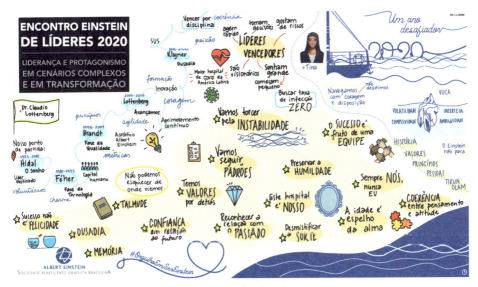

Figura 12: Encontro Einstein de Líderes 2020.

Fonte: Arquivo SBIBAE.

226 | NA LINHA DE FRENTE: ENFRENTANDO O DESCONHECIDO

Figura 12.1: Encontro Einstein de Líderes 2020.

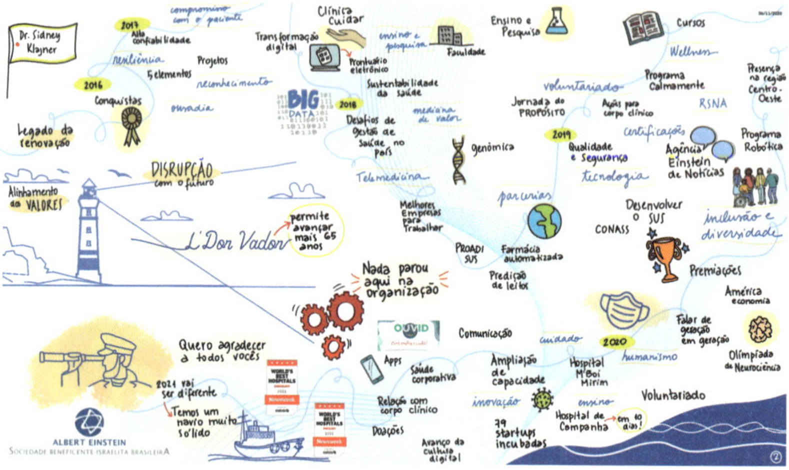

Fonte: Arquivo SBIBAE.

Figura 13: Encontro Einstein de Líderes 2020 – Dr. Sidney Klajner, Dr. Claudio Lottenberg e Henrique Sutton de Souza Neves.

Fonte: Arquivo SBIBAE.

2021 – Encontro Einstein de Líderes: "Protagonismo e Liderança, somos o futuro"

O Encontro Einstein de Líderes 2021 teve como tema "Protagonismo e Liderança, somos o futuro". O evento contou com a condução e participação do Dr. Claudio Lottenberg, do Dr. Sidney Klajner e de Henrique Sutton de

Souza Neves. Contou, ainda, com a participação da Sra. Luiza Helena Trajano, Presidente do Conselho de Administração do Magazine Luiza, que, de forma voluntária, nos concedeu o seu tempo, presenteando e inspirando a todos os líderes com suas palavras e exemplo.

Figura 14: Encontro Einstein de Líderes 2021 – Dr. Sidney Klajner e Luiza Trajano.

Fonte: Arquivo SBIBAE.

"Líder é aquele que leva as pessoas mais longe do que elas acham que podem ir. Mas, para isso, os líderes precisam se levar mais longe!"

Luiza Helena Trajano
Presidente do Conselho de Administração Magazine Luiza

Emocionado, o Dr. Sidney Klajner relembrou as realizações diante de mais um ano desafiador. Destacou os princípios e os valores presentes em toda a história do Einstein, assim como a dedicação das pessoas na realização de algo maior. Acrescentou que em nenhum momento fomos paralisados no enfrentamento ao desconhecido. Pelo contrário, seguimos acreditando que seria possível, mesmo frente às incertezas, algo que também está no DNA do Einstein desde a sua concepção.

Quando foi a última vez que você fez algo pela primeira vez?

Durante diferentes momentos do ano, o Dr. Sidney Klajner demonstrou, através do seu exemplo, a importância do autocuidado e, no encontro, compartilhou uma profunda mensagem aos líderes, aproveitando o momento para reconhecer as lideranças do Einstein e falar sobre os seus aprendizados como líder durante os últimos dois anos, estimulando as lideranças a refletirem sobre autocuidado, equilíbrio e bem estar, por exemplo.

> *"Muitos acham que falar sobre problemas de saúde mental no ambiente de trabalho ou compartilhá-los publicamente ou, ainda, admitir isso para si mesmos, é sinal de fraqueza. Estão enganados. É justamente o contrário: é sinal de força, de coragem."*
>
> Dr. Sidney Klajner

A seguir, duas imagens que representam este momento do Encontro.

Figura 15: Encontro Einstein de Líderes 2021:
Dr. Sidney – *Quando foi a última vez que você fez algo pela primeira vez?*

Fonte: Arquivo SBIBAE.

> *"Além disso, nesse período de pandemia também voltei a estudar violão, com aulas on-line. Dica preciosa de um paciente."*
>
> Dr. Sidney Klajner

Figura 16: Dr. Sidney Klajner – Seresteiros e 7º Oscar da Segurança.

Fonte: Arquivo SBIBAE.

"O futuro antecipado tem nos mostrado que temos que nos colocar na posição de eternos aprendizes e, porque não, como alunos de novos conhecimentos, novos modelos, novas perspectivas, novas formas de fazer... gerar oportunidades na formação de novos líderes."

Dr. Sidney Klajner

Nesse momento do encontro, a aluna e formanda da primeira turma de graduação da Medicina do Einstein, Daniela Harsanyi, participou do evento e falou para todas as lideranças: *"Em 2016 eu me inscrevi para uma faculdade nova, a Faculdade de Medicina do Einstein. Nos sentimos muito felizes por fazer parte da construção dessa faculdade. O meu sentimento e meu carinho são mais que especiais:* **não só me formei médica, mas também nos sentimos parte da cocriação da faculdade. Me sinto muito feliz e muito grata em fazer parte disso**. *Agradeço a cada um de vocês que colaboraram para tirar esse sonho do* *papel. O meu ponto favorito da faculdade são as pessoas que conheci e fizeram parte da minha formação. São as pessoas que, de fato, trabalham e se dedicam para a formação de futuros médicos e pessoas melhores. Quero doar a minha melhor versão com o meu trabalho para poder construir junto com vocês esse futuro. Vou lembrar sempre com muito carinho. Acreditamos que eu e meus colegas somos sim os futuros líderes da nossa geração".*

Figura 17: Encontro Einstein de Líderes 2021 – Formanda Daniela Harsanyi
1ª turma da Graduação de Medicina.

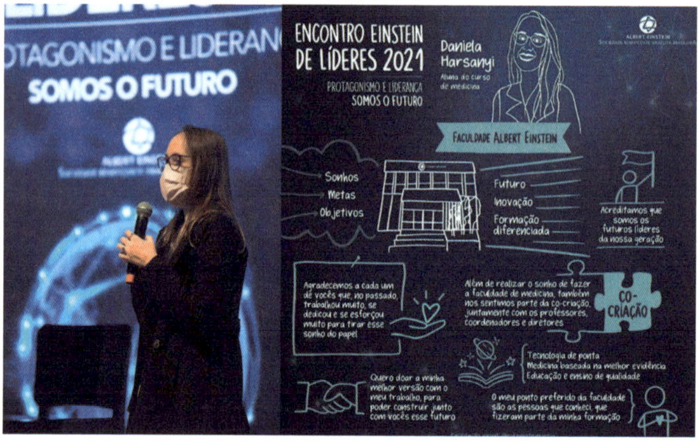

Fonte: Arquivo SBIBAE – Produzido por Marcia Sakamoto.

Para o encerramento do evento, foi prestada uma homenagem aos líderes. A seguir a imagem do momento final do evento, no qual o Dr. Sidney Klajner está ao violão acompanhado pela convidada Julia Farias, formanda em 2021 da primeira turma do Ensino Médio Técnico do Einstein. Juntos, cantaram a música *Tempos Modernos* (Lulu Santos) para todos os líderes.

Figura 18: Encontro Einstein de Líderes 2021: Música *Tempos Modernos* Apresentação da aluna Julia Freitas e do Dr. Sidney Klajner.

Fonte: Arquivo SBIBAE.

Escaneie o *QR Code* abaixo para prestigiar a apresentação da aluna Julia Freitas e do Dr. Sidney Klajner:

A essência da liderança, o líder na sua essência

Um estudo da "*McKinsey & Company*" mostrou que as lideranças estão mudando a sua maneira de liderar e, entre os aspectos, pode-se destacar a velocidade e a agilidade na tomada de decisão. Nesse cenário, também ganharam importância as habilidades de liderar com empatia, vulnerabilidade e propósito.

Escaneie o *QR Code* abaixo para acessar o artigo da *McKinsey & Company* com o tema "Segurança psicológica e o papel crucial do desenvolvimento da liderança":

É indiscutível a afirmação de que as lideranças tiveram grandes e importantes aprendizados nos anos de 2020 e 2021. Muitos temas foram colocados à prova na prática. Entre eles, não podemos deixar de citar o *fator humano*, neste momento abarcado por questões relacionadas aos temas saúde mental, equilíbrio e bem-estar, habilidades socioemocionais, segurança psicológica, empatia e confiança. O cenário exigiu um conjunto de comportamentos no estilo de liderar, agregando ainda a autoconsciência pelo próprio líder em reconhecer a sua essência humana. Como citado no livro *A Coragem de Liderar*, da autora e pesquisadora Brené Brown, é preciso ter coragem para liderar e só chegaremos lá quando aceitarmos e usarmos nossa vulnerabilidade. O ser humano é vulnerável e não existe nenhuma pessoa que nunca experimentou emoções como incerteza, sentir que está em risco ou medo do desconhecido.

Nesse sentido, essa abordagem foi tratada em diferentes ações para todos os colaboradores, como serão apresentadas no capítulo 7 deste livro. O que queremos destacar nesse momento é o valor do exemplo genuíno dos nossos líderes, a posição em que se colocaram em cada interação com os colaboradores, seja para uma fala transparente em assumir "não temos estas respostas", seja para compreender cada detalhe e necessidades dos colaboradores, seja para decidir com a firmeza necessária, com os olhos emaranhados e voz *embar*gada de emoção, seja pelas noites mal dormidas, com a preocupação com as suas famílias, muitas vezes renunciando o tempo com elas, estando presentes para decidir o que mais podíamos fazer pela saúde, pelos pacientes, pelos colaboradores e pelo Brasil. De fato, atuando na essência da liderança e sendo líder na essência. O reconhecimento desta postura, exposição declarada e genuína, foi acompanhado por todos os colaboradores, sendo reconhecido e inspirado pela conexão humana e exemplar.

"A palavra convence, o exemplo arrasta"

Confúcio, filósofo

Houve muitas manifestações de agradecimento pelos colaboradores, através dos comentários nas lives internas, *posts* nas mídias sociais, registros no SAC-RH e os mais diferentes símbolos e significados de reconhecimento e gratidão. De fato, gestos grandiosos que, certamente, resultariam em um novo livro onde se pudesse relatar o reconhecimento recebido por cada líder. A seguir, demonstraremos dois exemplos que simbolizam o impacto destes gestos.

Figura 19: Quadro/ilustração do Dr. Sidney Klajner.

Fonte: Arquivo SBIBAE.

O quadro apresentado acima foi um presente entregue ao Dr. Sidney Klajner, Presidente do Einstein, representando a sua liderança nesse período, pela sua presença, atuação como líder e principalmente pela conexão humana e emocional junto aos colaboradores. A entrega foi realizada por um colaborador em nome de todos os colaboradores do Einstein.

Outro exemplo foi o poema-homenagem elaborado durante o encontro com o Presidente realizado em dezembro de 2021. Inspirada pela apresentação e palavras conduzidas pelo Dr. Sidney Klajner, a poetisa e facilitadora poética Fátima Affonso escreveu o poema no decorrer do evento e o recitou ao final, como uma homenagem surpresa ao Dr. Sidney e a todos os líderes do Einstein.

Figura 20: Encontro Einstein de Líderes 2021: Poema *Visionários*
Poetisa Fátima Affonso.

Visionários

liderar é viver sempre em primeira vez!
em primeira pessoa, também...
DO PLURAL!

é ver o futuro de perto
mais que isso... AQUI tão perto!
é senti-lo aqui e agora
o FUTURO aqui no PRESENTE

nossa DÁDIVA!
cada dia, DIA A DIA,
estar SEMPRE À FRENTE
priorizar a relação profissional & paciente
num trabalho PUNGENTE

CONSCIENTE!

o esforço pode ser gigante
mas, o EQUILÍBRIO se manteve!

a água pode subir
mas, fazemos dela nossa gota
a COTA de EINSTEIN
inundando comunidades,
transbordando CORAÇÕES

se há o lado bom da guerra
é sair dela FORTALECIDOS
TRANSFORMADOS
PREENCHIDOS

compreendendo
que vale a pena VISIONAR
sustentar a atenção HUMANIZADA:
nossa forma de dar COLO
fortalecer alianças
INSPIRAR colaboração

ultrapassando fronteiras
levadas pela história, pela cultura...
PRINCIPALMENTE, por PESSOAS!

ah! a empreitada é TÃO BELA!
TÃO CONSISTENTE!
TÃO ACOLHEDORA!
disseminamos saúde, conhecimento
educação, precisão, talento
INOVAÇÃO e EQUIDADE
sem perder nossa essência:
a SIMPLICIDADE

somos PROVOCADORES
SONHADORES
TROVADORES!
SERESTEIROS soltando nossa voz

num canto uníssono
AFETUOSO
MARCANTE
EMOCIONANTE
TOCANTE!

edificando nossa PIRÂMIDE
somos, sem sombra de dúvidas,
GIGANTES!

... E ESTAMOS EM CASA!

Fátima Affonso | @_by.fa

Fonte: Arquivo SBIBAE.

Escaneie o *QR Code* abaixo para prestigiar o áudio do poema "Visionários":

    O poema foi transcrito em *lettering* pela colaboradora Natany Ribeiro de Oliveira, que atua como Analista de Recursos Humanos do Einstein, e posteriormente entregue ao Dr. Sidney Klajner.

Figura 20.1: Quadro do poema *Visionários*.

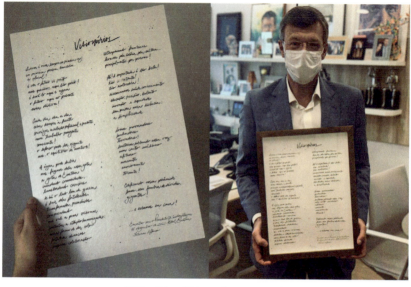

Fonte: Sidney Klajner – Acervo pessoal.

O colaborador como protagonista da mensagem: #OrgulhoEmSerEinstein

"Se você estabelece um ambiente de comunicação e confiança, isso vira tradição."

Mike Zrzyewski

A comunicação informal ganhava uma proporção impactante, e através dos canais internos recebíamos e monitorávamos as manifestações. Na rede social interna do Einstein, o *Workplace*, os colaboradores replicavam os comunicados e informativos internos, além dos conteúdos educativos referentes à pandemia, mais essencialmente a respeito do manejo e do comportamento seguro, como guardiões fiéis à boa prática. A postura ética permeava todas as mensagens, mantendo a postura efetiva contra *fake news*. Em paralelo, as redes sociais externas eram monitoradas, e a forma espontânea, que muitos colaboradores, alunos e pacientes manifestavam suas percepções em relação ao Einstein nos chamava a atenção. Nesse momento, o time de Recursos Humanos lançou um novo desafio: "vamos mapear o que os nossos colaboradores estão postando, mas com a intenção de identificar o que é importante para eles, na intenção de mapear os sentimentos e as necessidades deles".

De forma quantitativa, percebemos a evolução mensal dos seguidores, crescimento que vinculamos com as principais iniciativas da instituição, conforme descrição a seguir:

Já no aspecto qualitativo, fizemos uma "análise de sentimentos", considerando as palavras mais utilizadas mensalmente nas publicações. O grupo dos "ninjas" consolidou os dados em uma linda imagem, demonstrando o pulsar do coração dos nossos colaboradores, traduzindo as emoções e sentimentos envolvidos. Essa imagem inspirou a capa deste livro.

Figura 21: Pulsação – Palavras mais presentes nos depoimentos espontâneos dos colaboradores.

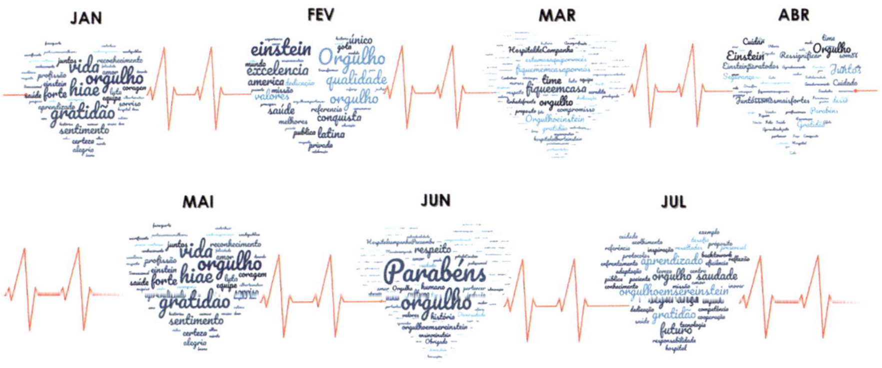

Fonte: Arquivo SBIBAE.

A coleta destas informações nos permitiu incorporar novas estratégias para a comunicação e melhor experiência dos colaboradores. A cada manifestação, buscávamos explorar qual era a conexão e valor percebido pelo colaborador.

Nesse período, foi lançada a campanha "Ser Einstein é Transformar Valores em Atitudes", apoiados pelo nosso propósito, cultura e valores. Foram instituídas diversas ações que buscaram o reconhecimento dos nossos funcionários. A #OrgulhoEmSerEinstein ganhou força com a publicação interna de um manifesto que buscou construir uma rede de apoio e cooperação.

Escaneie o *QR Code* abaixo para prestigiar o vídeo da campanha "Ser Einstein é transformar valores em atitudes":

Figura 22: Campanha "Ser Einstein é transformar valores em atitudes" #OrgulhoEmSerEinstein.

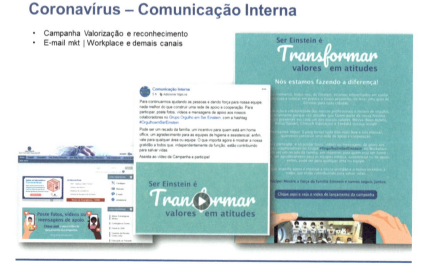

Fonte: Arquivo SBIBAE.

Iniciativas de acolhimento e cuidado foram implantadas a partir de um esforço conjunto de diversas áreas voltado às necessidades dos nossos colaboradores.

Escaneie o *QR Code* abaixo para prestigiar o episódio 02 da campanha
"Ser Einstein é transformar valores em atitudes", com o tema "acolhimento e cuidado":

Nesse contexto, trouxemos histórias de colaboradores que sentiram na pele a transformação ocasionada pelo esforço conjunto das pessoas que trabalham e compartilham dos mesmos valores do Einstein. Trouxemos depoimentos emocionantes de colaboradores que se contaminaram e foram atendidos e cuidados pelo Einstein. Mostramos também os bastidores dos esforços realizados por diversos times para enfrentamento da pandemia: *Hospital de Campanha, Treinamento e Capacitação, Gestão de Pessoas*. Atitudes ímpares e exemplares foram expostas a toda a organização, como a humanização das televisitas realizadas pelas unidades, por exemplo.

Evolução do Modelo de Gestão de Clima, Engajamento e Experiência do Colaborador em meio à pandemia

O Einstein tem como premissa o cuidado centrado na pessoa, sendo este um dos valores incorporados na gestão das pessoas. Mas, antes de detalharmos essa premissa, resgataremos alguns conceitos e o percurso relacionado à Experiência do Colaborador em nossa instituição.

No início deste capítulo citamos a Pesquisa de Clima anual conduzida no Einstein. Embora seja uma ferramenta efetiva na coleta da percepção de nossos colaboradores, há alguns anos temos adotado outros mecanismos como "termômetro" de clima, engajamento e experiência do colaborador no Einstein. Você já deve ter ouvido algo sobre "a pesquisa de clima é uma fotografia e não um filme!", portanto, sabemos que apenas uma pesquisa não é suficiente e devemos incorporar estratégias e ações adicionais. De forma prática e para compreensão da lógica utilizada, compartilharemos algumas informações e fases do processo no Einstein.

Canais e fontes que fornecem informações acerca da percepção, satisfação, sugestões, engajamento, clima e interações com o colaborador:

- Pesquisa de Clima e Engajamento.
- Pesquisas Pulse Periódicas.
- Pesquisa da Saúde do Colaborador.
- Rede Social Interna e Externa.
- SAC-RH.
- Questionário / Formulário após Lives Internas.
- Café com o Diretor Geral.
- Comitê de Experiência do Colaborador.

Entendemos que é fundamental compreender como os colaboradores percebem as ações praticadas, como eles avaliam os programas, quais as fortalezas e as oportunidades. Não se trata da ação por si só, mas também de proporcionar às pessoas aquilo que atenda suas necessidades e que faça sentido no seu contexto, principalmente quando compreendemos que a organização é composta pela diversidade de pessoas e que, naturalmente, possuem expectativas inerentes ao seu contexto. Algumas das perguntas que devemos explorar: "Quem são os colaboradores? Você conhece a população que compõe a sua organização? Não apenas no aspecto quantitativo, mas qualitativamente ou, como se estuda na jornada do cliente, quem são as *personas*?".

O conjunto de iniciativas realizadas no Einstein para a melhor experiência do colaborador traz como diferencial a análise integrada da percepção de valor dos profissionais, impactando diferentes aspectos da vida (pessoa no centro do cuidado) e não apenas no âmbito profissional.

Figura 23: A experiência do colaborador na perspectiva do Einstein (Consultoria Mercer).

"Quem sou e o que valorizo"

COLABORADORES
Minhas expectativas, moldadas por quem eu sou e pelo que valorizo

EVENTOS
A sequência de momentos na jornada de um funcionário, com e sem script

AMBIENTE
Os pontos de contato, moldados por interações dentro da organização

Cultura, pessoas e lideres, trabalho, programas e processos, local de trabalho/tecnologia

Eventos na organização (Jornada) e da vida, eventos da carreira,.

O cuidado é centrado na pessoa e o compromisso é de todos!

Fonte: Arquivo SBIBAE.

A valorização da voz do colaborador e do espaço de escuta permitiu que as lideranças atuassem de forma assertiva e rápida, priorizando as necessidades da equipe e do momento. Não era mais possível apenas seguir o plano de ação da pesquisa de clima traçado para o ano e, mais uma vez, fortalecemos a voz do colaborador por meio de diferentes canais de mapeamento (lives, pesquisas, reuniões).

Em junho de 2020, pudemos compartilhar sobre o tema "Experiência do colaborador frente à pandemia", contando com a participação de Thais Lins, Enfermeira do Einstein e de Stéfani Guerrero, Líder de Engajamento e *Employee Experience* na Mercer Brasil, que gentilmente cedeu o seu tempo para colaborar com essa live para os profissionais da saúde. A live contou com a participação das organizadoras deste livro, Míriam Branco e Simone Azevedo.

Escaneie o *QR Code* abaixo para assistir ao vídeo
"Gestão de pessoas na área da saúde: experiência do colaborador frente à pandemia":

Na perspectiva do olhar centrado na pessoa, o Einstein manteve o compromisso com o posicionamento acerca da Diversidade e Inclusão. A seguir, demonstraremos uma das iniciativas realizadas em 2020, a qual contou com o envolvimento da Diretoria, lideranças e colaboradores.

Escaneie o *QR Code* abaixo para assistir ao vídeo
"Orgulhe-se de ser quem você é! Experiências e a importância da diversidade e inclusão no Einstein":

2021 | Novo cenário, novas necessidades na experiência do colaborador

O ano foi iniciado com o rotineiro plano de ação da pesquisa de clima do ano anterior, mas, a partir de março, incorporamos novas ações. Já havíamos experimentado adaptações no ano de 2020, contudo as soluções não necessariamente seriam as mesmas, pois o cenário se apresentava novamente diferente. Podemos afirmar que a maestria da curva de maturidade do engajamento foi demonstrada na prática mais uma vez. O conceito da jornada e experiência do colaborador se pautou no modelo design, que já na década de 90 utilizava a jornada de experiência do usuário, o que para nós era algo essencial por ressaltar a pessoa no centro da experiência. De forma prática, o aprendizado que não deveria mais ser novidade para ninguém é "a solução a partir da perspectiva do cliente, nesse caso o cliente interno".

Acompanhando o cenário da Covid-19, e para fortalecer ainda mais as experiências e atuar priorizando ações simples e emergenciais, em março de 2021 criamos o *Comitê de Experiência do colaborador*, um grupo multidisciplinar autogerenciado com 78 colaboradores destacado pela representatividade, pois é composto por pessoas de diferentes áreas, unidades e categorias.

- Levantar as percepções e "dores" dos colaboradores.

- Utilizar informações já coletadas em pesquisas, canais internos.
- Captar sugestões e necessidades *in loco*.

> *"Quando a comunicação é boa, ela informa. Quando é ótima, ela engaja e incentiva os colaboradores a agirem"*
>
> David Grossman

Figura 24: Comitê Experiência do Colaborador.

Fonte: Arquivo SBIBAE.

Utilizamos diversos canais para mapeamento das necessidades e sugestões – pesquisas anônimas, perguntas de temas recorrentes nas lives institucionais, reuniões com equipes, reuniões com lideranças, levantamento de sugestões com lideranças – para identificar as ações sinalizadas pelo público como prioritárias. Por meio de um mapa de empatia, foi possível priorizar as "dores" atuais e agir nas necessidades dos públicos, proporcionando o que realmente agrega valor.

Figura 25: Principais frentes de atuação do Comitê Experiência do Colaborador.

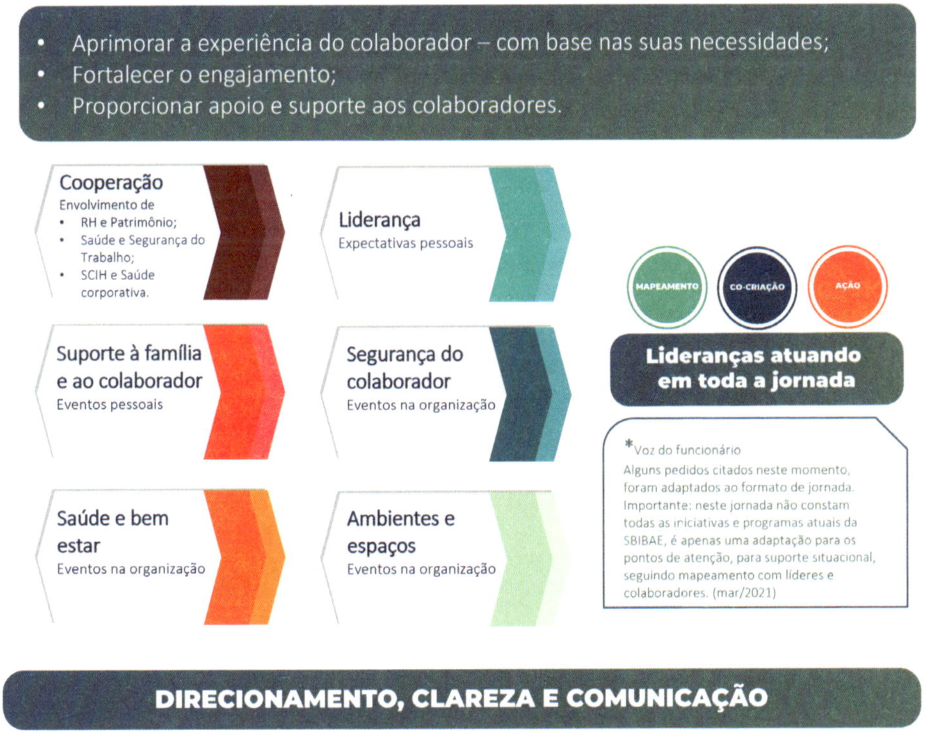

Fonte: Arquivo SBIBAE.

As frentes identificadas foram: Ambientes e Espaços, Equilíbrio, Saúde e Bem-estar, Segurança do Colaborador, Suporte às famílias e aos Colaboradores e Lideranças. Para cada frente, foram definidos formatos para mapeamento junto às áreas e colaboradores, de forma a compreender as necessidades coletivas e/ou individuais. Essa iniciativa gerou uma forte colaboração entre os colaboradores do Comitê, representados pelas áreas responsáveis pelas frentes definidas e colaboradores da linha de frente de diferentes áreas de atividades. A iniciativa foi fortemente apoiada pela Diretoria do Einstein, que acompanhava periodicamente as necessidades apontadas e endereçavam agilmente a implementação das ações.

Como exemplo, traremos uma iniciativa implementada a partir do apontamento de uma colaboradora que prontamente levou a situação para o Comitê de Experiência do Colaborador. A colaboradora relatou da seguinte forma: *"Vi uma funcionária chorando e fui conversar com ela. Ela me contou que o marido havia sido demitido há alguns meses da empresa em que atuava e, como eles tinham quatro filhos, estavam passando por muitas dificuldades financeiras, inclusive para a alimentação da família. A nossa equipe fez uma vaquinha e a ajudou para fazer uma compra de alimentos".* Embora no ano de 2020 tivéssemos realizado algumas iniciativas de entrega de cestas básicas doadas por algumas instituições e das cestas de final de ano concedidas pelo Einstein. Em 2021, foi realizada uma nova ação e este relato foi compartilhado em uma das reuniões de reporte à diretoria, a resposta a seguir foi *"vamos fazer um mapeamento de vulnerabilidade econômica dos nossos colaboradores e assumiremos a concessão de cestas básicas. Devemos ser rápidos, é uma prioridade para nós".*

Figura 26: Fornecimento de cestas de alimentos aos colaboradores em situação de vulnerabilidade financeira.

Fonte: Arquivo SBIBAE.

Foi enviado um comunicado aos colaboradores para manifestação de interesse e participação da pesquisa para avaliação da real necessidade dos critérios de vulnerabilidade, para que pudessem receber a cesta básica e/ou apoio social através do Programa de Orientação Pessoal (POP).

Figura 27: Cestas de alimentos aos colaboradores – Critérios de elegibilidade.

Fonte: Arquivo SBIBAE.

No total, 1.914 colaboradores foram atendidos nessa ação.

Importante lembrar que, diante do agravamento do cenário da pandemia, as questões de vulnerabilidade social e econômica no país foram acentuadas. Desde o início da pandemia, em março de 2020, o Voluntariado Einstein promoveu campanhas de arrecadação para atender às necessidades básicas das comunidades das regiões de Vila Andrade, Campo Limpo e Jardim Ângela. Com o apoio dos agentes comunitários de saúde, na primeira fase da campanha foram detectadas 50 mil pessoas em situação de risco e que não podiam ficar indiferentes. Pensando nisso, a equipe do Voluntariado e os grupos de voluntários, liderados pela Sra. Telma Sobolh, promoveram três campanhas de arrecadação em 2020 em prol da população carente e mais atingida pelo Coronavírus. Em 2021, as ações da campanha foram retomadas. No total, foram entregues mais de 88 mil cestas de alimentos, 70 mil cestas de produtos de limpeza, 50 mil cestas de higiene e 140 mil máscaras. Para garantir o sucesso da iniciativa, o Voluntariado contou com a doação de 3.644 pessoas para ajudar na luta contra a fome em 2020 e 2021. O desafio de angariar fundos também ganhou força com a ajuda de celebridades, influenciadores, empresas, bem como pelas divulgações pela imprensa *on-line*, impressa, rádio e TV. Todos abraçaram a causa e contribuíram no combate à fome, doando recursos e produtos para garantir o sucesso das campanhas.

Algumas ações realizadas:

DIRECIONAMENTO E CLAREZA | 249

Figura 28: Ações realizadas pelo Comitê Experiência do Colaborador.

Fonte: Arquivo SBIBAE.

Figura 29: Gestão de Clima, Engajamento e Experiência do Colaborador – Pontos de coleta de dados.

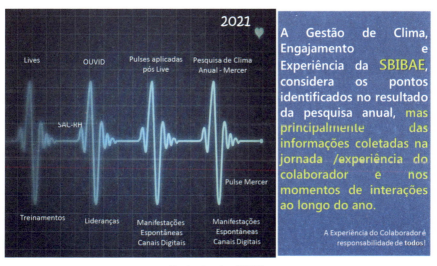

Fonte: Arquivo SBIBAE.

Figura 30: Homenagem aos colaboradores – Poema de Bráulio Bessa.

Fonte: Arquivo SBIBAE.

"Acho que uma das coisas mais importantes dentro de uma organização, está relacionado às pessoas que a compõem... Não é possível que uma organização tenha sucesso, se ela não considera as pessoas no centro da sua atenção"

Henrique Sutton de Souza Neves
Diretor Geral do Einstein

CAPÍTULO 8

O cuidado para a blindagem das equipes:

como priorizar a Segurança, a Saúde
e o Bem-Estar dos colaboradores nas diferentes
frentes da batalha (presencial e Home Office)

Eliézer Silva
Raquel Conceição
Dulce Pereira de Brito
Denise Tiemi Noguchi Maki
Andrea Matos

> *"Quando penso que cheguei ao meu limite, descubro que tenho forças para ir além"*
>
> *Ayrton Senna*

A área da saúde tem uma gestão própria e atua de modo colaborativo e transversal tanto na organização quanto fora dela, e está dividida em três setores:

1. Saúde Populacional

Responsável pelas decisões estratégicas, análises, criação dos programas, ensino, formulação de novos modelos de remuneração e *advocacy*, incorporando não apenas colaboradores como seus dependentes e carteiras corporativas.

2. Saúde Corporativa

Concentra todas as operações assistenciais dos programas de prevenção e de promoção da saúde, regulação e auditoria do plano de saúde, coordenação de cuidado e uma área que é grande diferencial na percepção dos colaboradores, que é a gestão de todos os atendimentos dos colaboradores e dependentes dentro de critérios previamente estabelecidos no Einstein, independentemente de seu plano ou cargo. Essa área integra o portfólio de benefícios sob o nome *Programa Cuidar*.

3. Saúde do Trabalho

Garante a segurança e a saúde do colaborador, e funciona como parceiro dos programas da área corporativa, integrando o conhecimento das características do local de trabalho com a carga de doenças a ele associadas, e as melhores práticas para evitar o afastamento e a perda da capacidade laboral.

A estrutura descrita acima foi criada em meados de 2018, ano em que a organização decidiu pela ampliação de sua rede de atenção primária e pela inclusão da saúde populacional e dos pilares de *analytics* e de promoção de saúde mental dentro do plano estratégico. O modelo se mostrou exitoso atraindo empresas de diferentes segmentos, ampliando rapidamente o número de pessoas sob gestão da área.

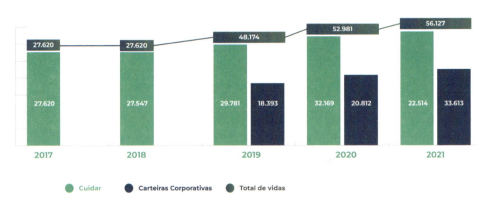

Figura 1: Vidas sob gestão.

Fonte: Arquivo SBIBAE.

O chamado

O Einstein tem em seu DNA a busca constante do conhecimento, acompanhando o que ocorre no mundo. No ano de 2020, o gabinete de crise se reunia periodicamente a partir do mês de janeiro, com o objetivo de acompanhar o cenário do novo Coronavírus na China e Europa e, com os seus profissionais especialistas, já estudar nossa atuação no Brasil. Mas, precisamente em plena quarta-feira de cinzas, na manhã do dia 26 de fevereiro de 2020, foi realizada uma reunião extraordinária, com a confirmação do primeiro caso de contaminação por Covid-19 no Brasil, atendido em nossa Instituição.

De imediato, o time de saúde foi acionado para construir a melhor estratégia de rastreio e monitoramento de todos os que tiveram contato com o paciente zero, a fim de controlar e reduzir as chances de disseminação do vírus entre os colaboradores. Lidávamos com o desconhecido e mergulhamos na história de cada uma de 6 pessoas, entre familiares e profissionais de saúde, na esperança de frear a pandemia. A partir daí, as mesas de crise cresceram em número de participantes de todas as áreas da organização, cada uma contribuindo com sua expertise para a construção de um plano de enfrentamento da Covid-19. Ali, não havia hierarquia. Lado a lado sentaram o Presidente, o Diretor Geral, os executivos, os líderes das áreas e os profissionais representantes das diferentes áreas de conhecimento. Nós, do time da saúde, sabíamos que nosso papel era o mais honroso: proteger cada participante daquela mesa, suas famílias e todos na organização.

Cinco dias depois do primeiro caso no Brasil, tivemos a confirmação do primeiro colaborador positivo, que contraiu o vírus em viagem ao exterior. A Covid-19 havia entrado em nossa casa e, em pouco tempo, com o aumento do número de casos, a confirmação de pandemia pela OMS (Organização Mundial da Saúde) e a transmissão comunitária no país, mudanças radicais precisaram ser tomadas. Rapidamente, vários membros de diferentes áreas do Einstein responsáveis pelos colaboradores se uniram para definir as estratégias mais eficientes para tentar conter a disseminação de casos positivos, apoiar aqueles infectados em seus domicílios, proteger e afastar os colaboradores de alto risco e ainda atuar no suporte à saúde mental de todos.

Modelo de cuidado e a ordem: "Não vamos perder ninguém! Façam o que for necessário!"

O monitoramento de seis colaboradores, que começou num papel de rascunho, terminou com o envolvimento de áreas de *inteligência de dados, big data* e *analytics* do Einstein, com curvas diárias contendo informações sobre o número de casos positivos, internações, afastamentos e altas. Um dos maiores desafios da área de dados foi a projeção de atestados. Por se tratar de uma pandemia sem precedentes, não havia histórico anterior a ser consultado. Uma projeção de 5 a 10% de atestados na força de trabalho dos 16 mil colaboradores era algo extremamente assustador. Como manter os atendimentos à população sem 1.600 profissionais? A sazonalidade das infecções respiratórias com o início do outono corroborava para um cenário bastante pessimista.

Concomitantemente a este cenário sombrio, uma ordem vinda da alta liderança do Einstein tocou o coração de cada profissional: *"Não vamos perder ninguém! Façam o que for necessário"*. A partir deste momento, quebraram-se os silos das áreas e especialidades. Todos se uniram para alcançar este objetivo de óbitos zero entre colaboradores e dependentes. Tratava-se de uma questão humanitária de profissionais trabalhando pelo hospital, arriscando suas próprias vidas para salvar outras vidas.

Impulsionados pela nova ordem, as equipes responsáveis pelo cuidado direto aos 30 mil colaboradores e dependentes não mediram esforços para realizar o improvável. O monitoramento individual de cada pessoa positivada realizado pelos apoiadores do cuidado por contato telefônico tornou-se mais amoroso e compassivo, gerando apoio e união com a própria equipe. Eram pessoas cuidando de pessoas, sem alta tecnologia ou recursos de outro mundo. A vulnerabilidade social mostrou-se fator determinante e evidenciou uma realidade que poucos conheciam e que perpetuava o número de casos nas famílias menos favorecidas. Esse fato foi determinante para a liberação de máscaras e álcool gel para todos os que precisassem, bem como cestas de alimentos foram também enviadas para as famílias que, afetadas pela COVID, não tinham como buscar ou financiar seu alimento.

Figura 2: Os números da Coordenação de Cuidado. Acompanhamento de todos os casos 24 horas por dia, mapeamento de necessidades sociais, sintomas e desfechos.

Fonte: Arquivo SBIBAE.

No tocante às internações, tornou-se imperativo o estabelecimento de critérios clínicos e prioridades para que os casos mais críticos de nossos colaboradores e seus dependentes fossem transferidos da rede do plano de saúde para nosso hospital no momento certo. Isso exigiu superar as barreiras de comunicação com os hospitais da rede e também com as famílias para obtenção de informação. Ao mesmo tempo, aumentou a compaixão entre os profissionais que, ao entrarem na história dos colegas, envolviam-se e saíam fortalecidos com a alta hospitalar. Cada saída era acompanhada por uma salva de palmas. Nos casos graves, a vulnerabilidade também surgia como determinante de internação e, mais uma vez, a ordem e as prioridades foram revistas para que a ordem da diretoria nunca fosse descumprida: *"não vamos perder ninguém!".*

Figura 3: Análise temporal das internações.

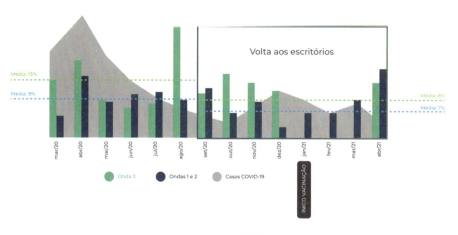

Fonte: Arquivo SBIBAE.

Figura 4: Fatores associados às internações.

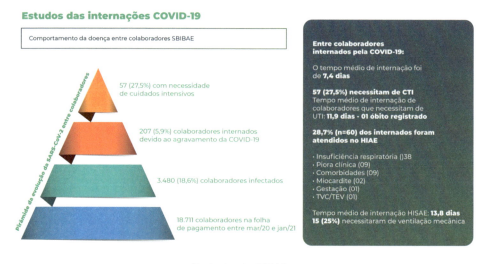

Fonte: Arquivo SBIBAE.

A manutenção de um estado de alerta constante, de uma rotina de trabalho de horas a fio sem descanso, de ter que cobrir colegas positivados ou ainda enfrentar os sintomas de estar infectado e mesmo assim querer continuar a ajudar à distância exige do corpo e da mente um esforço sobrenatural. Numa corrida de 100 metros é possível dar um *sprint* e se jogar até a linha de chegada para vencer. Já numa maratona, fazem-se necessárias pausas para beber água, reduzir a velocidade em determinados trechos, contar com o apoio dos colegas e dar o gás, no final, para sair vencedor.

A necessidade de se manter em prontidão 24 horas, a infodemia (epidemia de informação), que pode ser mais contagiosa do que o próprio vírus, e a sobrecarga psicoemocional, resultante de um cenário jamais vivenciado por essa geração de profissionais, especialmente os que atuam na linha de frente, tornaram mandatório e prioritário o olhar para a saúde mental dos nossos colaboradores.

Saúde Mental como prioridade

> *"Em tempos de pandemia, o número de pessoas cuja saúde mental é afetada tende a ser maior do que o número de pessoas infectadas."*
>
> OMS *(Organização Mundial da Saúde)*

Considerada um dos maiores experimentos psicológicos dos nossos tempos, a pandemia da Covid-19 foi, antes de tudo, um grande teste de resiliência para os profissionais da saúde. Desde a quarta-feira de cinzas do carnaval de 2020, travamos uma batalha épica com o SARS-CoV-2 que, de forma abrupta e violenta, nos tirou para dançar um balé de morte e vida – considerado por muitos colegas um dos eventos mais estressantes de suas carreiras.

Enquanto o bom senso dizia: "fique em casa", nosso ofício nos colocava no olho do furacão, nas trincheiras das UTIs, dos Pronto Atendimentos, das enfermarias de Covid-19, dos hospitais de campanha, dos laboratórios e áreas de apoio assistencial e administrativo. Todos os níveis hierárquicos mobilizados: *estratégico, tático e operacional*. Não sem medo.

Colegas diziam: *"Quando cuido de um paciente com infarto, é a vida dele que está ameaçada. Quando cuido de alguém com Covid-19 não é só a vida dele que está em risco: a minha e as da minha família também."*

Protegido por sua resistente coroa (por isso chamado *"corona vírus"*), o SARS-CoV-2 se fantasiou de rei, invadiu corpos e dominou o mundo (mais de 177 países acometidos). Quando chegou até nós, aqui no Brasil, o que se desenhava sobre o que ele era capaz de fazer não era um ponto de interrogação perdido numa folha em branco, mas o rastro de morte e destruição que já havia deixado em populações inteiras e nos colegas da linha de frente de Wuhan (China), da Europa e dos EUA.

Aqui não foi diferente: desorganizou nossas vidas pessoais e profissionais. Desfez as rotinas às quais estávamos acostumados, tal como a água faz com o algodão doce: agendas, vida social, escola das crianças, e nossas certezas – tudo derreteu de uma hora para outra! E para fazer frente a tal inimigo, na nossa organização jornadas de trabalho foram renegociadas, férias foram suspensas, profissionais foram realocados para as áreas mais demandadas, outros foram para *Home Office*, novos colaboradores foram contratados e voluntários foram convocados para o *combate*.

Tudo mudava o tempo todo, numa velocidade muito maior do que nosso aparelho psíquico era capaz de assimilar. A avalanche de informações e desinformações, previsões estatísticas, protocolos, noticiários, acionou em cada um de nós o alarme interno para a luta, já que a fuga não era uma opção. Mas lutar com que armas? Somos profissionais da área da saúde e, como tal, formados no método científico, tendo o compromisso de praticar a medicina baseada em evidências, tendo como premissa usar estratégias diagnósticas e terapêuticas com comprovação científica de que são seguras e eficazes. Mas, no início, não haviam dados confiáveis nos quais ancorar nossas tomadas de decisão, o que potencializou nossa angústia. E mais: as ameaças contínuas que se seguiram de risco de colapso do sistema de saúde, de falta de leitos de UTI, de equipamentos, medicamentos, vacinas e covas para enterrar um sem número de corpos impuseram a todos os profissionais da saúde uma tão alta carga mental, que só não quebramos porque tínhamos uns aos outros, o apoio da sociedade que nos aplaudia e uma clareza revigorante de qual era nosso papel e nossa responsabilidade nesse momento histórico sem precedentes. Sofremos no exercício de fazer o bem, acolher, confortar, consolar, orientar e acalmar a população, que ora assistia o desastre nas telas, ora era testemunha ocular do caos. Mais parecia um roteiro cinematográfico de uma tragédia anunciada, para a qual estávamos tecnicamente, mas não emocionalmente preparados.

"O que vai acontecer? Se me contaminar, vou sobreviver? Quais remédios devemos dar aos nossos pacientes? Meu ex-marido disse que vai tirar as crianças de mim se eu não parar de dar plantão na linha de frente: o que eu faço? Vai ter ventilador mecânico para todos? Qual será o tamanho do estrago econômico? Os mais vulneráveis sobreviverão? Que respostas virão do poder público para a Saúde, Educação e Proteção Social? Qual será o impacto sobre nossas crianças e idosos? Sou uma ameaça para minha família? Haverá vacinas? Como será o mundo pós-pandemia? Vamos aguentar ou quebrar?" – Essas eram algumas das inquietações que capturamos nas rodas de conversa, treinamentos e pesquisas qualitativas com a equipe de enfermagem, médicos e demais profissionais da linha de frente no início da pandemia.

Tudo que estava acontecendo reverberava em cada um de um jeito, e se expressava na forma de medo, preocupação, angústia (individual e coletiva), insônia, ansiedade (na eterna ilusão de controle do imponderável), sensação de impotência, cansaço, desânimo, solidão, estresse, tristeza, raiva (da forma pouco empática e cidadã de alguns), fé e esperança. E, para outros, a crise reverberava na forma de sonhos. Sim, vários colegas passaram a relatar com frequência que estavam lembrando mais dos seus sonhos. Freud explica: "sonhos são 'restos diurnos' daquilo que vivenciamos durante o dia, mas que não foi processado e elaborado pela consciência." *"Sonhei que fui julgado por um tribunal de júri que me condenou a ficar numa cela com pessoas que tossiam sobre mim."* – relato de um experiente profissional especialista em Emergências.

No início da pandemia, eram comuns cenas de busca de apoio emocional de um colega para outro, no meio do plantão, exemplificado a seguir: um responsável pela unidade de Pronto Socorro, atolado por pacientes desesperados por testagem e respostas, e um médico da equipe da Saúde Populacional. O médico do Pronto Socorro pedia dicas de como falar com os colegas, que estavam com muito medo e cansados. Ele, cardiologista de formação, passou a intercalar a leitura de artigos sobre a Covid-19 com artigos de psiquiatria, na esperança de dar um alento à equipe.

Era preciso ajudar as equipes a elaborarem o que estavam vivenciando. Dar sentido ao momento. Percorrer o roteiro viver → sentir → elaborar → superar → crescer. Para isso era preciso, também, falar sobre o luto de tudo que estávamos perdendo (de pacientes a entes queridos, nossa rotina, convívio social, contato com a natureza e tudo mais que estava suspenso), a fim de adaptarmo-nos à nova realidade. *"Estou há meses sem abraçar meus filhos e sem ver meus pais. Isso está muito pesado para mim!"* – *Técnica de enfermagem.* Era preciso ajudar os profissionais da linha de frente a enfrentarem e a se defenderem desse mal estar individual e coletivo através de estratégias socialmente mais responsáveis do que simplesmente abandonar quem estava se colocando em risco para salvar outras vidas, sob indulgências como afogar-se numa caixa de bombom, num copo de bebida alcoólica na calada da noite, num cigarro a mais, ou em remédios para dormir; também não adiantava dizer simplesmente "engole o choro".

Surge, então, quinze dias após o primeiro caso de Covid-19 diagnosticado no Brasil, o programa de proteção à saúde mental dos profissionais da linha de frente do Einstein durante a pandemia, chamado OUVID – um acróstico que combina OUVIR e COVID, desdobrado no seguinte lembrete: **O**uvir atentamente, **U**m minuto de silêncio, **V**alidar as emoções, **I**nformar assertivamente e **D**escomprimir para agir. O OUVID tinha como objetivos principais:

1. Promover um ambiente de trabalho psicologicamente seguro e saudável, tanto quanto fosse possível em meio a um cenário pandêmico.

2. Reduzir o sofrimento psíquico, a incidência de *burnout*, a fadiga por compaixão (comportar-se como "esponja emocional", absorvendo para si as angústias, dores e sofrimentos dos pacientes), o estresse pós-traumático, a ansiedade, a depressão e outros transtornos mentais e de comportamento (como comer ou beber demais), produzidos ou agravados pela pandemia.

3. Dar ferramentas para as lideranças fazerem uma melhor gestão das suas emoções e dos seus times.

4. Oferecer os primeiros cuidados em saúde mental para colaboradores e dependentes em sofrimento por questões relacionadas à pandemia.

5. Prover sustentabilidade das ações a médio e longo prazo, buscando-se, como consequência das iniciativas do OUVID, o fortalecimento dos serviços de saúde mental já existentes na organização e a melhoria da atenção psicossocial aos nossos colaboradores e seus dependentes.

Em tempo recorde, foram desenhadas e implantadas ações de prevenção, promoção e proteção da saúde mental para ajudar nossos colaboradores a gerenciar melhor o impacto da crise sobre a sua saúde mental, de forma presencial e também à distância. Fizemos isso porque, assim como o vírus é contagiante, o contágio emocional é tão ou mais transmissível e, se alastrando, coloca em risco a saúde e a segurança de nossos colaboradores e pacientes.

Tendo como pano de fundo o cenário acima, descreveremos a seguir a jornada do OUVID junto ao colaborador na pandemia, desde a sua admissão na Instituição, capacitação em treinamentos para lidar com pacientes graves, atuação na linha de frente ou em *Home Office*, na saúde, no adoecimento e na recuperação pós-covid, apoiado pelas lideranças diretas, pelo Programa Cuidar, pelo RH, pela Saúde Ocupacional e por toda a estrutura organizacional. Didaticamente, dividimos as fases de planejamento e estruturação, implantação e melhorias em "Início da crise", "Ano I da crise" e "Ano II da crise". Adicionamos fotos, figuras e depoimentos que ilustram cada momento, registradas e coletadas de maneira espontânea durante as atividades ou através da avaliação de satisfação.

Início da crise: Planejamento e Estruturação

> *"As crises, os transtornos, a doença não surgem por acaso.*
> *Eles nos servem como guias para retificar uma trajetória, explorar novas*
> *orientações, experimentar outro caminho de vida."*
>
> Carl Gustav Jung

Na primeira fase da pandemia, as principais atividades e ações que implantamos foram:

1. Sensibilização dos tomadores de decisão

Um dos primeiros passos que demos foi sensibilizar a alta liderança sobre o impacto potencial da pandemia da Covid-19 na saúde mental dos profissionais da linha de frente, com base em estudos realizados em pandemias prévias, a fim de obter aprovação, apoio e os recursos necessários para o início e sustentabilidade das ações – nasce aí o OUVID.

> *"Parem tudo o que estão fazendo até amanhã.*
> *Toda a equipe estará focada em estimar o impacto da Covid-19 no nosso hospital*
> *e avaliar como otimizar os leitos e demais recursos"*
>
> Coordenador médico

Figura 5: Sensibilização com a Liderança.

Fonte: Arquivo SBIBAE.

2. Questionário anônimo para aferir a temperatura emocional dos profissionais da linha de frente

Objetivo: ouvir a voz e os sentimentos daqueles que estavam na ponta, para propor auxílio calibrado às suas necessidades e principais dores. Nessa fase, conforme se vê na figura a seguir, a palavra predominante era "medo" – medo de se infectar, de infectar a família, de haver muitos mortos, do sistema colapsar, da economia não voltar.

Figura 6: Nuvem de palavras sobre emoções e sentimentos na pandemia.

Fonte: Arquivo SBIBAE.

A ameaça era real e nos ajudou a lembrar de que não somos super-homens nem mulheres maravilha. Nosso medo era essencialmente humano, como bem resumiu o escritor H. P. Lovecraft: "A emoção mais antiga e mais forte da humanidade é o medo. E o mais antigo e mais forte dos medos é o medo do desconhecido."

Precisávamos criar estratégias para "normalizar" o medo e lidar com ele de forma racional, usando-o a favor da adesão às medidas de proteção individual e coletiva, como o uso correto dos EPI's e das técnicas corretas de paramentação e desparamentação, com consciência situacional – potencializando e indo para além do que já era feito no protocolo FoCo, sob a Gestão da Segurança do Trabalho, que inclui um exercício de tomada de consciência antes do início da atividade (por exemplo, aplicar uma medicação num paciente gravemente enfermo), estímulo ao cuidado próprio, do outro e de se deixar cuidar, e um estímulo às observações e abordagens comportamentais, para evitar acidentes de trabalho, erros e demais eventos indesejáveis – sendo que o exercício de tomada de consciência situacional inclui um breve exercício de atenção plena/meditação antes do início da atividade a ser executada pelo colaborador.

O CUIDADO PARA A BLINDAGEM DAS EQUIPES | 267

- **Estabelecimento de ações integradas** entre Saúde Populacional, Recursos Humanos, Coordenação da Psicologia Hospitalar, Ensino Corporativo e Comunicação Interna. *"Do que vocês precisam? Vamos auxiliar no mapeamento de pessoas e recursos para o que for necessário" – Diretoria de Recursos Humanos.*

- **Formação de equipes de multiplicadores** para dar suporte de saúde mental relacionado à pandemia aos colaboradores da Einstein e aos seus familiares. Através do RH foi realizado o recrutamento dos profissionais da nossa própria organização com experiência em atenção psicossocial, saúde mental e bem-estar (psicólogos, psiquiatras, assistentes sociais, terapeutas integrativos, terapeutas ocupacionais, fisioterapeutas e educadores físicos). A equipe OUVID realizou, nessa fase, o treinamento de oitenta profissionais, dos quais cinco psicólogas foram alocadas temporariamente durante a vigência da medida provisória de redução da jornada de trabalho (MP 1045) para dedicação *full-time* ao OUVID, e os demais em regime *partial time*. *"Em 20 anos de Einstein, não imaginava poder experienciar um trabalho tão gratificante. Sou grata pela oportunidade. Essa vivência já está registrada carinhosamente em minhas memórias nessa pandemia" – Psicóloga do OUVID.*

- **Ajustes e adaptação às demandas impostas pela pandemia** à Rede de Atenção à Saúde Mental já existente nas Clínicas Einstein de Atenção Primária à Saúde (APS), disponíveis gratuitamente para todos os colaboradores e seus dependentes pelo Programa Cuidar, através do treinamento do time de enfermeiros e médicos de família em psicologia da crise, primeiros cuidados psicológicos numa pandemia, principais transtornos mentais associados a pandemias, desenvolvimento de protocolos de manejo dos transtornos de ansiedade e depressão e fluxos e critérios de encaminhamento e matriciamento com os psiquiatras das nossas clínicas de APS.

- Alinhamento com o Programa de Orientação Profissional (POP), um serviço já consolidado em nossa organização, de apoio psicológico, jurídico e de assistência social 24/7, definindo critérios de notificação de casos críticos e criando fluxos de encaminhamento para a Central do Cuidado do Colaborador Einstein e nossas clínicas de APS.

- **Treinamento dos apoiadores do cuidado e dos atendentes** do *call center* em escuta empática, comunicação relacionada à crise e bases da entrevista motivacional, assim como divulgação do fluxo de encaminhamento para os recursos cabíveis de colaboradores que acessam esses canais de atendimento com queixas psicoemocionais ou sinais de sofrimento psíquico.

- **Escuta e sensibilização das lideranças** das áreas envolvidas diretamente no diagnóstico, no tratamento ou no atendimento dos pacientes suspeitos ou infectados pelo novo Coronavírus – a chamada *linha de frente*.

Ano I da crise (2020) – Implantação e Execução do OUVID

"Pensem em cordas de violão que, quando você as pressiona, as toca com veemência até o ponto de elas quase arrebentarem. Isso gera uma tensão que, se levada às últimas consequências, pode fazer com que arrebentem. Mas se você souber conduzir o processo, o resultado é a harmonia necessária para que o instrumento se torne afinado."

Márcio Scansani, na apresentação do livro Entre a Ordem e o Caos, de André Assi Barreto.

Cientes do alerta da OMS (Organização Mundial da Saúde) de que essa pandemia não seria um *sprint*, para o primeiro ano dessa maratona nós queríamos que nossos colaboradores saíssem da zona vermelha do medo, da insegurança e da preocupação e seguissem outro roteiro: permitirem-se falar abertamente sobre o que estavam sentido → nomear, acolher e autorregular as suas emoções → lembrar-se de suas forças, virtudes e redes socioafetivas → sentir-se em segurança → adaptar-se → dar sentido ao momento histórico → reconectar-se ao seu propósito e missão enquanto profissional de saúde → crescer na (e com a) crise. Ou seja, queríamos reduzir o risco de transtornos de "estresse" pós-traumático e aumentar a chance de "crescimento" pós-traumático – fazer bom uso da crise, buscar com lupa fragmentos de alegria no dia a dia das equipes e praticar a gramática da gratidão. Para que isso acontecesse, trilhamos a seguinte trajetória:

1. Reuniões com as lideranças locais

Para promover cuidados psicossociais e proteger a saúde mental das equipes da linha de frente, primeiramente nos reunimos com as lideranças locais a fim de entender as principais "dores" da área, avaliar as necessidades, o clima emocional e as situações de vulnerabilidade social do time. Estas reuniões objetivavam fazer um diagnóstico situacional, acolher e dar suporte ao gestor, alinhar nossa estratégia às necessidades da área, divulgar as ações de cuidado disponíveis, estabelecer alianças e conseguir a participação do maior número possível de colaboradores nas ações do OUVID.

2. Rodas de conversa

Favorecemos a criação de espaços físicos e psicossociais de escuta qualificada, de compartilhamento e de acolhimento em grupo, conduzidas por psiquiatras e psicólogos do OUVID que vão presencialmente até a área mediante cronograma previamente estabelecido de oito a dez encontros, em média, não só para ouvir e acolher equipes em sofrimento, mas principalmente para ajudá-las a encontrar estratégias eficazes de enfrentamento do medo, do estresse, da ansiedade, do luto e de outros sentimentos e emoções negativas. Como resultados preliminares tivemos que, dos quase 1.000 participantes iniciais destas rodas, mais de 90% perceberam esse espaço como psicologicamente seguro, e referiram aumento da sensação de pertencimento, de senso de time, da restauração dos vínculos e da identificação dos colegas como rede de apoio, além da validação das forças e virtudes do time, do aumento das emoções positivas e de práticas de autocompaixão e rituais de autocuidado.

Figura 7: Roda de conversa na UPA Campo Limpo.

Fonte: Arquivo SBIBAE.

3. Momento OUVID

Respeitando os protocolos de biossegurança, educadores físicos e terapeutas integrativos da equipe ofereceram para os profissionais da linha de frente atividades presenciais e *on-line* de práticas integrativas como relaxamento muscular progressivo, visualização guiada, técnicas de atenção plena com foco na respiração e posturas do yoga, alongamento e movimento, duas a três vezes por semana, durante todo o ano, com o objetivo de provocar respostas de relaxamento corpo-mente durante o expediente, estimular o autocuidado e também promover momentos de descontração e integração das equipes. *"É um momento excelente para nos desligarmos um pouco da realidade e olharmos mais para o nosso interior e trabalhar nossas fraquezas!"*

Raramente reconhecemos ou entendemos a energia emocional gasta por um trabalhador que lida diretamente com pessoas, como um apoiador do cuidado ou uma técnica de enfermagem, para se distanciar do que está sentindo, disfarçar suas emoções (a chamada simpatia administrada) e seguir sorrindo empaticamente para o cliente/paciente, mesmo em face da maior dor que esteja sentindo. Esse custo emocional é altíssimo e precisa ser reconhecido e cuidado, para que não vá para debaixo do tapete, como na frase do livro *Vidas Secas*, de Graciliano Ramos: *"Chorou, mas estava invisível, e ninguém percebeu o choro"*. Se sofrer e chorar às escondidas passa a ser recorrente, a fim de não denunciar sua vulnerabilidade e não transparecer fraqueza aos que precisam de seu apoio e cuidado, e se esse colaborador não encontra no trabalho segurança psicológica para dizer o que está sentindo, temos um problema.

Figuras 8 e 9: Momento OUVID nos treinamentos da equipe de enfermagem para atuação nas áreas com pacientes graves portadores de Covid-19.

Fonte: Arquivo SBIBAE.

Por isso, o Momento OUVID objetivava instrumentalizar as equipes, ensinando técnicas de controle da ansiedade, manejo do estresse e presença (atenção plena no aqui e agora) para lançarem mão antes, durante ou logo após uma situação estressora, como, por exemplo, após ver o olhar assustado de um paciente em franca insuficiência respiratória, implorando para não ser intubado (respirar por auxílio de aparelhos), ou após dar ou receber uma notícia ruim. *"A gente está num momento de tensão e quase não para pra pensar no que estamos precisando. Mas aqui no Momento OUVID pudemos parar para prestar atenção na nossa respiração, no calor que você pode ter com você mesmo e em como trazer coisas boas para a nossa vida – um momento, um pensamento, uma situação".* – Colaboradora da UPA Campo Limpo.

Figura 10: Momento OUVID no auditório do Hospital Municipal M'Boi Mirim | Hospital Dr. Moysés Deutsch.

Fonte: Arquivo SBIBAE.

Figura 11: Momento OUVID na tenda do Hospital de Campanha do Pacaembu.

Fonte: Arquivo SBIBAE.

4. Kit de descompressão

Estimulamos os colaboradores da linha de frente a montar um "kit de descompressão" para usar durante as pausas do meio do expediente ou nos momentos de crise, durante ou fora do plantão. O kit consiste em a) montar uma *playlist* com suas músicas preferidas, que os acalmem ou estimulem (por exemplo, uma das músicas escolhidas por uma colaboradora da UTI foi: "*hei medo, eu não te escuto mais*". Outro profissional incluiu a música que diz "*ano passado eu morri, mas este ano eu não morro*"; b) selecionar e colocar na tela principal ou na galeria do celular imagens da natureza que causem neles(as) uma sensação de bem-estar e com a qual possam rapidamente se conectar, encontrando um lugar de calma dentro de si mesmos (seu refúgio interno); c) pausas regenerativas (momentos para se perceber, respirar e restaurar as energias), d) *Check-in* – programar o alarme do celular para a hora do *check-in*, isso é, momentos de cuidado entre pares (colegas de trabalho) ou suas redes socioafetivas (amigos ou outras pessoas que os apoiem e os façam sentir-se bem). Isso inclui combinar um determinado horário do dia para ligar, trocar mensagens ou fazer um encontro virtual (tipo *zoom* café) com a pessoa escolhida (seu par de *check-in*) com perguntas como: "*como você está hoje?*", "*o que te fez sorrir hoje?*", "*pelo que você é grato hoje?*" ou "*como posso te ajudar hoje?*".

5. *Hotline*

Criamos uma linha telefônica direta com psicólogos treinados pelo OUVID e pela Central do Cuidado, objetivando oferecer um primeiro socorro psicológico aos colaboradores que estejam emocionalmente em sofrimento devido às demandas, ameaças ou consequências da pandemia. De acordo com os protocolos que desenvolvemos especificamente para apoio aos profissionais na pandemia, a depender da necessidade identificada, essa pessoa é encaminhada para telemonitoramento com os apoiadores do cuidado,

O CUIDADO PARA A BLINDAGEM DAS EQUIPES | 275

sessões de psicoterapia breve com nossos psicólogos, ou teleconsulta com médico de família ou psiquiatra, ou, no extremo, encaminhamento para atendimento hospitalar em situações emergenciais como, por exemplo, crises de pânico, surtos psicóticos, tentativas de suicídio, dentre outras.

6. Psicoterapia breve

Desenvolvemos uma estrutura para acompanhamento psicológico de até 12 sessões remotas para colaboradores ou dependentes que apresentem demandas mais complexas, como exemplificadas no relato a seguir: *"eu passei a ter crises de falta de ar e taquicardia; um dia achava que estava com COVID, noutro achava que estava tendo um infarto; ia ao pronto socorro, fazia exames e nada! Agora sei que é ansiedade, e estou feliz porque estou aprendendo a controlar meus sintomas."*

7. Plataforma OUVID na Web

Desenvolvemos ações educativas, ferramentas e estratégias de apoio ao autocuidado e à gestão das emoções, e disponibilizamos os conteúdos numa plataforma web do Ensino Corporativo do Einstein. São vídeos, áudios, playlists, imagens e textos objetivando melhorar a capacidade de lidar com os desafios, aumentar a regulação emocional, o bem-estar psicossocial e a resiliência psicológica dos nossos colaboradores e seus dependentes durante e após a crise. Incluímos, por exemplo, vídeos sobre gerenciamento do estresse e da ansiedade, áudios de meditação, além de dicas sobre alimentação saudável, atividade física que atende aos protocolos de segurança na pandemia (para iniciantes e avançados), técnicas de melhoria da qualidade do sono, vídeos com músicas selecionadas (algumas das quais tocadas por músicos que também são profissionais da saúde na organização) e imagens cientificamente selecionadas do Projeto e-Natureza do Einstein, que estão relacionadas à redução do estresse e da ansiedade e à proteção da saúde mental. Como se vê, apostamos numa estratégia de promoção da saúde e bem-estar que não é centrada apenas no impacto negativo (ou traumático) da Covid-19, mas nos fatores positivos e protetores da saúde mental que, sendo mais abrangentes, incluem esferas sociais, culturais e artísticas variadas, de modo a contemplar diferentes demandas e preferências dos nossos colaboradores.

8. Treinamentos das lideranças

Oferecemos presencialmente e *on-line* diferentes treinamentos e capacitações para as lideranças, incluindo o *C-level* e demais gestores da linha de frente, em estratégias para o gerenciamento do seu próprio estresse e da sua equipe, assim como a identificação de sinais de alerta em saúde mental, para capacitações visando identificar precocemente algum colaborador em sofrimento psíquico que necessite de auxílio ou atendimento especializado via *Hotline*, POP, Central do Cuidado, Saúde Ocupacional ou nas Clínicas de Atenção Primária à Saúde do Einstein. *"Levo deste encontro a certeza de que não estamos sozinhos. Nossa função exige esse discernimento e cuidado com as pessoas. Equipe abaixo e acima. Cuidar, poder auxiliar e entender nossos liderados. Precisamos entender do que precisam, interpretando as diferentes reações das pessoas. Nunca tive essa oportunidade de entender essas relações humanas. É boa a sensação de estar sendo preparado para lidar com essas condições e pessoas, de saber lidar com pessoas e situações. A sensação maior é de segurança e preparo".*

Liderança da área de Facilities.

9. Monitoramento da saúde mental dos colaboradores com Covid-19

A Central de Cuidado é uma área da Saúde Populacional do Einstein composta por um time de enfermeiros, médicos, psicólogos, assistentes sociais e administrativos que apoiam a coordenação do cuidado da saúde dos nossos colaboradores e seus dependentes, sobretudo no que diz respeito ao atingimento das metas acordadas nas consultas (por exemplo, realização de um exame laboratorial, mudança de um hábito alimentar, etc.). Na pandemia, dentre as muitas atividades que o time da Central do Cuidado realizou para promover o bem- estar físico, emocional, mental e social dos nossos colaboradores, destacamos o telemonitoramento feito pelos apoiadores do cuidado quanto ao risco dos profissionais que estavam em isolamento domiciliar por Covid-19 adoecerem mental ou emocionalmente, tendo para isso um *checklist* de sintomas e um fluxo de encaminhamento.

10. Grade de práticas integrativas

Montamos uma grade fixa de práticas de autocuidado *on-line*, disponibilizando horários fixos, inclusive para o noturno. Para participar, bastava clicar no link divulgado nos canais de comunicação interna da organização. Estas abordagens terapêuticas incluíam práticas mente-corpo de meditação, yoga, alongamento e movimento. Objetivávamos atingir todos os colaboradores em *Home Office* e seus familiares, assim como aqueles que estavam trabalhando presencialmente. Como incentivo à participação, o RH enviou convites via *e-mail* e fez alguns bloqueios na agenda das lideranças para participarem deste importante momento de pausa regenerativa, e também para que, ao experimentarem os benefícios da prática, pudessem estimular seus times a participarem também. Já existem fortes evidências científicas de que essas práticas reduzem o estresse, auxiliam no controle da ansiedade e aumentam a resiliência.

Figura 12: Grade de práticas integrativas *on-line*.

	Práticas de Yoga	Aula de meditação	Treino da semana		Práticas de yoga

	SEGUNDA	TERÇA	QUARTA	QUINTA	SEXTA
7h15		Meditação	Alongamento		
9h					Yoga
16h	Yoga				
17h			Meditação		
21h			Descompressão	Descompressão	

Fonte: Arquivo SBIBAE.

Ano II da crise (2021) – OUVID 2.0

*"Toda resiliência se apoia sobre nossa vontade
e nosso desejo de nos curarmos, de nos adaptarmos, de crescermos,
de aceitarmos e amarmos a vida como ela é,
e não como gostaríamos que ela fosse."*

Frédéric Lenoir

A ameaça da chegada da segunda onda da Covid-19 e a compreensão de que nossos colaboradores estavam migrando do medo para o cansaço físico e mental após um ano de pandemia acendeu-nos uma lanterna. *Cansaço* origina-se do termo náutico *"campsiare"*, que significa "dobrar a rota", contornar uma ponta de terra com desgastes e riscos imprevistos. Após um ano navegando nos mares da pandemia com dedicação exaustiva, convivendo com o incerto e o desconhecido, havia uma oportunidade de, para além de compreender melhor a dinâmica da pandemia, seus ciclos, o todo e suas partes, também aprendermos mais sobre gestão das nossas energias (física, mental, emocional, social e espiritual), para garantir a sustentabilidade pessoal, conceituada como a capacidade de satisfazer nossas necessidades individuais no presente, sem comprometer a existência do futuro. Precisávamos criar EPIs psicológicos, pois nossos colaboradores não estavam apenas expostos à alta carga viral, mas também a alta carga emocional há um ano e, contra essa, não há vacina que se aplica no braço e imuniza. Por isso, nessa fase da pandemia o time do OUVID passou a disseminar o conceito e a prática de 5 palavras-chave: *autocuidado, autocompaixão, gestão das emoções, inteligência emocional* e *segurança psicológica*. Nosso esforço centrou-se em instrumentalizar psicologicamente nossos colaboradores para que aprimorassem suas habilidades socioemocionais, se conhecendo melhor (autoconhecimento é o primeiro degrau da inteligência emocional) e se relacionando melhor (consciência social é outro pilar da inteligência emocional), entendendo também o que promove o equilíbrio emocional, como se dá o desequilíbrio (fatores de risco e fatores de proteção da saúde mental) e como restaurá-lo, técnicas para recarregar as energias e estratégias para obter paz em meio ao caos (como, por exemplo, meditação, comunicação não violenta, musicoterapia, atividade física e outros) para, assim, fortalecer a resiliência psicológica pessoal e do grupo. Não para aguentar mais, mas para cuidar melhor de si e de seus colegas, para melhorar seu bem-estar e potência de viver. "*Você fez o juramento de cuidar dos outros. Mas e de você mesmo?*". Segundo Foucault, *"cuidar de si é eticamente a primeira coisa a ser feita"*. Essa é uma provocação importante porque, afinal, de ética os profissionais de saúde entendem bem.

Fizemos mais: além de dar ferramentas para o colaborador lidar melhor com os desafios diários, na segunda fase da pandemia também focamos fortemente na discussão da redução dos fatores geradores de estresse ocupacional, tais como demanda de trabalho (sobrecarga), controle (autonomia para influenciar a maneira como realiza o seu próprio trabalho), apoio social de pares e líderes (conexão e senso de pertencimento) e gestão da mudança (como as mudanças, grandes ou pequenas, são comunicadas e gerenciadas). Avaliamos esses aspectos em nossos questionários e discutimos com lideranças locais e times como mitigar esses riscos, e como aumentar a satisfação e a felicidade no trabalho, com ênfase nas forças e paixões de cada um e na vocação do time.

Para que tudo isso pudesse acontecer, as principais melhorias agregadas ao OUVID no primeiro semestre de 2021, quando passou a chamar-se OUVID-2.0, foram: a) reforço da nossa equipe de apoio psicossocial e logístico, b) ampliação do nosso escopo de atuação, e c) atendimento de novas áreas.

A seguir, descrevemos esse ciclo de melhorias:

1. Estratificação das áreas segundo o risco psicossocial

Com o apoio da área de *Analytics* da Saúde Populacional, desenvolvemos uma matriz composta por 8 critérios para estratificação de todas as áreas da organização (pública ou privada) em 3 diferentes níveis de intervenção do OUVID, de acordo com o seu risco psicossocial. Assim, definimos prioridades (por onde começar) e intensidade da intervenção (Programa de Resiliência Einstein, treinamento das lideranças ou Plataforma de Promoção da Saúde) baseada em dados objetivos, mensuráveis e auditáveis. Nesse contexto, vinte e duas áreas foram classificadas como de maior risco de adoecimento mental por conta das demandas impostas pela pandemia (chamadas de "área quentes"), trinta e sete áreas foram classificadas como de risco intermediário e as demais 469 áreas como de risco baixo.

2. Escalonamento das ações

Passamos de 900 para mais de 6.000 participantes elegíveis para as rodas de conversa.

3. Reforço do time assistencial

Contratamos mais 10 profissionais exclusivos para o projeto OUVID, sendo 9 psicólogas e 1 assistente social, cobrindo agora não somente os períodos diurnos, mas também os noturnos e os sábados. Isso possibilitou atendermos às 22 áreas quentes com uma intervenção intensiva de apoio psicoemocional baseada em, no mínimo, 8 encontros, dimensionada para 2.600 rodas de conversa. Além disso, fizemos intervenções customizadas de acordo com a necessidade e o clima emocional de mais de 30 áreas classificadas como de risco intermediário. Também, graças ao reforço do time, foi possível agregar, para além da análise quantitativa, análises qualitativas do conjunto das falas dos nossos colaboradores, obtidas durante os encontros do OUVID, norteando ações futuras (de curto, médio e longo prazo). E, por fim, foi possível criar e gerenciar mais de 60 grupos de *WhatsApp* para envio de conteúdos audiovisuais como vídeos, *podcasts* e outros, produzidos ou selecionados pela equipe do OUVID para sustentação dos grupos após o término do ciclo das rodas de conversa, além dos conteúdos que disponibilizamos na plataforma OUVID.

4. Melhoria dos processos e da gestão estratégica dos dados

Melhoramos nossa eficiência operacional dos processos e da gestão dos dados através da vinda *partial time* de especialistas em Qualidade e do time do núcleo de *Analytics* da Saúde Populacional para o time OUVID. Através da metodologia *Lean,* otimizamos nossos recursos humanos, roteirizamos as visitas das psicólogas nas diferentes unidades públicas e privadas do Einstein, para otimização de tempo e dinheiro com os deslocamentos na cidade para realização presencial das rodas de conversa e momento OUVID (mantendo o formato *on-line* para nossas unidades fora de São Paulo, como Rio de Janeiro e Goiânia, e para times em *Home Office*). Além disso, foram criados novos indicadores de resultado pré e pós-intervenção. Conquistamos uma importante melhoria da qualidade da captação, gestão e análise dos dados e dos processos, que vão desde a criação de *QR Code*s para lista de presença dos participantes, avaliação de satisfação e preenchimento de questionários, até a criação de um *dashboard* para acompanhamento em tempo real dos resultados de cada uma das 22 áreas quentes elegíveis para as rodas de conversa.

Figura 13: Exemplo de planilha das rodas de conversa.

ÁREA	DIA SEMANA	DIA	MÊS	14	15	16	17	18
Ponto Atendimento Morumbi	Quarta	14	4	1	1	1	1	1
Ponto Atendimento Morumbi	Sexta	16	4	1	1	1	1	1
Ponto Atendimento Morumbi	Sábado	17	4	1	1	1	1	1
Ponto Atendimento Morumbi	Sexta	23	4	1	1	2	2	2
Ponto Atendimento Morumbi	Quarta	5	5	2	2	2	2	2
Ponto Atendimento Morumbi	Sexta	7	5	2	2	2	2	2
Ponto Atendimento Morumbi	Sábado	8	5	2	2	2	2	3
Ponto Atendimento Morumbi	Quarta	12	5	3	3	3	3	3
Ponto Atendimento Morumbi	Sexta	14	5	3	3	3	3	3
Ponto Atendimento Morumbi	Sexta	15	5	3	3	3	3	3
Ponto Atendimento Morumbi	Quarta	19	5	3	4	4	4	4
Ponto Atendimento Morumbi	Sexta	21	5	4	4	4	4	4
Ponto Atendimento Morumbi	Sábado	22	5	4	4	4	4	4

Fonte: Arquivo SBIBAE.

5. Transformação das rodas de conversa suportivas no Programa de Resiliência Einstein

Após um ano de rodas de conversa com diferentes times da organização, entendemos quais eram as principais demandas e oportunidades para aumentar o repertório de habilidades socioemocionais e o capital psicológico das equipes para fazer frente a mais um ano de pandemia. Assim, reconfiguramos as temáticas das rodas de conversa, definindo 8 temas preestabelecidos a serem explorados semanalmente nas 22 áreas classificadas como "áreas quentes". Com isso, criamos um fio condutor para as discussões e aprendizagens dos times, para torná-los mais autônomos e capazes no manejo das situações geradoras de estresse: a esse novo ciclo de rodas de conversas chamamos de Programa de Resiliência Einstein. O objetivo foi desenvolver um cinturão de proteção socioemocional na organização, por meio de pequenas estratégias que os próprios colaboradores, líderes e equipes pudessem começar a usar nas suas áreas (EPIs psicológicos), que levassem ao fortalecimento dos vínculos de confiança e segurança psicológica, à validação e ao acolhimento das emoções, à melhoria das técnicas de comunicação, à maior capacidade de perceber em outrem sinais de sobrecarga, e ao florescimento nas áreas de rituais de autocuidado e de proteção da saúde mental, tais como a empatia, a gratidão, a autocompaixão e a autoaceitação, fontes de bem-estar. De fato, as conversas nas rodas não tratam de conceituações abstratas, mas de experiências concretas a partir das vivências e interações do grupo, seguidas de uma orientação para observação reflexiva e aplicabilidade prática das competências e técnicas discutidas entre uma sessão e outra. Além disso, os participantes recebem, semanalmente, material de apoio (audiovisual) nos mais de 60 grupos de *WhatsApp* gerenciados pela equipe do OUVID.

Figura 14: Temas do Programa de Resiliência do OUVID 2.0.

ÁREA	DIA SEMANA	DIA	MÊS	14	15	16	17	18
Ponto Atendimento Morumbi	Quarta	14	4	1	1	1	1	1
Ponto Atendimento Morumbi	Sexta	16	4	1	1	1	1	1
Ponto Atendimento Morumbi	Sábado	17	4	1	1	1	1	1
Ponto Atendimento Morumbi	Sexta	23	4	1	1	2	2	2
Ponto Atendimento Morumbi	Quarta	5	5	2	2	2	2	2
Ponto Atendimento Morumbi	Sexta	7	5	2	2	2	2	2
Ponto Atendimento Morumbi	Sábado	8	5	2	2	2	2	3
Ponto Atendimento Morumbi	Quarta	12	5	3	3	3	3	3
Ponto Atendimento Morumbi	Sexta	14	5	3	3	3	3	3
Ponto Atendimento Morumbi	Sexta	15	5	3	3	3	3	3
Ponto Atendimento Morumbi	Quarta	19	5	3	4	4	4	4
Ponto Atendimento Morumbi	Sexta	21	5	4	4	4	4	4
Ponto Atendimento Morumbi	Sábado	22	5	4	4	4	4	4

Fonte: Arquivo SBIBAE.

6. Reforço do *Hotline*

Incorporação deste serviço à rotina da central de cuidados, com a contratação de novas psicólogas exclusivas para os teleatendimentos individualizados, a estratificação de risco e o encaminhamento precoce para os recursos cabíveis, segundo protocolos que desenvolvemos para a gestão da crise.

7. Estação OUVID

Inclusão, no treinamento das habilidades técnicas, de uma estação de *habilidades socioemocionais* para os novos contratados do Einstein e para todos aqueles que atuam junto a pacientes graves (por exemplo, técnicos de enfermagem realocados de outras áreas do hospital para apoio nas UTI's e semi-intensivas).

Figura 15: Estação OUVID durante treinamento ao paciente crítico.

Fonte: Arquivo SBIBAE.

8. Trilhas de aprendizagem de saúde mental

Para além dos treinamentos em saúde mental oferecidos especificamente para a alta e média liderança durante todo o ano de 2020 em parceria com o Ensino Corporativo, a partir do segundo semestre de 2021 a fase 1 desses treinamentos passou a fazer parte das trilhas institucionais de aprendizagem.

9. Mudança da Plataforma OUVID para a nova plataforma do Programa Calmamente

Com conteúdo de aprendizagem e interação, objetivando o letramento e a sensibilização em saúde mental, a mudança de plataforma aprimorou o apoio aos colaboradores no estímulo à realização de mudanças positivas em suas maneiras de viver, fazendo-se menos sujeitos a desenvolverem ou agravarem doenças físicas e mentais, tornando-se inspiradores para as pessoas viverem com **V**italidade e não apenas com saúde, com mais **I**nteligência emocional, **D**iversidade e inclusão e maior protagonismo no seu **A**utocuidado, formando assim o acróstico VIDA, nos lembrando a cada dia que sim, nosso compromisso é com a VIDA! Por ela lutamos, e a ela celebramos!

Os números e indicadores do OUVID no Ano I da crise

Para muito além de números e indicadores, tal como a água da chuva o OUVID começou como garoa fina, ganhou amplitude e intensidade e permeou as áreas envolvidas diretamente com o atendimento dos pacientes com Covid-19 por meio das rodas de conversa e da descompressão, adentrou a casa das pessoas com o *Hotline*, o Momento OUVID *on-line*, a grade de Meditação e Yoga *on-line* e a plataforma digital, e transbordou ao atingir desde o hospital de campanha até a sala do comitê executivo. A cada encontro presencial ou à distância, uma nuvem de palavras de emoções e sentimentos, muitas histórias e humanidade compartilhadas. E, ao final da tempestade, formou-se um arco-íris de escuta, acolhimento e esperança.

Considerações finais

"O correr da vida embrulha tudo. A vida é assim: esquenta e esfria, aperta e daí afrouxa; sossega e depois desinquieta. O que ela quer da gente é coragem."

Guimarães Rosa
Grande Sertão: Veredas

O advento da vacinação contra a Covid-19 foi um marco importante e significativo nessa montanha-russa de emoções frente ao desastre mundial que a pandemia causou. Em meio à ansiedade, à preocupação, ao medo e à angústia na fase pré-desastre, do cansaço, da exaustão e até mesmo de desesperança na fase de desilusão, o início da vacinação dos colaboradores em 19 de janeiro de 2021 trouxe esperança e a certeza de que entrávamos na fase de recuperação pós-desastre.

As lições aprendidas até o segundo ano de pandemia podem ser sintetizadas em seis atitudes como descrito no artigo do *Journal of the American Medical Association* (JAMA) de abril de 2020, elaborado sobre questionamentos feitos a profissionais da saúde da linha de frente sobre quais seriam os pedidos para as lideranças que poderiam auxiliar na redução da ansiedade relacionada à pandemia: *Ouça-me, Proteja-me, Prepare-me, Apoie-me, Cuide de mim* e, por fim, *Honre-me*.

O OUVID é um esforço ativo e consciente para atender a esses seis pedidos (ouvir, proteger, preparar, apoiar, cuidar de, e honrar). Seguindo esse caminho, para nossa alegria também recebemos o que estávamos oferecendo, do primeiro pedido (fomos ouvidos), ao último (fomos honrados), como se pode ver nas imagens a seguir:

Figura 16: Reconhecimento da organização (Diretoria Clínica do Hospital Israelita Albert Einstein) ao time da Saúde Populacional e ao Programa OUVID pelo comprometimento e dedicação no enfrentamento à pandemia da Covid-19, entregue na Comemoração do Dia do Médico, em 18/10/20.

Fonte: Arquivo SBIBAE.

Temos a certeza de que, em meio ao caos, foi possível sobreviver porque todos reconheceram suas vulnerabilidades. Tivemos a coragem de pedir ajuda. Unimos esforços em atitudes cooperativas e colaborativas e demos o nosso melhor.

Muito mais do que uma operação de guerra contra um inimigo comum, o espírito de união e colaboração entre as áreas e profissionais envolvidos foi o grande legado. Nos momentos mais difíceis, de maior cansaço, desânimo, exaustão, era a energia espiritual (ligada ao propósito e ao sentido de estarmos aqui) que sustentava a motivação destes profissionais de seguirem em frente sem deixar ninguém para trás, ressignificando o momento presente. Alinhados a um mesmo propósito de *"não vamos perder ninguém"*, cada colaborador vestiu a camisa e não mediu esforços para, juntos, vencerem não uma guerra, mas os silos entre as áreas que separavam e impediam este crescimento exponencial da vontade de ajudar o próximo, de contribuir para a comunidade, de colaborar para uma sociedade mais justa, que olha e reconhece sua vulnerabilidade e sua diversidade. Frente a uma pandemia como essa, foi fundamental estar preparado, manter a calma e cultivar a esperança de que vai passar, com a clareza de que é possível sair fortalecido, dando mais sentido e significado à nossa nobre missão de cuidar.

Aprendemos que somos interdependentes e, por isso, quando tudo isso acabar, para além dos rastros de dor e sofrimento deixados pela pandemia, acreditamos que será possível enxergar uma jornada de amor ao próximo, de altruísmo, dignidade, generosidade e humanidade.

Em abril de 2021, tivemos a oportunidade de conceder uma entrevista à Elisa Tozzi, editora assistente de Carreira da VOCÊ S/A. Com o tema "Do pavor ao orgulho", Miriam Branco, diretora executiva de recursos humanos do Einstein e uma das organizadoras deste livro, compartilhou as iniciativas conduzidas junto aos colaboradores do Einstein.

Escaneie o *QR Code* abaixo para prestigiar matéria da VOCÊRH com o tema
"Do pavor ao orgulho: como Miriam Branco gere o RH do Einstein na pandemia":

Tão longe e tão perto: o trabalho presente na distância *(Home Office)*

Com o paradoxo da pandemia na atuação dos profissionais, tínhamos dois desafios: cuidar de quem estava na linha de frente e, como medida de restrição de contato, realocar mais de 2.000 colaboradores cujas atividades permitiam execução em trabalho remoto.

O cuidado exigiu o olhar minucioso para cada público, conforme discorremos ao longo deste e dos outros capítulos. A área de saúde preserva a humanização e a aproximação do contato entre os profissionais da saúde e entre estes e os pacientes. No presencial, os profissionais eram tomados por mecanismos de proteção que os desafiavam para a comunicação e presença pelo olhar, afinal, a paramentação estimulou artifícios de personalização, como crachás com foto e nome, por exemplo.

Por outro lado, todas as organizações no mundo se viram obrigadas a implementar, de maneira repentina, um modelo de *Home Office* para que seus colaboradores continuassem o trabalho à distância. É possível lembrar que o tema *Home Office* foi um dos pontos altos de *benchmarking* entre os profissionais de Recursos Humanos de todos os segmentos. Não havia diferenciação: todas as organizações, sem exceção, passaram por algum dilema nessa condução.

No setor da Saúde, há funções predominantemente presenciais, dada a natureza das atividades. O setor já estava com grandes avanços favorecidos pela transformação digital, pela automação e pela aquisição de novas tecnologias como a telemedicina, por exemplo. Ao que se refere ao Einstein, em alguns momentos abordamos nessa obra a perspectiva para um sistema completo de saúde, com o contato entre diferentes áreas de atuação e suporte que facilmente nos expõe aos mesmos desafios vivenciados por outros setores. Por exemplo: equipes das áreas corporativas, equipes atuantes na área de ensino, equipes que atuam no nosso polo de inovação e na incubadora Eretz.bio e unidades em diferentes regiões do Brasil que, como aparatos fundamentais de uma engrenagem, não podiam parar.

Sem dúvida, a pandemia foi fator determinante para impulsionar uma discussão que já estava em curso nas tendências sobre modelos de trabalho, mas ainda era abordada de maneira tímida por muitas organizações. É certo afirmar que o avanço tecnológico, a transformação digital e as diferentes expectativas da força de trabalho já conduziam para este modelo, mas, nesse ano em específico, a resolução de distanciamento ou isolamento social (#fiqueemcasa), além de estabelecer que o trabalho poderia ser realizado de casa, levou consigo a escola dos filhos, a empresa e o trabalho de todos os membros da família. Todavia, apesar dos agravantes e dos grandes desafios, o modelo improvisado sobre trabalhar de casa, que embora não seja na íntegra o formato do Modelo de Trabalho do futuro, incita a certeza de que sim, as resoluções seriam possíveis!

Por onde começamos?

Antes de detalharmos algumas práticas adotadas no enfrentamento do desconhecido, compartilharemos um breve tema de como o modelo de *Home Office* vinha sendo discutido no Einstein.

No ano de 2015, iniciamos a estruturação do modelo de trabalho remoto com a prática de uma ou duas vezes por semana para 360 colaboradores. Nosso modelo estava pautado em algumas premissas e requisitos mais estáveis, diferente do contexto durante a pandemia. Com certeza a experiência acumulada contribuiu para a agilidade e eficiência nessa transição, mas o momento pandêmico exigiu outras análises:

- Quais seriam as tratativas desse modelo dentro do cenário de uma pandemia?
- Além da quantidade de pessoas, quais eram as áreas e qual o impacto destas áreas para assistência? Não poderiam parar!
- Qual a infraestrutura, os equipamentos e a tecnologia necessária (acessos, ferramentas de trabalho e comunicação)?
- Quais as ações de suporte e/ou benefícios?

Figura 17: Programa Trabalho Remoto Einstein e tratativas para o cenário da pandemia.

Programa Trabalho Remoto Einstein

- Estratégia do Programa
- Histórico do Programa
- O que aceleramos a partir do cenário da Pandemia | Lições Aprendidas
- Práticas de Mercado

Tratativas Cenários Pandemia 2020 | 2021

- Indicadores
- Tratativas
- Ações de Suporte aos profissionais Orientação às lideranças e Equipes

Fonte: Arquivo SBIBAE.

NA LINHA DE FRENTE: ENFRENTANDO O DESCONHECIDO

Figura 18: Discussões sobre trabalho remoto.

Fonte: Arquivo SBIBAE.

Com a força tarefa dos times de Recursos Humanos, Tecnologia da Informação e Lideranças do Einstein, em 24 horas mais de 2 mil colaboradores iniciaram o trabalho diretamente das suas residências. Mas o desafio estava apenas começando. Com o compromisso do Einstein na geração de conhecimento e colaboração, participantes de alguns eventos e reuniões compartilharam lições aprendidas e práticas adotadas:

2020

Junho | Gestão de Pessoas e Teletrabalho na área da saúde

A live foi conduzida pela equipe de Recursos Humanos do Einstein e contou com a participação de Miriam Branco, Diretora Executiva de Recursos Humanos, Andrea Matos, Gerente de Recursos Humanos e responsável pelo programa de Teletrabalho na Instituição, Mario Luiz da Fonseca, Gerente do *Call Center* do Einstein, e com a convidada Amélia Caetano, do Instituto Trabalho Portátil, que gentilmente concedeu sua participação de forma voluntária nessa live e em outros momentos com as lideranças.

Escaneie o *QR Code* abaixo para prestigiar o vídeo com o tema "Gestão de Pessoas e Teletrabalho na área da saúde":

Figura 19: Participação de Andrea Matos, Gerente de Serviços de Recursos Humanos.

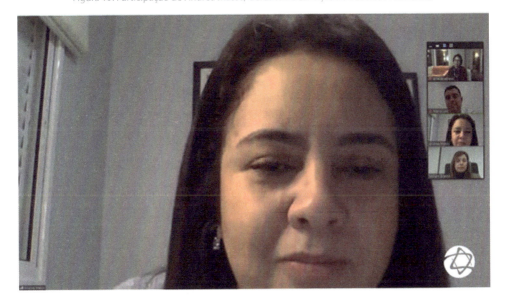

Gestão de Pessoas e Teletrabalho na área da saúde

Fonte: Arquivo SBIBAE.

2021

Setembro | Associação Brasileira de Recursos Humanos São Paulo – ABRH

A convite do grupo de líderes de Recursos Humanos da ABRH, participamos de um encontro para compartilhar as práticas e políticas adotadas pelo Einstein.

Outubro | Congresso Nacional de Hospitais Privados – CONAHP

Sob a proposta de repensar a saúde da próxima década, o CONAHP 2021 contou com mais uma edição da *Sessão Pôster*, espaço dedicado à apresentação das melhores práticas e iniciativas inovadoras com potencial para contribuir para o futuro da saúde. Foram mais de 400 trabalhos científicos inscritos e, destes, 222 foram selecionados para exposição no evento. O Einstein participou com o projeto *Modelo Estruturado de Trabalho Remoto em uma instituição de saúde*, obtendo reconhecimento entre as 10 melhores práticas.

Tão perto: A voz do colaborador

Foi necessária uma atuação muito próxima e contínua entre os líderes e os colaboradores. Se a ação inicial era a transferência do local de trabalho, o que viria com ela, da experiência do colaborador no enfrentamento à pandemia, sua segurança, saúde e qualidade de vida, comunicação entre os times, estilo de liderança, entre outras demandas, apenas a experiência na prática nos revelaria. Essa experiência permitiu uma identidade mais próxima às pessoas, e o nome do programa passou a ser *+Conectados*.

Figura 20: Programa +Conectados – Logo.

Fonte: Arquivo SBIBAE.

Questões como adaptação, rotina de trabalho, familiares, recursos e outras tiveram que ser consideradas, com o objetivo de promover a prática do trabalho remoto como diferencial competitivo no equilíbrio e bem-estar, qualidade de vida, reconhecimento e flexibilidade. Conforme premissa estabelecida na estratégia de gestão de pessoas, havia uma preocupação em analisar e considerar os critérios pessoais e das necessidades prioritárias diante do contexto:

1. **Saúde:** grupos de risco, testagem, monitoramento de contágio.

2. **Questões pessoais:** filhos em *homeschooling* e utilização de transporte público X medo de contágio.

3. **Adequação dos benefícios:** transferência do crédito do vale refeição para vale alimentação, já que o colaborador estava em casa.

4. **Programas de Saúde e Bem-Estar:** foram disponibilizados de forma *on-line* como *Gympass* e Coral. O Programa Calmamente desenvolveu uma grade de práticas de saúde e bem-estar com aulas *on-line* (Yoga, Meditação, Alongamento e Movimento) para promover o autocuidado.

Conectados: a contínua conexão com as pessoas para retroalimentar o modelo:

- Lives específicas com os líderes.
- Lives com todos os colaboradores.
- Pesquisas rápidas.
- Levantamento de dúvidas, sugestões e boas práticas junto às lideranças.
- Rede Social Interna (*Workplace*): grupo colaborativo por meio do qual transmitíamos informações, coletávamos sugestões e por onde os colaboradores manifestavam boas práticas sobre como estavam se organizando na nova rotina.

Figura 21: Nuvem de palavras – Aprendizados.

Fonte: Arquivo SBIBAE.

O CUIDADO PARA A BLINDAGEM DAS EQUIPES | 297

21.1: Nuvem de palavras.

Nuvem de Palavras: Em uma palavra, como você sente atualmente em relação ao Einstein?

Fonte: Arquivo SBIBAE.

Figura 22: Pesquisa *Home Office*.

Pesquisa Home Office
Pesquisa realizada de 27/04 a 15/05 para 1.800 colaboradores, onde tivemos 55% (1.074) respondentes:

Fonte: Arquivo SBIBAE.

22.1: Pesquisa *Home Office* – Falas dos colaboradores e das lideranças.

Fonte: Arquivo SBIBAE.

No final de 2020, na nossa pesquisa de clima anual, exploramos o tema *Home Office* e analisamos as seguintes afirmativas:

O CUIDADO PARA A BLINDAGEM DAS EQUIPES | 299

Figura 23: Perguntas temáticas sobre *Home Office* – Pesquisa com colaboradores.

É possóível realizar reuniões e manter contato com outras áreas e/ou minha equipe durante a atuação Home Office.

É possível conciliar a minha vida pessoal e profissional quando estou em Home Office

A atuação Home Office contribui para a minha produtividade

O Einsten me proporciona informações e suporte para a prática de home office.

Tenho um local adequado e reservado para realizar minhas atividades no Home Office.

Estou satisfeito com a estrutura de tecnologia, ferramenta e suporte oferecidos pelo Einsten para o Home Office.

Meu gestor incentiva a realização do Home Office.

Fonte: Arquivo SBIBAE.

Tudo era utilizado e incorporado e podemos seguramente afirmar que a liderança e os colaboradores também foram protagonistas na construção do modelo.

Como ação de suporte, o Einstein forneceu verba de apoio para compras de mobiliário pensando na ergonomia.

A liderança tem foco na identificação de oportunidades e ações de suporte de acordo com as necessidades (segurança, saúde mental e bem-estar).

Resultados sobre Saúde e Bem-Estar

Somente 11% do total de colaboradores em *Home Office* foram infectados (184).

Indicadores:

- Melhores resultados de saúde.

- Diminuição do estresse com deslocamento.

Para os colaboradores que atuaram de forma híbrida, foi realizado um dimensionamento da capacidade física dos ambientes administrativos para garantir o distanciamento e a escala correta. Novas diretrizes e protocolos de biossegurança foram implementados para garantir a segurança ambiental. Foram realizadas, também, capacitações para estimular atitudes e comportamentos seguros.

Figura 24: Voz dos colaboradores e das lideranças – Aprendizados.

Fonte: Arquivo SBIBAE.

A pandemia trouxe mudanças profundas na Cultura do Trabalho, e o trabalho remoto veio para ficar! Diante das novas expectativas da força de trabalho, das novas gerações entrando no mercado de trabalho e da competitividade por talentos em algumas áreas, o modelo do trabalho remoto é um forte fator de decisão para o ingresso em uma empresa, pois a flexibilidade passa a ser uma prioridade para a atração e a permanência de talentos.

Outro fator relevante é o desenvolvimento e suporte às lideranças e às equipes nessa configuração de trabalho: a ausência da interação visual e da proximidade diária, habitual no modelo de gestão presencial. Demandam atenção às relações de confiança, aos desafios da manutenção da cultura, à comunicação, ao trabalho e à colaboração em equipe, à produtividade, à gestão do tempo, à qualidade de vida, à segurança da informação, entre outros.

Temos acompanhado as tendências do mundo do trabalho e escolhido incorporar no hoje ações que contribuirão para a consolidação do melhor modelo. Portanto, adotamos uma estratégia de trabalho remoto saudável, possibilitando:

- Novos cenários de modelos de trabalho à distância com ampliação de dias e *full-time*.

- Definição de políticas alinhadas com os objetivos e necessidades.

- Avaliação de ferramentas e estruturas para suportar e ampliar o modelo (notebooks, ferramentas de reunião, controles de produtividade etc.).

- Garantia do desenvolvimento da liderança e dos colaboradores para atuação nesse modelo, de maneira atrelada aos objetivos estratégicos da sociedade.

- Incorporar o modelo como benefício à estratégia de atração de novos candidatos.

- Dar suporte aos colaboradores nos aspectos de saúde e bem-estar, explorar boas práticas e estimular a criação de conteúdos específicos para potencialização e engajamento ao teletrabalho.

Continuidade e Sustentação do Programa +Conectados Einstein

Apesar da maturidade do programa, estruturar o trabalho remoto em uma empresa não é uma tarefa, nem um projeto, mas uma jornada contínua, cheia de desafios e experimentações. Priorizar um modelo e um ambiente mais saudável e produtivo para todos aproxima as questões futuras acerca da reavaliação das pessoas nos diferentes aspectos da vida, incluindo a relação com o trabalho.

Figura 25: Sustentação Programa +Conectados Einstein.

Fonte: Arquivo SBIBAE.

Nem só Home, nem só Office, mas um modelo de trabalho e de vida que contemple uma sociedade mais justa, igualitária, sustentável e feliz.

Tiago Alves, autor do livro "Nem Home, Nem Office:
O futuro do trabalho é híbrido"

CAPÍTULO 9

O objetivo comum:

*entendimento das necessidades das áreas
e o design das soluções*

Luciana Raineri Munaro
Simone Azevedo
Camila Faria da Rocha
Caroline Dalla Costa Teles Valegio
Fernanda Prado
Leonel de Ramos

Novos desafios pedem novas soluções

Há tempos acompanhamos temáticas acerca do RH Estratégico com promessas de soluções "mágicas" para incorporação nas organizações. Se, por um lado, assistimos aguardando a grande fórmula, por outro, estamos diante de um cenário que convida diariamente a reconhecer a importância desta área dentro das organizações. Este convite nos impulsiona à reflexão sobre o potencial de área e a capacidade adaptativa de resposta diante da maior crise sanitária do século.

A pandemia impactou as organizações de todos os segmentos e, indiscutivelmente, desafiou a área de Recursos Humanos a lidar com demandas sem precedentes. O cenário se alterava e impactava diretamente a gestão de pessoas nas organizações, desde a remoção de barreiras para a implementação acelerada do *Home Office*, quanto a manutenção do trabalho presencial nos serviços essenciais, em especial na área da Saúde, bem como a necessidade de lidar com as particularidades das medidas provisórias colocadas. O *benchmarking* entre as áreas de Recursos Humanos das empresas ocorria sem hora definida. Era comum, mesmo durante a madrugada, surgirem mensagens nos grupos de *WhatsApp* que mostravam a angústia de se estar na linha de frente com o desconhecido, na gestão de pessoas também nestas condições, com a esperança de encontrar alguém com soluções testadas e implementadas.

A equipe de Recursos Humanos do Einstein manteve a flexibilidade de organização por frentes de trabalho e reforçou a Interface junto às áreas e lideranças. Neste capítulo, descreveremos o papel dos representantes do time que atuam como *Business Partners/*Consultores Internos de Recursos Humanos e/ou RH local nas unidades regionais do Einstein.

De longa data a área de Recursos Humanos mantém profissionais específicos para atendimento às diferentes áreas de atividade do Einstein e, para contextualizarmos, é importante apresentar algumas particularidades. Ao se falar no Einstein, é comum percebermos que a Unidade Hospitalar no bairro no Morumbi em São Paulo ou os Serviços de Medicina Diagnóstica e Ambulatorial estão muito mais presentes no imaginário do interlocutor. Queremos, então, elucidar a composição da Instituição e como nos organizamos para garantir o atendimento às diferentes áreas e suas especificidades. O Einstein é um sistema completo de Saúde, composto por pilares como apresentado abaixo:

Figura 1: Relatório de Sustentabilidade.

Fonte: Arquivo SBIBAE.

A célula da Consultoria Interna de Recursos Humanos está organizada de forma a atender às diversas particularidades e frentes de atuação do Einstein considerando quatro pilares: Assistência, Ensino e Educação, Pesquisa e Inovação e Responsabilidade Social.

Um dos papéis principais da área é compreender as necessidades específicas de cada frente e convergir para uma estratégia de Recursos Humanos alinhada a cada contexto. Dessa forma, assim como os quatro pilares se desdobram em áreas de atividades e atuação do Einstein, temos as *corporativas* e de *suporte* que contam com os atendimentos segmentados por área.

- Assistência: setor público e privado.
- Responsabilidade Social.
- Pesquisa.
- Inovação.
- Escritório de Excelência.
- Consultoria e Gestão em Saúde.
- Auditoria e *Compliance.*
- Big Data e Estratégia de Dados.
- Áreas Corporativas.

Com este breve resumo das áreas que compõem o Einstein e da demonstração da diversidade e capilaridade da nossa força de trabalho, destacamos alguns aspectos para a compreensão do papel de Recursos Humanos em pontuar ações de acordo com as especificidades que se apresentam, ou seja, não há solução ou prática uniformizada diante de tais características, o que naturalmente impõe necessidades de reflexão para os profissionais de Recursos Humanos em como se organizar para atender às organizações nos aspectos de relevância estratégica, percepção de valor e solução que suporte as necessidades do cliente interno.

A atuação e o senso de urgência

Segundo Kotter (2015), um grande senso de urgência e importância surge quando as pessoas se unem por um grande desejo, na cabeça e no coração, de fazer alguma coisa para aproximar a organização de uma consistente oportunidade estratégica. Ainda, segundo o autor, "Com a energia compartilhada por um número suficiente de pessoas, o resultado é uma potência direcionada e empolgada que só pode ser vista em organizações empreendedoras de grande sucesso". No Einstein, experimentamos isso na pandemia, gerado pelo propósito compartilhado de atender às necessidades do cuidado centrado nas pessoas e no objetivo comum pela saúde.

Atuação do profissional de Recursos Humanos como designer organizacional

Aprofundaremos as ações desenvolvidas utilizando uma citação do consultor Marcos Ornellas encontrada em seu livro *DesigneRHs para um novo mundo – Como transformar o RH em um designer organizacional*: "É preciso empatia, colaboração e experimentação!".

É muito importante compreendermos o contexto no qual estamos inseridos, quem é o nosso cliente interno e qual a sua necessidade no momento. Isso é sabido, mas vamos colocar essa perspectiva no contexto da pandemia.

O trabalho de campo do Consultor Interno de Recursos Humanos reforçou todo o suporte aos líderes para as novas demandas de gestão, além de desenvolver soluções em conjunto:

- Apoio nos estudos e dimensionamento da necessidade de contratação.
- Avaliação e orientação frente às medidas provisórias.
- Suporte nas realocações dos profissionais, lembrando que se em uma área havia necessidade de contratação, em outra havia necessidade de realocação ou suspensão de contrato, em virtude da redução da demanda.
- Facilitação e moderação de encontros virtuais e comunicações gerais com foco na transparência e comunicação entre os times.

Figura 2: Comunicação, Engajamento e Suporte à Liderança – Lives.

Fonte: Arquivo SBIBAE.

- Orientação e plano de ação para gestão da força de trabalho: férias antecipadas para alguns, férias suspensas (reprogramadas) para a linha de frente. A regra era clara "preservação dos empregos" e "convocação para os profissionais da linha diferente".

- Movimentação e alocação das profissionais gestantes que, conforme medidas de segurança e saúde, deveriam ser afastadas da exposição ao risco de contágio.

- Condução de *Focus Group* para entendimento das ações de suporte à liderança. Sim, o líder precisou de muito apoio. Muitos deles entraram em plantões para a assistência direta.

A cada momento nos direcionávamos para atender as especificidades das áreas, mas principalmente as do contexto diário, da agenda do dia e do momento. Quem atua na área de Recursos Humanos sabe da orientação de alguns calendários e datas limites importantes para os seus processos. Nesse momento a agenda era definida em tempo real: novas demandas, leis (medidas provisórias), protocolos de segurança e orientações de medida de segurança no Estado de São Paulo... tudo impactava.

Enquanto em algumas áreas de atividade o esforço era direcionado para garantir o quadro completo para cobertura dos plantões, em outras, tínhamos necessidade de avaliação das alocações dos profissionais, pois a atividade presencial não era necessária, seja pela queda de atendimento no serviço ou pelo fechamento de unidades como, por exemplo, nossas unidades de ensino.

O foco foi atuar por necessidade, unir forças para identificar oportunidades, como mapear equipes com possível ociosidade, reduzir jornadas de trabalho, suspender contratos, dar suporte ao *Home Office*, ofertar cuidados à saúde mental e financeira e, paralelamente, para equipes que atuariam na linha de frente, aumentar limites de banco de horas, cuidar da saúde e da segurança destes colaboradores e de seus familiares.

As realocações dos profissionais foi uma ação muito efetiva, conforme abordado nos capítulos anteriores. Uma das áreas que receberam profissionais foi a creche do Einstein, que atende aos filhos dos colaboradores. Na ocasião, foi autorizada a manutenção das atividades durante a pandemia. Como ação complementar e diante do fechamento das escolas no período, a capacidade de atendimento às crianças foi ampliada em uma ação realizada em parceria com o Colégio Miguel de Cervantes, escola próxima à Unidade Morumbi. A escola se juntou à missão pela saúde e cedeu seu espaço para acolhimento dos filhos dos colaboradores. Com isso, reforçamos o time dos profissionais para a atuação nessa frente de suporte aos colaboradores.

Todas as atividades para o plano emergencial de gestão de pessoas demandaram a atuação direta com as lideranças, munindo-as de informações, direcionamento, além de captar sugestões e necessidades para a definição do mais efetivo suporte a todos.

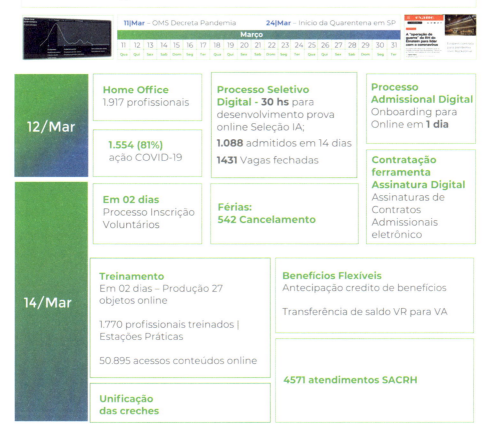

Figura 3: Plano Emergencial – Pessoas e Capacitação.

Fonte: Arquivo SBIBAE.

Sabemos que todo desafio gera aprendizados importantes e, na pandemia, não foi diferente. A área de Recursos Humanos manteve plantão 24 horas por dia, 07 dias por semana, participando ativamente e estando no centro das decisões acerca do contexto. A atividade, criticamente dependente de pessoas, norteava a necessidade de tê-las no combate sob preocupação e cuidado genuínos em garantir tudo que fosse necessário para protegê-las.

Realmente, uma experiência que superava qualquer abatimento pelo cansaço, medo ou insegurança pelo que estava por vir.

ColaborAÇÃO

O desafio e a vontade direcionada a um objetivo promoveram naturalmente a ação para colaborar: a colaboração! A mobilização orgânica ultrapassou qualquer formalidade de estrutura, hierarquia ou cargos. No Einstein, já experimentávamos algumas iniciativas de organização do trabalho por estruturas matriciais, programas aceleradores, grupos multidisciplinares, mas o cenário da pandemia fez emergir configurações adicionais e complementares, como se houvesse dois modelos operando: linear, ao que era previsível e ordenado, e uma estrutura paralela para responder ao cenário em constante alteração.

Os grupos e comitês das áreas se reuniam periodicamente e eram compostos por representantes de todas as áreas e diretorias. Nestes encontros, cada área expunha suas necessidades e planos de ação e era nítido o engajamento de todo o time em apoiar quem precisava de ajuda, além de agilizar e mapear os pontos de atenção, bem como os pontos que precisavam ser revistos.

Diante o cenário da pandemia outros temas passaram a estar mais recorrentes na agenda do RH além daqueles habituais que são suportados por políticas, processos e programas já estabelecidos. Nesse sentido, para exemplificar algumas práticas vivenciadas no Einstein durante a pandemia e convidá-los à reflexão do impacto para atuação do profissional de Recursos Humanos X o alinhamento às necessidades da organização e seus clientes internos, contaremos com abordagens de outras disciplinas, utilizando-as como ferramentas na atuação do profissional de Recursos Humanos. A seguir, discorreremos alguns *cases* de áreas e equipes e como a solução foi cocriada.

Lideranças Assistenciais – Unidade Morumbi

A pandemia exigiu ainda mais empatia para enxergar e compreender o que os profissionais viviam, sentiam, necessitavam e desejavam.

Um exemplo de prática realizada foi a utilização de uma ferramenta do *design thinking*, o "Mapa de Empatia", no intuito de compreender as necessidades das lideranças assistenciais.

Figura 4: Mapa de Empatia – Ferramenta utilizada para mapear necessidades.

Fonte: Arquivo SBIBAE.

A equipe da consultoria Interna de Recursos Humanos da frente assistencial conduziu algumas iniciativas de exploração e pesquisa às lideranças das "áreas quentes", com o olhar para as necessidades de suporte organizacional frente ao cenário de enfrentamento da pandemia. Foram ouvidas 35 lideranças e formado um grupo de trabalho para análise dos principais *insights*. As informações coletadas foram agrupadas e checadas posteriormente com os líderes, e foi realizada uma reunião para cocriação de soluções. Não bastava analisarmos e inferirmos as ações, precisávamos construir juntos. A experiência apontou soluções simples e de alto impacto, que possivelmente não teríamos identificado sem este espaço de escuta e empatia.

Alguns exemplos de ações implementadas foram:

- Estabelecer encontros periódicos (*on-line*) do RH com as lideranças.
- Canal direto com RH para esclarecimento das novas exigências legais como medida provisória, afastamento de gestantes etc.
- Reporte diário das informações dos Indicadores de Gestão de Pessoas: afastamentos, número de contratações para áreas COVID, profissionais disponíveis para realocação e aproveitamento nas áreas.
- Programas e ações de suporte à liderança: Saúde, Equilíbrio e Bem-estar.

Lideranças |
Hospital Municipal M'Boi Mirim | Hospital Dr. Moysés Deutsch

No Hospital Municipal M'Boi Mirim | Hospital Dr. Moysés Deutsch, um dos hospitais do setor público administrados pelo Einstein, além de todas as ações de suporte e acolhimento às equipes, muitas já mencionadas em exemplos neste livro, também foi realizada uma ação voltada para lideranças, com o objetivo de fortalecer a gestão na alta complexidade, chamada de "Plantão de Suporte à Liderança". Lembramos que este hospital foi um dos centros de referência na saúde pública para o atendimento a enfermos pela Covid-19.

Frente ao cenário volumoso e desafiador diante de novas ondas da Covid-19, num constante agravamento da demanda física e emocional das equipes em lidar com a gravidade dos casos, o volume e as perdas de pacientes, foi identificada a necessidade de promover novas ações de suporte não só às equipes, mas também às lideranças. Novamente, não estabelecemos ações prontas, construímos ações após ouvirmos de maneira empática. Naquele momento, as lideranças relatavam a importância de um momento de orientação e *coaching*, nada que as sobrecarregassem, mas que as auxiliassem no contexto tão complexo e que permitisse o próprio manejo de habilidades e emoções envolvidas.

A ação implementada contou com a gentil parceria de Paula T. Saboia, João Luiz Souza e Silvia H. Magalhães, *partners* da Lumo – Liderança, Cultura e Mobilização, que já nos apoiaram em muitas iniciativas e projetos de desenvolvimento e voluntariamente doaram horas para essa ação. Devido à efetividade do projeto, durante a segunda onda retomamos a ação e ampliamos o número de consultores, conciliando e estabelecendo uma negociação colaborativa para atendimento a todos os líderes. Nesta etapa contamos com Paulo Pedoti, também consultor na Lumo. No total, 20 líderes foram atendidos em 02 sessões individuais, totalizando 40 horas de projeto.

> *"Nessa pandemia, nos perguntamos muito como ajudar e fizemos isso de várias formas, mas estar próximos a vocês, do Einstein, numa relação tão especial que nos permitiu estender a mão e alcançar as suas mãos "do outro lado", mãos estas que nos abriram portas e janelas para trabalhar na crise, apoiando vocês. (...) Acalma a alma saber que, ofertando o que sabemos e amamos fazer, pudemos ajudar. Em suma, vocês nos deram a oportunidade de sermos melhores."*
>
> *Paula, João e Silvia, em nome de todos os sócios da LUMO*

Os relatos dos líderes ao longo do programa reforçaram o reconhecimento e a segurança pelo apoio nas especificidades da gestão local, na autogestão, na gestão e na motivação das suas equipes. A cada sessão, tiveram a oportunidade de aprofundar as questões vivenciadas por eles e/ou explorar possíveis ações de manejo, além de, ao final, definirem os próximos passos.

Esta ação se deu no intuito de apoiar a liderança para enfrentar o momento de forma um pouco mais leve e potencializar suas competências e seu autoconhecimento. Ao final, manifestaram agradecimentos e depoimentos do quanto estas sessões contribuíram para sua evolução pessoal e profissional.

A liderança que cuida e o líder sendo cuidado

Cada Consultor Interno de Recursos Humanos e referências dos RH locais das Unidades Regionais, organizou momentos de interação com o time de líderes, adaptando a interface de acordo com cada realidade: Unidades Assistenciais SP e Goiânia, Ensino, Responsabilidade Social, Equipes em *Home Office*, junto aos líderes, buscavam identificar ações que pudessem apoiá-los.

Figura 5: Ações de Suporte à Liderança.

Durante o cenário COVID, qual seria a sua recomendação e sugestão para o suporte à liderança?

Saúde Mental

- Saúde Mental dos colaboradores (citado 3x)

- Considerar **Enfermeiros** que atuam como **Referência Técnica** será fundamental neste momento. Eles estão na linha de frente, com os **cenários complexos**, tendo que influenciar os técnicos e auxiliares de enfermagem. PRECISAM DE **APOIO** NESTE MOMENTO!

- Suporte psicológico e métodos de acalmar e **motivar** equipes (citado 2x)

- Que a liderança, acostumada a dar suporte à sua equipe, também precisa de **momentos de descompressão** para continuar apoiando

- Calmamente voltado à liderança

- Não sobrecarregar a equipe com demandas fora do horário, e-mails. O líder precisa **cuidar da sua equipe**.

- Menos reuniões por zoom.

Gestão de Pessoas no Cenário COVID

- Como acompanhar a produtividade da equipe à distância

- Motivação

- Apoio para profissionais com **dificuldade de trabalhar remotamente**, em especial, **PCDs**

- Sinto que precisamos de apoio para poder auxiliar as equipes. No sentido de trabalhar o **fortalecimento**. Gostaria de poder suportar melhor as pessoas, ajudá-las a se sentirem melhor, mesmo em meio a insegurança do momento.

- Existe algum planejamento para que se disponibilize mais postos para **home office**?

Fonte: Arquivo SBIBAE.

Foram realizadas conversas em grupos e individuais. Uma das conversas que nos marcou partiu de uma liderança que atuou diretamente na linha de frente. Ela nos contava sobre a sua dedicação e entrega no trabalho. Escutávamos além das palavras. Em um dado momento, ela nos disse "É uma demanda muito grande. Fico em estado de alerta e conectada na unidade e na equipe. Desço e compro algo para almoçar rapidamente, e subo". Ao final da nossa conversa, retomamos com uma pergunta: "Nos conte melhor o exemplo que você citou sobre comer rápido" e, para nossa surpresa, ela respondeu: "compro um pão de queijo e um refrigerante". Nesse momento, olhamos para ela e compartilhamos uma fala embutida de intenções: "*É admirável a sua força, empenho e vontade nesse enfrentamento. O Einstein tem uma preocupação genuína com os seus colaboradores e ouvir você relatar sobre como está cuidando do seu momento de alimentação, nos faz pensar em como podemos prover algo que possa cuidar de você... Se tivéssemos uma sala reservada para que pudesse almoçar uma alimentação saudável e em um ambiente com os seus pares... como você avalia essa possibilidade?*" Ela sorriu com os olhos, naquele momento em que estávamos com máscaras. Para resumir a história, foi organizada uma sala no andar da Diretoria, de fácil acesso e, ali, os líderes tinham a oportunidade de estar com os executivos que fizeram questão de almoçar com eles e ouvi-los, acompanhá-los e entender o que mais poderia ser feito pelos líderes e suas equipes.

Figura 6. Falas da Liderança Assistencial.

"O paciente COVID vem e com ele "o peso"... o peso literal do corpo, o peso da doença... e o peso do medo da família, dos cuidados, medo dos profissionais."

"Estamos começando a sentir a ressaca, eu sinto a ressaca da turbulência toda."

"Uma equipe que vive algo tão intenso, junto as famílias e tantos pacientes, que sofreu e está aqui de pé e super grata"

Lider Assistência

Fonte: Arquivo SBIBAE.

Liderança e Equipes | Ensino e Educação

Na perspectiva da atuação do profissional de Recursos Humanos como cocriador de soluções, compartilharemos algumas iniciativas aplicadas na área do Ensino do Einstein. Antes deste detalhamento, contextualizaremos algumas informações com o objetivo de apresentar um pouco mais sobre o Sistema Einstein de Saúde.

Ao longo de seus mais de 65 anos de história, o Einstein se consolidou como uma instituição de excelência, reconhecida pela qualidade da assistência, pelas práticas de gestão, pela capacidade de inovar e liderar transformações positivas no universo da saúde. São os conhecimentos, competências e experiências acumuladas nessa trajetória que permitem ao Einstein ser referência em outra área de atividade: o Ensino. Desde a inauguração da Faculdade de Enfermagem e da Escola Técnica, em 1989, o Ensino Einstein tem crescido continuamente. No decorrer dos anos, multiplicaram-se cursos de todos os níveis, incluindo pós-graduação *lato sensu* e *stricto sensu*, *MBA*, residência médica e multiprofissional, graduação, atualização profissional, atualização médica personalizada, ensino médio técnico, cursos à distância e soluções corporativas, além de eventos científicos focados em temas relevantes para a saúde.

Se por um lado tínhamos um grande esforço em garantir a presença dos profissionais nas unidades assistenciais, por outro a equipe de Ensino se deparava com a mobilização do ensino presencial para o *on-line*, envolvendo o fechamento das unidades físicas nas diferentes regiões do país, a preparação da estrutura para suportar essa mobilização, a transição dos profissionais para o trabalho remoto, a preparação dos alunos e docentes para essa nova modalidade. Toda essa movimentação envolveu 100% da equipe desta área, demandando o agir contra o tempo, a necessidade de se reinventar, o teste de novas possibilidades antes não experimentadas ou aplicadas em outras instituições.

Os quase 600 colaboradores desta área se dedicaram intensamente a cada detalhe e, em paralelo, gerenciávamos o suporte à Gestão das Pessoas, em meio às medidas provisórias, protocolos de segurança e saúde, entre outros. As necessidades permeavam diferentes particularidades: realocação dos profissionais administrativos (que, devido ao fechamento das unidades, poderiam atuar em outras áreas), suporte na transição ao *Home Office* para as atividades de suporte, treinamento e capacitação dos docentes no ensino mediado por tecnologia, sem renunciar à qualidade do ensino, metodologias e objetivos de aprendizagem. Essa equipe atuava a serviço dos alunos que, por sua vez, são predominantemente profissionais em formação na área da saúde.

Foram estabelecidas iniciativas para mapeamento das necessidades de ações de suporte aos líderes, acolhimento e comunicação. Destacamos uma das lives realizadas com o Diretor da área e todos os profissionais da equipe, na qual fomos estimulados a aplicar uma atividade que convidasse à apropriação do reconhecimento ao trabalho realizado, a sua importância e impacto a tantas pessoas. O Consultor Interno de Recursos Humanos, atendendo ao pedido da gestão da área, propôs uma atividade simples, porém impactante, o "Correio da Gratidão". Nesta atividade, os profissionais foram convidados a interagir através de um link compartilhado, relatando sobre o impacto do trabalho realizado por eles e pelos colegas destas áreas, citando o que gostariam de reconhecer e agradecer. A atividade propôs uma experiência de muita conexão entre os participantes, além de proporcionar muita emoção e contar com o complementar reconhecimento e palavras do Diretor da área. Nessa breve demonstração, compartilhamos uma abordagem utilizada, que tecia a intenção do *design* desta proposta.

Como fonte referencial ou metodológica, citaremos a abordagem pautada na antroposofia desenvolvida por Rudolf Steiner, a qual aplicamos na perspectiva do desenvolvimento humano, na integração na unicidade do indivíduo no "pensar, sentir e querer". A conexão com o sentimento da gratidão foi experimentada como algo importante e necessário naquele contexto.

De São Paulo para Goiânia

Havia 4 meses que tínhamos inaugurado um hospital em Goiânia, em um modelo de gestão pelo Einstein, quando se iniciou a pandemia. Gostamos de dizer que era um hospital recém-nascido e seguíamos, como em qualquer nova unidade hospitalar em seus primeiros meses, realizando os ajustes finais necessários para o fluxo dos seus pacientes, equipes e modelo de operação. De repente, um "tsunami": a ausência de pacientes na unidade pela cautela e pelo medo do contágio pela Covid-19. Embora já estivéssemos acompanhando o cenário no Estado de São Paulo e em todas as reuniões e ações do Einstein, em Goiânia o pico da pandemia estava há uns 2 meses atrás de São Paulo, e isso possibilitou a aplicação de alguns aprendizados com o cenário vivenciado e aplicado pelo Einstein em SP. A equipe local de Recursos Humanos em Goiânia participava, desde o início da pandemia, nas reuniões de RH, juntamente ao time de SP.

Entender alguns passos favoreceu replanejar a rota para adoção de práticas customizadas à nossa realidade, com a especificidade de uma nova unidade e uma equipe que ainda estava no aculturamento e integração à nova Instituição. Os primeiros passos reforçaram o estabelecimento de uma mesa de crise local, que também se comunicava e participava do Comitê do Einstein. Iniciamos as mesmas ações que SP já vinha praticando no apoio aos colaboradores e suporte à liderança, como capacitações, *lives* para esclarecimentos e segurança psicológica, programas de saúde, equilíbrio e bem estar, envio de kit higiene para a residência dos colaboradores contaminados (pois, nesse momento, as máscaras e álcool gel sumiram do mercado), entre outras. Como já comentado nos capítulos anteriores, realocamos um grupo de São Paulo, que havia atuado no Hospital de Campanha do Pacaembu para atuação junto à força de trabalho de Goiânia, como ação de composição dos times, mas principalmente para apoiar no modelo assistencial já acompanhado no fluxo de atendimento ao paciente.

Entre os exemplos das ações de acolhimento aos colaboradores, ampliamos os espaços de escuta e interação para que pudessem apontar o que seria importante para eles naquele momento. Uma das ações que foi muito efetiva e que trouxe muito conforto e segurança aos colaboradores e lideranças foi o início da operação do nosso refeitório interno, onde eram disponibilizados café da manhã, almoço, jantar e ceia. Mas por que essa ação fez tanta diferença? A rotina intensa, o cansaço e, em alguns casos, a atuação em mais de uma Instituição de Saúde, sobrecarregavam a organização pessoal e a gestão do tempo para a cuidadosa alimentação. Em alguns dias da semana, havia cardápios diferenciados, incluindo os pratos preferidos da população local. Mesmo sendo novatos na região, buscamos entender as preferências e isso surpreendeu os colaboradores. Houve manifestações de agradecimento, incluindo postagens nas redes sociais "Você por aqui! Mais que um prato típico e preferido, a pamonha está inserida na cultura do goiano, como uma tradição regional".

Figura 7: Ação na Unidade de Goiânia.

Fonte: Arquivo SBIBAE.

Figura 7.1: *Post* de colaboradora – Unidade de Goiânia.

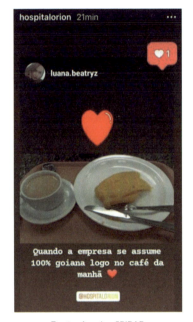

Fonte: Arquivo SBIBAE.

Podemos dizer que, além de ouvir, estarmos próximos das pessoas proporciona que aprendamos muito com elas e sobre elas. E por falar em aprender com as pessoas e sobre as pessoas, implementamos uma série na intranet chamada "Histórias reais na luta contra a Covid-19", na qual os colaboradores compartilhavam depoimentos e histórias inspiradoras para os demais colegas, ressaltando a cultura de atendimento Einstein centrado na pessoa: SPA – Segurança, Paixão em Servir e Atenção aos detalhes, que nessa unidade, os colaboradores adotaram dentro da campanha *SPArramando* os sete dias de autocuidado, com dicas para cada dia da semana!

Podemos destacar alguns aprendizados comuns:

1. Conhecer os colaboradores que compõe a sua Instituição e/ou área.

2. Promover a escuta contínua, por meio das interações humanas e das informações disponíveis nos diferentes canais.

3. Proximidade com as áreas e lideranças, compreendendo suas especificidades locais.

4. Compreender as necessidades considerando a pessoa no centro da experiência.

5. Dispor de habilidades e competências que favoreçam o manejo e a cocriação como designer organizacional.

6. Atuar fortemente como *change-maker*.

Tendências ou *"para o que precisamos nos preparar desde agora?"*

Conforme o artigo *Lições da pandemia*, publicado pela Associação Nacional de Hospitais Privados (ANAHP) em parceria com a *Bain & Company*[1], algumas tendências que já vinham sendo observadas ganharam força, como:

- A pressão por maior controle de custos, crescimento do atendimento remoto, ferramentas digitais e a integração e coordenação entre os diferentes elos para entregar cuidado ao paciente.

- Perspectiva que reforça como a saúde demandará profissionais altamente especializados e ao mesmo tempo muito flexíveis, capazes de lidar com as ambiguidades de um sistema de saúde cada vez mais complexo, tecnológico e integrado.

- Durante a pandemia, os times tiveram que se organizar de maneira multifuncional e com poder distribuído para lidar de maneira mais rápida e eficiente com questões novas e complexas.

- Como caminho para fomentar e otimizar esse tipo de colaboração multifuncional, instituições experimentaram estruturas organizacionais menos hierárquicas, agilizando a tomada de decisão e a comunicação

---

1 ANAHP; *BAIN COMPANY. Lições da pandemia: perspectivas e tendências.* Abr. 2021. 56 p. Disponível em: <1619703048Licoes_da_pandemia_-_perspectivas_e_tendencias_abril2021.pdf (d335luupugsy2.cloudfront.net)>.

entre as partes, e provendo mais autonomia para profissionais de saúde que atuam na linha de frente.

- Taxas altas de *burnout*, também conhecida por Síndrome de Esgotamento Profissional. Muitos foram os impactos diretos sobre os profissionais de saúde: ansiedade, depressão, insônia etc.

- Deve-se focar na educação e no engajamento da liderança na mudança cultural, no desenho e na operacionalização de um plano para melhorar a saúde integral dos colaboradores.

- Do ponto de vista cultural, é importante criar canais de comunicação de duas vias com os colaboradores, permitindo que eles se abram sobre os impactos do trabalho na saúde física e mental, seguido do desenho de um plano para tratar todas as questões levantadas.

- Melhorar as condições de trabalho, possibilitando que o profissional esteja exposto a menos riscos ou desenhando um plano concreto para um melhor equilíbrio entre trabalho e vida pessoal.

Uma pergunta exposta nesta pesquisa nos convida à reflexão: como capturar o melhor das novas formas de trabalho e não retroceder após a pandemia?

CAPÍTULO 10

A força de uma nação:

*humanização, colaboração
e todos movidos
pela essência humanitária*

Sidney Klajner

Quem se der ao trabalho de fazer um levantamento sobre as mais diversas catástrofes ocorridas ao longo do tempo no Brasil – enchentes, desabamentos, incêndios, apagões e outras –, identificará, ao lado das fragilidades de infraestrutura do país, dos problemas de gestão e de falhas tecnológicas ou humanas, um mesmo aspecto intangível: a solidariedade que advém da imensa capacidade de seu povo de se sensibilizar com o sofrimento dos outros e procurar ajudar. É uma característica da cultura latina, em particular da brasileira, marcada pelo calor humano, pela empatia, pelo relacionamento próximo entre pessoas que passa ao largo de formalidades e pela necessidade de estarem sempre juntas.

Talvez nunca tenhamos tido uma catástrofe tão abrangente e com tantas vítimas como a ocorrida com a pandemia da Covid-19. Ela atingiu o país inteiro, impactando a todos indiscriminadamente, mas de maneira mais cruel as camadas mais pobres da população e regiões com estruturas de saúde que não demoraram a entrar em colapso, com falta de leitos de internação e de UTI, de equipamentos e insumos e de profissionais preparados para atender aos pacientes.

Nesse contexto, a cultura de calor humano produziu efeitos opostos: ao mesmo tempo em que tornava difícil implantar e fazer respeitar as medidas de isolamento, gerava uma impressionante corrente de solidariedade. Se o vírus contagiava provocando doença, o espírito solidário e humanitário contagiava pessoas, empresas e organizações de todos os tipos para ajudar no enfrentamento da crise de saúde.

Do cidadão comum ao mundo corporativo, a sensibilidade dos brasileiros para com o sofrimento dos outros tomou a forma de um engajamento ativo na luta – seja com participação humana, disponibilização de recursos ou doações. Isso permitiu a implantação de medidas que não vinham recebendo os investimentos necessários ou não estavam sendo geridas de maneira apropriada pelas lideranças do país pelas mais diversas razões, inclusive as associadas a ideologias e interesses políticos, além de posturas de absoluto desprezo pela ciência.

O que se viu foi uma onda de solidariedade de todos os segmentos sociais e corporativos, na qual a Sociedade Beneficente Israelita Brasileira Albert Einstein mergulhou profundamente. Para nós, a pandemia representava a oportunidade de exercitar de maneira ainda mais impactante a missão que inspirou a própria criação da nossa instituição em 1955: contribuir para a saúde do país como forma de retribuir o acolhimento que o Brasil deu à comunidade judaica.

Ao longo de todas essas décadas, o Einstein cultivou caminhos que fizeram florescer esse propósito em todos os terrenos onde se cultivam a excelência e as transformações no mundo da saúde: na assistência, na pesquisa, no ensino, na educação da população, na inovação, na gestão, nas práticas de responsabilidade social. Foi esse legado que recebi quando assumi a Presidência do Einstein. Foi esse legado que nos permitiu abraçar com paixão e determinação a causa do enfrentamento da pandemia.

Mais uma vez, os valores judaicos da nossa organização – *Refuá* (Saúde), *Mitzvá* (Boas Ações), *Chinuch* (Educação) e *Tsedaká* (Justiça Social) – mostraram-se inspiradores. Mais uma vez, revelou-se valiosa a bagagem que faz o Einstein ser reconhecido como um dos 50 melhores hospitais do mundo no ranking da revista norte-americana *Newsweek*, a 2ª instituição mais inovadora de todos os setores de atividade no Brasil no prêmio do jornal *Valor Econômico* e um parceiro-chave do setor público de saúde por meio de diversos projetos vinculados ao Programa de Apoio Institucional ao Desenvolvimento do Sistema Único de Saúde (Proadi-SUS)[1] e da parceria com a Prefeitura de São Paulo, onde realiza a gestão de um hospital geral, de dezenas de unidades de saúde e a gestão e operação de outro hospital

---

1 Cf. <https://www.einstein.br/responsabilidade-social/atuacao-com-o-ministerio-da-saude/proadi-sus>.

dedicado exclusivamente à alta complexidade. A figura 1, a seguir, traz um resumo das atividades do Einstein em 2020 no atendimento de pacientes privados (saúde suplementar) e pacientes do setor público (SUS). As figuras 2, 3 e 4 mostram as atividades desenvolvidas por meio de parceria com a Prefeitura de São Paulo.

Figura 1: Einstein: assistência no setor privado e no setor público.

DESTAQUES DO ANO

ASSISTÊNCIA

	Sistema privado		Sistema Único de Saúde	
UNIDADES	13		27 (26 EM SÃO PAULO E 1 EM MOGI DAS CRUZES)	
SAÍDAS HOSPITALARES[1]	45.191		28.496	
CIRURGIAS[2]	26.794		9.090	
PARTOS	3.548		7.826	
ATENDIMENTOS DO PRONTO ATENDIMENTO	184.960		535.388	
CONSULTAS	277.339		644.515	
TELEATENDIMENTOS	212.537		41.326	
TAXA DE OCUPAÇÃO[3]	78,0%		74,2%	HOSPITAL MUNICIPAL VILA SANTA CATARINA 72,3% HOSPITAL MUNICIPAL DR. MOYSÉS DEUTSCH 76,1%
LEITOS[4]	626		775	HOSPITAL MUNICIPAL VILA SANTA CATARINA 239 HOSPITAL MUNICIPAL DR. MOYSÉS DEUTSCH 336 HOSPITAL DE CAMPANHA PACAEMBU 200
TEMPO MÉDIO DE PERMANÊNCIA (DIAS)	3,87		6,15	HOSPITAL MUNICIPAL VILA SANTA CATARINA 6,10 HOSPITAL MUNICIPAL DR. MOYSÉS DEUTSCH 6,20
SATISFAÇÃO DOS PACIENTES	77,3[5]			HOSPITAL MUNICIPAL VILA SANTA CATARINA[6] 91% HOSPITAL MUNICIPAL DR. MOYSÉS DEUTSCH[6] 82%
EXAMES LABORATORIAIS E DE IMAGEM	5.532.756		3.195.401[7]	

Fonte: Arquivo SBIBAE.

NA LINHA DE FRENTE: ENFRENTANDO O DESCONHECIDO

Figura 2: Atividades desenvolvidas por meio de parceria com a Prefeitura de São Paulo – Hospital Municipal M'Boi Mirim | Hospital Dr. Moysés Deutsch.

CONTRATO DE GESTÃO COM A PREFEITURA DE SÃO PAULO
HOSPITAL MUNICIPAL M'BOI MIRIM – DR. MOYSÉS DEUTSCH

	2017	2018	2019	2020	Δ 2020/2019
Colaboradores	1.628	1.668	1.762	2.172	23,3%
Leitos operacionais[1]	240	240	240	336	40,0%
Salas para cirurgias	10	10	10	10	0,0%
Saídas[2]	18.893	19.949	21.208	16.803	-20,8%
Pacientes/dia[3]	104.961	109.894	115.281	103.565	-10,2%
Tempo médio de permanência (em dias)	5,56	5,51	5,40	6,20	14,8%
Taxa de ocupação (%)[4]	89,8	92,7	93,9	76,1	-18,9%
Pacientes cirúrgicos (exceto cesáreas)	7.323	8.254	8.345	5.455	-34,6%
Número de partos	5.272	5.072	4.941	4.242	-14,1%
Atendimentos do Pronto Atendimento	219.078	209.267	188.307	88.767	-52,9%
Consultas ambulatoriais	32.270	31.705	34.334	17.823	-48,1%

[1] São os leitos em utilização e os leitos passíveis de serem utilizados no momento do censo, ainda que estejam desocupados.
[2] É a saída do paciente da unidade de internação por alta (curado, melhorado ou inalterado), evasão, desistência do tratamento, transferência interna, transferência externa ou óbito.
[3] Unidade de medida que representa a assistência prestada a um paciente internado durante um dia hospitalar.
[4] Relação entre a soma dos pacientes internados no final de cada dia e o total de leitos-dia.

Fonte: Arquivo SBIBAE.

Figura 3: Atividades desenvolvidas por meio de parceria com a Prefeitura de São Paulo – Hospital Vila Santa Catarina.

CONVÊNIOS COM O MINISTÉRIO DA SAÚDE E A PREFEITURA DE SÃO PAULO
HOSPITAL MUNICIPAL VILA SANTA CATARINA – DR. GILSON DE CÁSSIA MARQUES DE CARVALHO

	2017	2018	2019	2020	Δ 2020/2019
Colaboradores	1.002	945	1.197	1.606	34,2%
Leitos operacionais[1]	176	174	178	239	34,3%
Salas para cirurgias	5	5	6	6	0,0%
Saídas[2]	6.810	8.283	9.453	10.290	8,9%
Pacientes/dia[3]	50.596	47.079	51.547	62.318	20,9%
Tempo médio de permanência (em dias)	7,4	5,6	5,5	6,1	11,9%
Taxa de ocupação[4] (%)	79,0	77,0	78,9	72,3	-8,4%
Pacientes cirúrgicos (exceto cesáreas)	1.900	2.920	4.058	3.568	-12,1%
Número de partos	3.408	3.426	3.344	3.584	7,2%
Atendimentos do Pronto Atendimento Obstétrico	17.941	16.773	16.933	14.027	-17,2%
Consultas ambulatoriais	43.881	50.966	70.319	85.649	21,8%

[1] São os leitos em utilização e os leitos passíveis de serem utilizados no momento do censo, ainda que estejam desocupados.
[2] É a saída do paciente da unidade de internação por alta (curado, melhorado ou inalterado), evasão, desistência do tratamento, transferência interna, transferência externa ou óbito.
[3] Unidade de medida que representa a assistência prestada a um paciente internado durante um dia hospitalar.
[4] Relação entre a soma dos pacientes internados no final de cada dia e o total de leitos-dia.

Fonte: Arquivo SBIBAE.

Figura 4: Atividades desenvolvidas por meio de parceria com a Prefeitura de São Paulo.

PARCERIA PÚBLICA COM A PREFEITURA DE SÃO PAULO

	2017	2018	2019	2020	Δ 2020/2019
Estratégia Saúde da Família[1]					
Unidades Básicas de Saúde (UBS)	13	13	13	13	0,0%
Equipes de Saúde da Família	84	87	87	87	0,0%
Colaboradores	1.085	1.128	1.150	1.174	2,1%
Famílias cadastradas	86.961	88.846	89.498	94.537	5,6%
Pessoas cadastradas	286.129	288.332	284.323	281.088	-1,1%
Atendimentos	2.434.954	2.412.132	2.349.646	1.964.432	-16,4%[2]
Assistência Médica Ambulatorial (AMA)					
Unidades	3	3	3	3	0,0%
Colaboradores	242	234	303	339	11,9%
Atendimentos	632.036	669.628	855.046	650.946	-23,9%
Unidade de Pronto Atendimento (UPA)					
Unidades[3]	1	1	1	1	0,0%
Colaboradores	434	419	530	544	2,6%
Atendimentos	995.154	1.077.322	1.100.662	828.308	-24,7%[2]
Centro de Atenção Psicossocial (CAPS)					
Unidades	3	3	3	3	-33,3%
Colaboradores	140	115	126	136	7,9%
Atendimentos	30.665	47.520	48.157	13.521	-71,9%[2]
Serviço de Residência Terapêutica (SRT)					
Unidades	1	2	2	2	0,0%
Colaboradores	8	17	22	22	0,0%
Moradores	8	20	20	20	0,0%
Ambulatório Médico de Especialidades Pediátricas (AMA-E)[4]					
Unidades	NA	1	1	1	0,0%
Colaboradores	NA	35	54	51	-5,6%
Atendimentos	NA	47.631	53.919	41.086	-23,8%[2]
TOTAL	**2017**	**2018**	**2019**	**2020**	**Δ 2020/2019**
Unidades	**21**	**23**	**23**	**23**	**0,0%**
Colaboradores	**1.909**	**1.948**	**2.185**	**2.266**	**3,7%**
Atendimentos	**4.092.809**	**4.254.233**	**4.407.430**	**3.498.293**	**-20,6%**

NA: não se aplica.
[1] De 2019 para 2020, a média de indivíduos por família diminuiu de 3,2 para 3,0, um reflexo do processo natural de movimentação da população no território. Com isso, o total de pessoas caiu, apesar do aumento no número de famílias.
[2] A redução dos atendimentos está relacionada à Portaria 354, de 20 de março de 2020, que suspendeu parcial e temporariamente consultas, exames, procedimentos e cirurgias de rotina, a partir de 23 de março de 2020, nos ambulatórios Hospitalares e na Rede de Atenção Básica. Os atendimentos foram retomados gradualmente a partir de junho do mesmo ano.
[3] Unidade de Pronto Atendimento (UPA) Campo Limpo.
[4] Parceria iniciada em 2018.

Fonte: Arquivo SBIBAE.

O fato é que poderíamos colaborar no co*mba*te à pandemia por meio de todas as frentes de atividades do Einstein – assistência, ensino, pesquisa etc. Tínhamos todos os trunfos para isso, e mais: tínhamos a coerência com a nossa missão.

Em nenhum momento o "se" esteve presente nas discussões das lideranças – se iríamos disponibilizar recursos humanos ou tecnológicos, se iríamos fazer investimentos não previstos em nosso orçamento, se teríamos que comprar equipamentos e insumos que haviam desaparecido do mercado... O fio condutor de nossas decisões foi sempre o "como". Como poderíamos ajudar? Nesse processo, ganharam vida inúmeras ações que não estavam em nenhuma de nossas metas estratégicas. Adquirimos ventiladores mecânicos para colocar em hospitais públicos, transferimos recursos humanos do Einstein para atuar em hospitais municipais e de campanha, disponibilizamos a nossa plataforma de telemedicina para médicos do SUS, nos engajamos em pesquisas para ampliar os conhecimentos sobre o novo Coronavírus e formas de enfrentá-lo... Não cabe aqui relacionar tudo o que fizemos, mas é importante destacar que o que fizemos emergiu também da sintonia dos nossos colaboradores com o propósito da instituição e de uma rede de colaboração interna – entre profissionais e áreas do Einstein, médicos contratados e do corpo clínico autônomo e até ex-funcionários.

Figura 5: Comitê de Crise. Criado logo após o registro do primeiro caso de Covid-19 na China, o Comitê de Crise do Einstein, integrado por lideranças e especialistas, reunia-se várias vezes ao dia para acompanhamento e tomada de decisões relacionadas à pandemia.

Fonte: Arquivo SBIBAE.

Escaneie o *QR Code* abaixo para assistir ao vídeo da Veja com o tema
"Coronavírus: A rotina dos médicos do Einstein na luta contra o avanço da Covid-19":

Um olhar retrospectivo mostra que o mesmo "como ajudar" que pautou nossas iniciativas inspirou muitas outras pessoas, empresas e organizações. Um detalhe que chama a atenção é que várias delas escolheram doar para a saúde pública através do Einstein e não diretamente. Por quê? Pela reputação e credibilidade da nossa Instituição. Tinham a confiança de que o Einstein seria capaz de dar o melhor destino a esses recursos em benefício da população e talvez não sentissem a mesma confiança ao observar certo desencontro entre as lideranças do país e as medidas que estavam sendo (ou deixando de ser) adotadas.

A reputação e a credibilidade do Einstein levaram outras instituições a nos convidar para colaborar com suas iniciativas. Eu, por exemplo, em meio ao turbilhão de atividades que me absorveram durante a pandemia, aceitei o convite e achei tempo para atuar, ao lado de mais seis líderes de saúde, no conselho do *Todos pela Saúde*, programa do Banco Itaú, que destinou 1 bilhão de reais para ações de luta contra a Covid-19, e também junto ao *Fazer o Bem Faz Bem*, programa realizado pela JBS.

Figura 6: Dr. Sidney Klajner, Presidente do Einstein, integrou o conselho do programa *Todos pela Saúde*.

Fonte: Sidney Klajner. Acervo pessoal.

A rede tecida com solidariedade e humanismo e capitaneada pelo Einstein foi ficando mais robusta e generosa nos frutos gerados. A criação do Hospital de Campanha do Pacaembu no curtíssimo prazo de dez dias e a ampliação e transformação de um hospital municipal que se tornou referência no atendimento de pacientes com Covid-19 na cidade de São Paulo, especialmente os mais graves, são dois exemplos de realizações que uniram o Einstein, uma instituição de saúde, com empresas que atuam em setores absolutamente diferentes. O que bancos, ou empresas de seguros ou indústrias de bebidas e aço, para citar apenas alguns perfis corporativos, têm a ver com saúde? Nada. Mas, como ficou demonstrado, podem ter um papel importante no enfrentamento de uma crise sanitária como a provocada pelo Sars-CoV-2. São organizações que têm o espírito solidário e colaborativo da cultura brasileira e o compromisso com a responsabilidade social traduzido em atitudes concretas.

O mesmo se aplica a pessoas físicas. De gestos simples, como fazer compras para um idoso para que ele pudesse manter seu isolamento ou cuidar dos filhos do vizinho que precisou ser internado, até profissionais que se dispuseram a atuar voluntariamente e indivíduos que colaboraram com doações, a teia de ajuda seguiu num crescente. Por exemplo, o fundo de captação que o Einstein criou, arrecadando cerca de 50 milhões de reais aplicados em equipamentos, materiais e ações destinados a hospitais públicos de mais de uma dezena de estados, começou com um executivo que ligou para minha casa para dizer que estava doando 2,5 milhões de reais para apoiar o que estávamos fazendo na saúde pública. Foi um gesto generoso e espontâneo, que se multiplicou em gestos generosos de centenas de pessoas físicas e jurídicas. Além das ações realizadas com os recursos desse fundo, contribuímos com recursos próprios, doando o equivalente a 35 milhões de reais em máscaras N95, *face shields* e álcool gel para cerca de 130 hospitais públicos e 200 aldeias indígenas.

Figura 7: Visão geral do Hospital de Campanha do Pacaembu.

Fonte: Arquivo SBIBAE.

Figura 8: Última paciente a receber alta no Hospital de Campanha do Pacaembu.

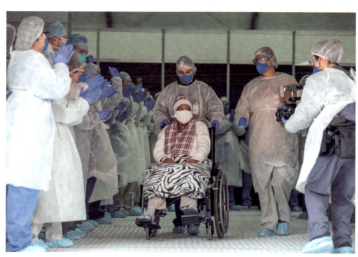

Fonte: Arquivo SBIBAE.

Figura 9: Doações próprias destinadas a cerca de 130 hospitais públicos e 200 aldeias indígenas.

Fonte: Arquivo SBIBAE.

Atuar como um líder de iniciativas relevantes no enfrentamento da pandemia e como um catalisador da rede de solidariedade que se formou em torno do Einstein envolve riscos diversos: econômico-financeiros, de imagem, de relacionamento com outros *stakeholders* do setor de saúde e até de segurança para os pacientes que, evidentemente, sempre procuramos mitigar. Mas quem assume responsabilidades assume também os riscos. Riscos que assumimos em prol do exercício do propósito. Além disso, quem toma para si as responsabilidades do porte que o Einstein tomou acaba servindo de exemplo para que outros façam o mesmo.

O papel de liderança de se posicionar como um exemplo é fundamental para enfrentar uma crise de saúde ou de qualquer outro setor. Mas há outro igualmente importante: a comunicação.

Durante a pandemia, a *comunicação* foi um ingrediente-chave tanto para educar a população e disseminar informações cientificamente embasadas, lutando para combater as *fake news*, como para promover o alinhamento interno entre nossos profissionais. Aplicativos, blogs, vídeos, *lives*, centenas de entrevistas minhas e de outros profissionais do Einstein para os mais diversos órgãos de imprensa fizeram parte da nossa maratona de comunicação em tempos de Covid-19.

Figura 10: O Presidente e outros profissionais do Einstein foram fonte de inúmeras matérias relacionadas com a pandemia.

Fonte: Sidney Klajner. Acervo pessoal.

NA LINHA DE FRENTE: ENFRENTANDO O DESCONHECIDO

Figura 11: Grandes números das ações de comunicação do Einstein relacionadas à Covid-19 entre os meses de março e agosto de 2020.

Fonte: Arquivo SBIBAE.

Quando se fala em humanização e colaboração para atender a população em uma crise como a da Covid-19 é preciso que, internamente, a organização atue da mesma forma. Ao lado das mais rigorosas medidas de segurança e atendimento médico aos colaboradores infectados pelo novo Coronavírus, adotamos uma série de iniciativas para amenizar os impactos da pandemia e do trabalho intenso e estressante. Entre outras, disponibilizamos vagas em um hotel próximo ao hospital para quem preferia poupar o tempo das viagens de ida e volta para a residência a fim de ganhar mais algumas horas de descanso ou quem queria evitar o contato com os familiares por temer infectá-los. Também estabelecemos uma parceria com o Colégio Miguel de Cervantes que oferecia cuidados e atividades para os filhos dos nossos colaboradores, permitindo que trabalhassem com mais tranquilidade. Depois, ajudamos a escola a adotar as medidas de segurança necessárias para a reabertura das aulas presenciais. Essa expertise, assim como a desenvolvida para a retomada do atendimento aos pacientes não Covid-19 nas unidades do Einstein depois do pico da pandemia, acabou se transformando em consultoria para a reabertura de outras escolas e também de empresas que estavam voltando às atividades presenciais.

Figura 12: Colaboradores com quadros graves da doença foram tratados no Einstein. Na foto, a equipe celebra a alta de João Maria do Nascimento, funcionário que serve o café e, por isso, é conhecido como Seu João do Café.

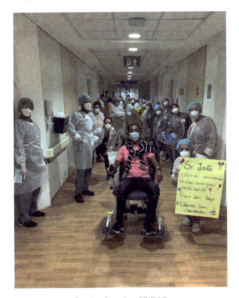

Fonte: Arquivo SBIBAE.

Escaneie o QR Code abaixo para prestigiar o vídeo de alta do Seu João:

Além dos funcionários, o Einstein tem um grande grupo de profissionais autônomos que fazem parte do dia a dia da instituição: os médicos do corpo clínico aberto. Trata-se de uma relação de forte interdependência, também unida pelo mesmo propósito: levar saúde aos pacientes com um atendimento pautado por elevados padrões de qualidade e segurança.

Proporcionamos a esses médicos – cerca de 10 mil profissionais – os mesmos cuidados de saúde dedicados aos funcionários contratados, como testagem para Covid-19 e atendimento médico-hospitalar. Assim como nossos colaboradores, eles também foram beneficiados com as atividades do OUVID, um programa que criamos focado em saúde mental, outra dimensão fortemente impactada pelo cenário de pandemia.

No caso do corpo clínico, porém, havia outra questão importante em jogo: em razão da pandemia, muitos médicos tinham sido obrigados a interromper suas atividades. Eles foram parceiros no entendimento de que, com exceção da assistência aos casos de Covid-19, tudo mais tinha que permanecer em compasso de espera – uma espera que se revelou bem mais demorada do que o previsto no início da crise. Como tinha acontecido com várias outras categorias profissionais, o mundo de trabalho dos médicos também fora afetado. Era mais um desafio que, na nossa visão, tinha que ser enfrentado com colaboração. Uma das primeiras medidas que adotamos foi não efetuar a cobrança do aluguel dos consultórios médicos do prédio anexo ao hospital no Morumbi por três meses. Depois disso, a volta da cobrança ocorreu de maneira escalonada, proporcional à retomada das atividades. Também disponibilizamos a plataforma de Telemedicina do Einstein, incluindo treinamentos e certificação digital para habilitar mais de 600 médicos do corpo clínico autônomo no uso desse recurso para atender seus pacientes por meio de teleconsultas.

Na retomada dos atendimentos presenciais, outra providência foi disponibilizar para os médicos consultórios nas unidades externas do Einstein, permitindo descentralizar o atendimento e oferecer alternativas para pacientes que ainda tinham receio de ir ao complexo hospitalar do Morumbi.

Os médicos mostraram que colaboração é um ato que segue uma via de mão dupla. No auge da crise, por exemplo, mais de 1.200 médicos autônomos do corpo clínico do Einstein atuaram como voluntários no atendimento de pacientes com Covid-19 nos dois hospitais públicos que administramos, no Hospital de Campanha do Pacaembu e no serviço de Telemedicina. Na retomada, esses profissionais foram os principais divulgadores e fiadores junto aos seus pacientes da segurança e efetividade dos novos fluxos e medidas de segurança implantadas nas unidades do Einstein. Mesmo precisando de cuidados, muitas pessoas ainda tinham medo e hesitavam em procurar serviços de saúde. Essa colaboração dos médicos foi muito importante para que os índices de atendimentos na retomada superassem rapidamente nossas projeções.

Essa relação colaborativa e humanitária está presente em todo o universo Einstein porque brota da própria cultura da instituição. Uma cultura pautada pelos preceitos judaicos que norteiam o Einstein desde a sua fundação que permeia toda a organização. Esse, aliás, foi um dos pontos destacados pela antropóloga Carmen Migueles, que contratamos em 2011 para realizar um diagnóstico da nossa cultura organizacional, visando preservá-la em um contexto de crescimento da instituição e de importantes transformações. Ela constatou que a cultura organizacional é vibrante desde a alta liderança, passando pelos profissionais da assistência e áreas administrativas até setores como copa e higiene. Carmen Migueles também observou a alta rotatividade no primeiro ano de empresa, mas o que poderia parecer uma fragilidade era, segundo ela, um sinal da força da cultura Einstein: o novato que não era afinado com essa cultura e com seus valores acabava optando por sair, porque se percebia como um "estranho no ninho".

No Einstein, o aspecto cultural é considerado já no próprio processo de seleção e recrutamento, e alimentado continuamente por meio de um programa sintetizado no acrônimo SPA, letras iniciais de seus pilares: *Segurança, Paixão em Servir* e *Atenção aos detalhes*, três dimensões-chave para uma instituição que cultiva a excelência, colocando o paciente no centro do cuidado. Isso significa que todos trabalham com o objetivo de proporcionar ao paciente não apenas a melhor assistência, mas também a melhor experiência, o que inclui altas doses de humanização no atendimento. Ou seja, cuidamos não apenas do paciente, cuidamos do ser humano que ele é e também de seus familiares. Dois indivíduos com a mesma condição de saúde certamente terão contextos, necessidades, preferências, crenças e valores diversos. O que importa para cada um deles e como atender cabe a nós descobrir.

Nessa incansável busca por humanização, conquistamos, em 2012, a acreditação do *Planetree*, organização criada nos Estados Unidos que promove esse modelo de atendimento acolhedor e humanizado. Desde 2013, somos o parceiro do *Planetree* na América Latina, ajudando outras instituições de saúde interessadas em incorporar essas práticas.

Num contexto dramático como o que caracteriza as unidades de atendimento a pacientes com COVID, onde a gravidade da doença se soma à impossibilidade de ter ao lado um familiar ou amigo ou receber qualquer visita, até a tecnologia transformou-se em aliada da humanização. As equipes do Departamento de Pacientes Graves do Einstein fizeram de celulares e *tablets* o recurso para que pacientes isolados ou prestes a serem submetidos à ventilação mecânica pudessem falar e interagir com os familiares.

Já no Hospital de Campanha do Pacaembu, que recebia casos menos graves, além das videochamadas, atividades recreativas, comemorações de datas como o Dia das Mães e aniversários dos pacientes ajudaram a levar um pouco de alegria e imprimir mais leveza ao ambiente.

No outro extremo estavam os pacientes com quadros irreversíveis, um contexto no qual os cuidados paliativos despontaram como particularmente relevantes, permitindo proporcionar uma assistência adequada e humana, sem prolongar o sofrimento da pessoa (e de sua família) em uma UTI. Mas como definir quem vai para cuidados paliativos e quem permanece em UTI? Um grupo de especialistas do Einstein produziu um documento com critérios objetivos e cientificamente embasados para escalonar os níveis de gravidade. Iam para cuidados paliativos os pacientes enquadrados no nível mais alto – com insuficiência ou falência de órgãos e sistemas –, para os quais a UTI agregaria valor zero na perspectiva do tratamento, deixando em troca apenas um saldo de sofrimento inútil.

Figura 13: Celulares e *tablets* foram usados para que pacientes isolados ou que seriam entubados pudessem se comunicar com os familiares.

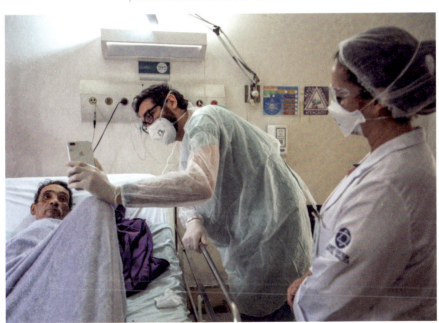

Fonte: Arquivo SBIBAE.

O *front* assistencial talvez tenha sido a face mais visível dos frutos gerados a partir da rede de colaboração liderada pelo Einstein. Mas há outras igualmente importantes e que também brotaram da união de diferentes organizações em torno de um propósito. É o caso, por exemplo, da coalizão Covid-19 Brasil, liderada pelo Einstein, com participação de outros hospitais e instituições de saúde, em parceria com o Ministério da Saúde e apoio de um laboratório farmacêutico para a realização de pesquisa sobre o uso da hidroxicloroquina e outros medicamentos no tratamento de pacientes com a doença. Os resultados mostraram que essas drogas não só não tinham eficácia no tratamento como podiam provocar efeitos adversos graves. Os estudos foram publicados nas três revistas científicas de maior impacto no mundo: *Lancet, The New England Journal of Medicine* e *British Medical Journal*. Além dessa investigação científica, nossa área de Pesquisa esteve envolvida em mais de uma centena de estudos relacionados à Covid-19, contribuindo com o esforço internacional para gerar conhecimentos sobre uma doença até então desconhecida.

Além disso, fomos solidários no compartilhamento de conhecimentos: nossa área de Ensino disponibilizou gratuitamente mais de três dezenas de cursos *on-line* para médicos e equipes multiprofissionais do Brasil e de outros países, abordando temas como ventilação mecânica, uso de máscaras cirúrgicas N95 e drogas vasoativas, entre outros.

O espírito colaborativo também impulsionou a inovação, fazendo com que *startups* incubadas na Eretz.bio (incubadora de *startups* do Einstein) se unissem para desenvolver produtos que pudessem contribuir no enfrentamento da pandemia. Uma dessas inovações foi o *Fevver*, uma tecnologia digital de medição de temperatura baseada em reconhecimento facial e inteligência artificial, criada por duas *startups* que combinaram suas competências.

Também foi colaboração, desta vez entre as áreas de Inovação e de Engenharia do Einstein e a empresa Enebras, até então nossa fornecedora de sistemas de ar-condicionado, que marcou a criação do *Atmus*, um sistema digital de exaustão e filtragem de ar que permite criar ambientes de pressão negativa e transformar leitos ou áreas de atendimento em espaços de isolamento respiratório sem necessidade de reforma de estruturas físicas. A inovação gerou patente internacional, mas a Enebras decidiu pela transferência de tecnologia sem qualquer custo para qualquer empresa do Brasil interessada em produzir o equipamento durante a pandemia.

Figura 14: *Fevver*, equipamento digital de medição de temperatura usado no Einstein e em vários outros hospitais e empresas.

Fonte: Arquivo SBIBAE.

Como nas tragédias anteriores, a pandemia da Covid-19 fez, mais uma vez, aflorar o humanismo e a solidariedade característicos da cultura brasileira, que levam pessoas, empresas e organizações diversas a se movimentarem, colocarem-se no lugar de quem está sofrendo e unirem forças para ajudar. Podemos olhar essas atitudes como a face bonita dessa terrível crise sanitária que ceifou a vida de milhares de brasileiros, deixou outros tantos com sequelas para sua saúde física e mental, além do sofrimento de quem perdeu entes queridos. Mas a maior beleza disso tudo estará em enxergar as oportunidades que a pandemia nos apontou para transformar o sistema de saúde do país através da colaboração entre *players* da área de saúde dos setores público e privado, entre indústrias de insumos e equipamentos de saúde, entre instituições de pesquisa. Oportunidades no aprimoramento da assistência, na promoção da inclusao, na redução de desperdícios e uso mais inteligente dos recursos, na formação e capacitação de profissionais, na educação da população para uma vida mais saudável, nos cuidados voltados à prevenção de doenças e controle das doenças crônicas...

A humanização, a colaboração e todos movidos pela essência humanitária foram os elementos que ajudaram a produzir um final feliz para as milhares de vidas salvas durante a pandemia. Explorar as oportunidades que ela nos aponta e os aprendizados que nos traz ajudará a produzir muito mais finais felizes, promovendo as necessárias transformações no sistema de saúde do país.

EPÍLOGO

Enquanto isso...

Míriam Branco
Simone Azevedo

Enquanto isso... este foi o título que escolhemos para o epílogo, e não foi por acaso.

Enquanto isso:

Expressão usada em enunciações para indicar, dentro de uma narração, outro fato, que ocorre em outro lugar, mas no mesmo espaço temporal.

A elaboração de um livro é algo minucioso, que exige muita dedicação, a começar pela decisão de escrevê-lo e, acerca disso, refletir sobre temas, abordagens, autores, entre outros detalhes importantes para o desenvolvimento da obra.

Para nós, já havia uma intenção, pois sempre éramos estimuladas a publicar sobre a trajetória e as práticas de gestão de pessoas desenvolvidas e aplicadas no Einstein, além de sermos positivamente expostas a um ambiente que preconiza a geração do conhecimento e a contribuição ao sistema e profissionais da saúde como um todo, como definido na missão do Einstein. Essa premissa nos leva a participar de diferentes fóruns, associações e grupos para trocas e *benchmarking* de práticas, além de, desde 2016, desenvolvermos e coordenarmos cursos voltados para Liderança, Gestão de Pessoas, Educação Corporativa e outros temas sobre *pessoas* na área da Saúde, sendo eles oferecidos pelo Ensino Einstein a profissionais e instituições de saúde.

Participar e escrever prefácios e capítulos de alguns livros também já fazia parte da nossa prática, assim como artigos científicos e submissão de trabalhos em congressos e simpósios. Faltava o nosso livro, realmente. Uma intenção que por muitas vezes, pelas mais diferentes variáveis, era adiada. Até que, então, o chamado ocorreu, vindo disfarçado de uma provocação, como contamos no início deste livro, em uma live na qual era compartilhado o que a equipe de Recursos Humanos do Einstein realizava em menos de um mês da declaração da pandemia pela OMS (Organização Mundial da Saúde).

A provocação ocorreu mais precisamente no dia 01 abril de 2020, no auge do cenário ainda incerto e intenso, e nós pensamos "enquanto isso...", podíamos iniciar a materialização do livro. Realmente documentávamos tudo e também estávamos próximas ao grupo de profissionais do Einstein que acompanhava a mobilização mundial com relação à Síndrome Respiratória por novo Coronavírus desde dezembro de 2019, em decorrência do primeiro caso registrado na China e pela situação de emergência de saúde pública estabelecida na ocasião.

Internamente, refletimos que seria uma contribuição e fato histórico sobre o qual precisávamos compartilhar os aprendizados, o que, além de ser uma das tradições do Einstein, abarcava um alinhamento ao nosso propósito. E então, no dia 20 de maio de 2020, submetemos o projeto para elaboração deste livro, através de um processo interno para avaliação e devidas aprovações. "Enquanto isso"... seguíamos na linha de frente das ações voltadas para suportar as áreas de atividade do Einstein e os nossos colaboradores.

No dia 03 de agosto, recebemos o *e-mail* enviado pela colaboradora Márcia Soledade, que atua na equipe do Sistema Integrado Einstein – Biblioteca:

> *"Prezadas, boa tarde.*
> *Espero que estejam bem e com saúde.*
> *Informo que o projeto de vocês foi aprovado para publicação".*

Naquele momento, um *mix* de sentimentos se acentuou... do orgulho pela confiança mais uma vez depositada, da consciência na tamanha responsabilidade que isso representava e de lembrar que, "enquanto isso", devíamos conduzir essa elaboração durante aquele cenário: estando todos na linha de frente, enfrentando o desconhecido. Mas seguimos firmes e, no dia 11 de agosto, realizamos a primeira reunião com a editora, conhecendo no detalhe todos os trâmites envolvidos, o que inicialmente exigia questões burocráticas entre as partes envolvidas.

Naquele período tão intenso, trazia um certo alívio esperar estas etapas burocráticas, porque o tempo na linha de frente corria em velocidade máxima. Em outubro estas etapas se cumpriram e partimos para o próximo passo. Enviamos um *e-mail* para alguns colaboradores do Einstein. Nesse, informamos sobre o projeto do livro e seus objetivos, convidando-os para participarem como autores, mas principalmente verificando sobre o interesse e disponibilidade diante daquele contexto. As respostas foram imediatas:

"Uma honra e orgulho fazer parte desse projeto."

"Muito feliz pelo convite. Super aceito!"

"Muito bom!!! Parabéns e obrigada pelo convite!"

"Contem comigo!"

"Precisei ler várias vezes para acreditar que realmente era para mim este e-mail (risos)".

"Fico lisonjeada e muito feliz com o convite. Com toda certeza podem contar comigo."

"Muito feliz com o convite, agradeço imensamente a oportunidade de fazer parte desse projeto tão importante e cheio de significado."

"Obrigada pelo convite, será um prazer enorme colaborar!"

"Que máximo! Tenho interesse!"

"Aproveito para parabenizar pelas ações frente ao Covid-19 e pela iniciativa deste projeto editorial. Disseminar esse conhecimento será de extrema relevância para nossa comunidade em saúde."

"Muito feliz com o convite. Podem contar comigo."

"Obrigada pelo convite!!! Claro que participarei."

"Aceito com a maior honra!"

"Obrigado pelo convite! Será um prazer participar."

"Estou muito interessado e honrado pelo convite. Parabéns pela iniciativa."

"Olá, que bacana! Contem comigo!"

"Muito legal."

"Confirmo recebimento e alegria em participar com meu time deste projeto. Conte conosco."

Para quem já está habituado a escrever livros, essas etapas podem parecer simples, mas, para nós, era a primeira vez e seria uma longa jornada. As etapas seguiram com a oficialização entre a editora e autores e "enquanto isso", os autores iniciaram a construção de conteúdo, a partir de novembro de 2020.

Caminhávamos para o encerramento do ano de 2020 com um conjunto de ações de reconhecimento e confraternização. Tivemos a nossa festa de confraternização na modalidade *on-line*, transmitida pelo *YouTube* para os nossos colaboradores, familiares e todos os profissionais da saúde.

O ano seguinte traria outras missões, mas aproveitamos o momento para estarmos juntos, mesmo que de forma virtual. Encerramos o ano com muita esperança e confiantes.

Acolhemos com muita admiração e reconhecimento todo o empenho dos colaboradores e, em especial, relembramos a atuação do time de Recursos Humanos, pela capacidade de reinventar-se a cada momento, assumindo os desafios com compromisso, dedicação e colaboração. Sem dúvida, uma representação que não se limita à nossa equipe, mas que demonstra o quanto todas as pessoas foram expostas a tempos complexos.

As interações e reuniões virtuais foram intensificadas, e era comum ouvirmos sobre "Somos movidos pelo desafio e pelo propósito", "Onde mais posso contribuir, o que mais posso fazer?", "Devemos ter coragem de seguir, mesmo não tendo todas as respostas", "Agora eu não sou mais o seu líder direto, teremos que atuar em times autogerenciados, e o líder será aquele que está à frente do *squad*." O cuidado com o time também foi redobrado, porque a "vontade" não colocava limites, inclusive para as próprias pausas, e passamos a conversar e atuar com ações para este cuidado e suporte.

Em janeiro de 2021, animados com a dedicação de todos, colocamos como meta lançar o livro em março daquele ano, quando completaria um ano do decreto da pandemia emitido pela OMS (Organização Mundial da Saúde). Seria um marco importante e, ao mesmo tempo, uma celebração, por iniciar o ano com perspectivas otimistas acerca da vacina que já iniciava a imunização no nosso país.

E, mais uma vez, o inesperado aconteceu. O livro parecia não ter mais fim e a pandemia também não... pausamos o livro e fomos viver mais um capítulo: a segunda onda da pandemia. Recebemos novas missões e, embora um cenário intenso, resgatamos os aprendizados vivenciados em 2020. Implementamos muitas delas, mas havia muitas novas "variantes", e cada uma delas exigia medidas precisas.

No dia 20 de abril de 2021, o Einstein marcou sua presença na série RH 4.0, conduzida por Stela Campos, editora de Carreira nos jornais Valor Econômico e Valor *on-line*, e tendo Miriam Branco como convidada, apresentando os aprendizados do Einstein na gestão da segunda onda da pandemia. Suas palavras finais na série: *"Gratidão, sei que estou aqui representando um grupo grande de Recursos Humanos, todo o time e todos os profissionais da saúde que tiveram tantos desafios e que ainda estão com muitos desafios"*.

Escaneie o *QR Code* abaixo para assistir ao vídeo do jornal Valor Econômico com o tema "Aprendizados do Einstein na gestão da segunda onda da pandemia":

Figura 1: Pandemia – Desafios, Estratégia e Aprendizados na 2ª onda.

Fonte: Arquivo SBIBAE.

Na linha de frente deste novo contexto, permanecemos focando nas necessidades essenciais para o nosso bem mais valioso: as *pessoas*.

E por falar em pessoas, nesse ano outras questões foram intensificadas. Aquilo que era uma nova realidade em 2020 passou a trazer o peso da constância, incerteza quanto ao futuro e sobrecarga humana. Isso, de certa forma, colocou em pauta temas antes "estigmatizados", ou que talvez aparecessem apenas na futurologia ou em pesquisas de tendências. Aspectos relacionados à saúde mental, as relações com o trabalho, o estilo de liderar e o propósito. A pandemia redefiniu tendências, não podemos negar.

Por outro lado, uma reflexão e confirmação sobre aquilo que o Einstein, ao longo da sua história e cultura traçava e cumpria, todas as decisões priorizavam *as pessoas no centro do cuidado*. Em linha ao que iniciamos no texto deste epílogo, qual a "provocação" que fica para o aprendizado das organizações, dos líderes e dos colaboradores? O que aprendemos e não devemos abrir mão? Quais dúvidas ainda temos sobre as novas formas, expectativas nas relações com o trabalho significativo e alinhado ao propósito? O que a pandemia tornou realidade? O que vivemos na prática sobre diversidade e inclusão?

Os desafios nos colocaram à prova dos nossos limites, nas organizações e nas diferentes dimensões das necessidades humanas. As organizações e suas lideranças passaram a incorporar temas emergentes em seu cotidiano que se relacionavam com as questões coletivas e individuais, dentro e fora da organização.

A mobilização para a gestão das pessoas fez com que líderes e a área de Recursos Humanos reavaliassem sua atuação, buscando uma reinvenção em tempo real. Mesmo diante do despreparo pelo cenário e pelas variáveis impostas e mutáveis, fomos desafiados e lançados ao olho do furacão.

Seguramente, todas as organizações experimentaram novas regras, às quais as políticas, processos e programas existentes não respondiam mais. Como o time de Recursos Humanos diz por aqui, "Não é a agenda da área de Recursos Humanos, é a agenda das pessoas. Trabalhamos para elas, não para o RH", o que, de certa forma, é aplicável a qualquer área ou contexto, na perspectiva de um designer de soluções, por exemplo. Não basta projetar o futuro, o futuro se antecipou, e é agora!

Tivemos algumas sinalizações e reconhecimentos pelo posicionamento adotado, o que de certa forma nos orgulha, mas principalmente chancela que estamos no caminho certo e alinhados ao que o Einstein tem como missão, valores e propósito.

Figura 2: Premiações e Reconhecimentos.

Fonte: Arquivo SBIBAE.

Aprendemos muitas coisas, mas o maior aprendizado é que somos capazes de fazer muito mais do que imaginamos. Mas e o livro? Voltemos a ele...

Foram muitas as ideias captadas, escuta, leitura, releituras, escrever e reescrever. Agora, imagine quando o tema central se trata de relatar algo que não permanece estático? Ou que, "enquanto isso", os autores estão na linha de frente, enfrentando o desconhecido, o novo Coronavírus.

Em fevereiro de 2022, retomamos a obra. Mais do que concluir a elaboração, foi necessária uma revisão apurada para incorporar o novo capítulo vivenciado na "segunda onda da pandemia". A revisão fazia rememorar e reviver os dois anos em poucas semanas durante o aprofundamento em cada capítulo. Uma atividade necessária, artesanal, precisa e intensa.

Aprendemos muito em cada atividade desenvolvida em torno da elaboração deste livro, muitas das quais nem tínhamos ideia. E, para que ocorresse, foi necessário mobilizar profissionais da nossa equipe em dedicação imersiva e alguns profissionais externos, como, por exemplo, para apoiar com a curadoria das imagens. Nesse momento, seguíamos pressionadas pelo tempo e com uma enorme expectativa em concluir a obra. Curiosamente, contamos ao profissional Bruno Jeuken, da Baleia Educação: *"essas imagens são para um livro que estamos elaborando"*, e compartilhamos o tema do livro. A resposta de Bruno foi: *"Opa, coisa linda. Estamos juntos nessa missão. Até que horas posso entregar? Até meia noite é hoje?"*.

E por que contar essa passagem por aqui? Simplesmente por ela conectar a atitudes que presenciamos ao longo de toda essa jornada: colaboração, propósito e altruísmo.

Na Linha de frente: Enfrentando o desconhecido

O "desconhecido", nessa obra, refere-se ao vírus SARS-CoV-2, que se apresentou sem precedentes. Mas esperamos que este livro possa, de fato, consolidar os aprendizados deste período e "enquanto isso", permitir uma proposição ao desconhecimento que ainda temos e teremos diante do cenário em constante transformação. Aqui, longe de um convite que possa gerar ansiedade em pensar que tudo o que conhecemos não serve mais, queremos aproximar os líderes a uma nova forma de pensar, construída a cada momento, por *pessoas* e *para pessoas*, onde a única certeza é a mudança.

A vida nos convoca para a *linha de frente*, sendo protagonistas nessa transformação e evolução, acima de tudo *humanas*, seja nas organizações, seja na comunidade, nas famílias, seja na própria vida.

Finalizamos este epílogo lembrando, de forma admirável e respeitosamente, a todos que, em seus contextos, estiveram *na linha de frente* de suas histórias, das vitórias, das perdas, das renúncias, do recomeço, da esperança...

e, mesmo diante da incerteza e "enquanto isso", escolheram bravamente manter-se *na linha de frente* nas suas empresas, nos diferentes papéis e na própria vida... enfrentando o desconhecido.

Escaneie o *QR Code* abaixo para prestigiar o áudio do poema "O Soldado e a Bailarina":

O Soldado e a Bailarina
Fátima Affonso (@_by.fa)

Tum... tum... tum...
Cinco anos em um...
Na garganta, o coração fez tum!

Seguramos...
RESPIRAMOS
Nos desafiamos

RESSIGNIFICADOS
Nos fizemos SOLDADOS!

A força que pensávamos
Em força maior e real transformada
Valorosos e leais sempre fomos:
Tínhamos força armazenada!

Fizemos diferença para além das fronteiras
Exigidos, em nada deixamos de trilhar
O caminho já traçado

Remando marés revoltas,
Em nossas famílias chegamos de volta
Abrimos íntimas comportas!

Num oceano nos misturamos!
Pelo bem de uma família ÚNICA
E infinitamente MAIOR!

ENCORAJADOS,
Equilibramos pratos!

MINUTAMENTE,
Encaramos batalhas jamais lutadas!
Ser soldado, só, já não bastava:

O olhar e a sensibilidade
Desbravar vulnerabilidades
O brio e o sutil
O guerrear e o flutuar
Soldado e bailarina
Juntos num mesmo bailar

Na rijeza e na delicadeza
Construímos nosso lugar:
Na ponta dos pés,
Na ponta das sapatilhas
Que encobrem as marcas do lutar

VALENTES
PERSEVERANTES!
Capazes de resistir, não esmorecer
Se cuidar e cuidar... pra não adoecer!

Cada soldado deste batalhão
Vale a gota do viver!

São potências humanas
Propositando o PROTAGONIZAR
No diverso criamos verso:
Rimamos opção com inclusão
Governança com tolerância
Paixão com solução

Criamos a TRANSFORMAÇÃO
SOMOS INSPIRAÇÃO!

Empenhados,
PRIVILEGIADOS,
Reconhecemos nosso valor!
O talento de viver minuto a minuto
Ousando nos superar
Exercitando autocompaixão e compaixão
A escuta e o olhar

Somos as PAREDES
Que sustentam a ARTE!

Exercendo a bela parte
De encontrar
TODOS OS DIAS
A RAZÃO
Que há implícita no AMAR...

21 de dezembro de 2020
Recursos Humanos
Sociedade Beneficente Israelita Brasileira Albert Einstein

Referências

Capítulo 1

ZANINI, M.T. *Gestão Integrada de Ativos Intangíveis*. 1 ed. Qualitymark, 2008.

DELOITTE. *Global marketing trends*. Disponível em <https://www2.deloitte.com/content/dam/Deloitte/br/Documents/strategy/Deloitte-Global-Marketing-Trends-2021.pdf>.

MCKINSEY. *Segurança psicológica e o papel crucial do desenvolvimento da liderança*. Disponível em <https://www.mckinsey.com/business-functions/organization/our-insights/the-new-possible-how-hr-can-help-build-the-organization-of-the-future>

KATZENBACH, Jon R. *Os verdadeiros líderes da mudança:* como promover o crescimento e o alto desempenho na sua empresa. Rio de Janeiro, 1996.

Capítulo 2

RH ÁGIL SUMMIT 2020. *Case Einstein - "Recursos Humanos - Ser ou estar ágil! Eis a questão!".* (Vídeo 2:06). Disponível em <https://www.youtube.com/watch?v=Z65BAhOQpFo>.

K21. *Times de alta performance.* (Vídeo 8:12). Disponível em <https://youtu.be/XOsDiiGJDdw>.

K21. *O que é agilidade?* (Vídeo 7:48). Disponível em <https://youtu.be/vozsjbh4noU>.

Capítulo 3

ROBBINS, Stephen Paul; *Comportamento Organizacional*. Tradução Técnica: Reynaldo Marcondes. 9 ed. São Paulo, 2002.

KOTTER, John P. *Acelere*. Tradução: Cristina Yamagami. HSM Editora: São Paulo, 2015.

Capítulo 5

FIENBERG, H.V. *Pandemic Preparedness and Response:* Lessons from the H1N1 Influenza of 2009. New England Journal of Medicine. 2014 Apr 3;370(14):1335–42.

MIAN, A., KHAN, S. *Educação médica durante as pandemias:* uma perspectiva do Reino Unido. BMC Med 18, 100 (2020). Disponível em <https://doi.org/10.1186/s12916-020-01577-y>.

MOSZKOWICZ et al. *Daily medical education for* confined students during Covid-19 pandemic: a simple videoconference solution. Clin Anat. 2020 Apr 6.

LI, L. *et al. Preparing and responding to 2019 novel coronavirus with simulation and technology-enhanced learning for healthcare professionals:* challenges and opportunities in China. BMJ Simulation and Technology Enhanced Learning. 2020 Mar 11; bmjstel-2020-000609.

DIECKMANN, P. *et al. The use of simulation to prepare and improve responses to infectious disease outbreaks like Covid-19:* practical tips and resources from Norway, Denmark, and the UK. Advances in Simulation. 2020 Apr 16;5(1):3.

JOSH BERSIN ACADEMY. *As três fases de resposta ao COVID.* Disponível em <https://bersinacademy.com/blog/2020/05/the-three-phases-of-response-to-covid-19>.

SBIBAE. *Relatório de Sustentabilidade Einstein*, 2020. Disponível em <https://www.einstein.br/Documentos%20Compartilhados/RA_Einstein_Web_2020_v8.pdf>.

Capítulo 8

DUIM, E. *et al. Caring for the Workforce of a Health System During the Covid-19 Epidemic in Brazil:* Strategies of Surveillance and Expansion of Access to Care. J Occup Environ Med. 2020;62(10): e593–7.

BROOKS, S.K. *et al. The psychological impact of quarantine and how to reduce it:* rapid review of the evidence. Lancet [Internet]. 2020;395(10227):912–20. Disponível em <http://dx.doi.org/10.1016/S0140-6736(20)30460-8>.

XIANG, Y.T. *et al. Timely mental health care for the 2019 novel coronavirus outbreak is urgently needed.* The Lancet Psychiatry [Internet]. 2020;7(3):228–9. Disponível em <http://dx.doi.org/10.1016/S2215-0366(20)30046-8>.

EVANS, A., KUILE, C., WILLIAMS, I. *This too* [Internet]. Collective Psychology Project. 2020. Disponível em <https://larger.us/wp-content/uploads/2021/01/This-Too-Shall-Pass.pdf>.

SHANAFELT, T., RIPP, J., TROCKEL, M. *Understanding and Addressing Sources of Anxiety among Health Care Professionals during the Covid-19 Pandemic.* JAMA - J Am Med Assoc. 2020;323(21):2133–4.